Claudia Quaiser-Pohl
Kirsten Jordan

**Warum Frauen glauben,
sie könnten nicht einparken –
und Männer ihnen Recht geben**

Claudia Quaiser-Pohl
Kirsten Jordan

Warum Frauen glauben, sie könnten nicht einparken – und Männer ihnen Recht geben

Über Schwächen, die gar keine sind
Eine Antwort auf A. & B. Pease

Verlag C.H.Beck

Mit 70 Abbildungen und 5 Tabellen.
Die Zeichnungen wurden von Sylvia Fitting angefertigt.

© Verlag C. H. Beck oHG, München 2004
Satz: Fotosatz Janß, Pfungstadt
Druck und Bindung: Ebner & Spiegel, Ulm
Umschlagabbildung: Roy Lichtenstein, In the Car, 1963; Scottish National
Gallery of Modern Art, Edinburgh. © VG Bild-Kunst, Bonn 2003
Gedruckt auf säurefreiem, alterungsbeständigem Papier
(hergestellt aus chlorfrei gebleichtem Zellstoff)
Printed in Germany
ISBN 3 406 51717 x

www.beck.de

Inhalt

«Wie dieses Buch entstanden ist ...»

Wenn Sie, lieber Leser, oder Sie, liebe Leserin, dieses Buch in Ihrer Buchhandlung in den Händen halten, werden Sie vielleicht denken: Warum gibt es schon wieder ein Buch zum «kleinen Unterschied»? Wir haben doch genug davon und wissen auch schon alles darüber. Aber wissen wir wirklich so gut Bescheid, wie uns Allan und Barbara Pease in ihren Bestsellern glauben machen wollen? Ist die Biologie wirklich der eigentliche Grund für die Unterschiede im Verhalten von Frau und Mann? Sind wir Frauen wirklich und unwiederbringlich «räumlich beschränkte quasselnde Sammlerinnen» und wir Männer «schwerhörige, sehschwache, sich aber hervorragend orientierende Jäger»? Wir meinen jedenfalls, dass gegenüber den Behauptungen von Allan und Barbara Pease eine gesunde Portion Skepsis angebracht ist! Gibt es nicht auch Männer, die hervorragend Konversation betreiben, und Mathematikerinnen, die eher schweigsam sind? Wie groß sind die Unterschiede zwischen Männern und Frauen überhaupt, und woher kommen sie?

Was die Wissenschaft wirklich dazu sagt, möchten wir, die Psychologin Claudia Quaiser-Pohl und die Biologin Kirsten Jordan, Ihnen in unserem Buch darlegen. Da in der Wissenschaft jeder immer nur an einem winzig kleinen Mosaiksteinchen arbeitet, haben wir 13 Kolleginnen und Kollegen, Psychologen und Biologen, gebeten, uns dabei zu unterstützen. Jeder Einzelne von ihnen: Eileen Lüders, Markus Hausmann, Jessica Sänger, Jeanette Schadow, Judith Glück, Christian Geiser, Wolfgang Lehmann, Michael Eid, Eva Neidhardt, Sylvia Fitting, Michelle Brehm, Jana Rönicke, Sigrid Schmitz und Katrin Nikoleyczik, arbeitet an einem eigenen Forschungsthema zum «kleinen Unterschied». Gemeinsam möchten wir mit Ihnen eine Reise durch die aktuellen Forschungsergebnisse zum räumlichen Denken antreten und Ihnen eine etwas andere Sichtweise auf den «kleinen Unterschied» unterbreiten.

Wir haben uns dabei bemüht, die trockene Sprache der Wissenschaft zu verlassen, um die folgenden Seiten lesenswerter zu machen. Da dies für uns Wissenschaftler nicht so ganz einfach war, haben viele

Kollegen und Freunde das Manuskript immer und immer wieder gelesen, kritisiert und ab und zu auch einmal gelobt, bis das vor Ihnen liegende Buch fertig war.

Insbesondere möchten wir uns daher bei Sylvia Richter und Jeanette Schadow bedanken, die sich gleich mehrmals des Manuskriptes angenommen haben. Ebenso gehört unser Dank Anja Fellbrich und Caterina Rohrbach, die uns mit ihren frischen Ideen überraschten. Jana Rönicke hat sich zum Schluss in mühsamer Kleinarbeit all der vielen Ideen unserer Korrekturleser angenommen, das gesamte Buch noch einmal überarbeitet und mit eigenen Ideen erweitert. Ihr und Sylvia Fitting, die das Werk durch ihre Zeichnungen erheblich bereicherte, gilt unser ganz besonderer Dank! Nicht vergessen möchten wir all die vielen Gesprächspartner in und außerhalb der Forschung, die uns ihre ganz eigenen Geschichten zum Einparken, Orientieren in neuen Umgebungen und so weiter erzählten – meist nicht ohne ein Schmunzeln. Denn wie war das mit den Klischees?

Zum Schluss möchten wir noch Stephan Meyer und Angelika von der Lahr vom C.H.Beck Verlag ganz, ganz herzlich danken für die fruchtbare Zusammenarbeit und Unterstützung bei der Fertigstellung des Manuskriptes. Und unseren «Männern» danken wir, den großen wie den kleinen, für ihr Verständnis und ihre Geduld in den Zeiten, in denen sie uns wegen des Buches entbehren mussten.

Im Herbst 2003   *Claudia Quaiser-Pohl & Kirsten Jordan*

1
Geschlechtsunterschiede im räumlichen Denken – gibt es sie wirklich?

Sind Sie, lieber Leser, vielleicht einer von den wenigen Männern, die es vorziehen, schnell nach dem Weg zu fragen, statt sich selbstbewusst auf Ihr Orientierungsvermögen zu verlassen und am Ende erfolgreich bewältigter Fehlversuche voller Stolz Ihr Ziel zu finden? Oder parken Sie, liebe Leserin, regelmäßig mutig rückwärts ein und erklären Ihrem Freund oder Ehemann mit Hilfe eines Stadtplanes schnell und präzise, wo er Sie nach Ihrem geliebten Einkaufsbummel in der fremden Großstadt am Abend wieder abholen kann? Und haben Sie sich bei der Lektüre von Bestsellern wie *Warum Männer nicht zuhören und Frauen schlecht einparken* von Allan und Barbara Pease hin und wieder bei einem verständnislosen Kopfschütteln oder auch einem gesteigerten Selbstwertgefühl ertappen können? Dann hält dieses Buch hoffentlich eine angenehme Abwechslung für Sie bereit. Denn es enthält brandneue wissenschaftliche Befunde aus Psychologie und Neurowissenschaften zu der gerade in der letzten Zeit wieder oft diskutierten Frage, ob Männer und Frauen wirklich so verschieden sind.

Dabei geht es vor allem um das räumliche Denken und die dort auftretenden und mittlerweile schon fast zum Allgemeinwissen avancierten Geschlechtsunterschiede. Allan und Barbara Pease behaupten beispielsweise in ihrem Buch, dass Frauen nicht einparken können und Schwierigkeiten beim Lesen von Stadtplänen und Straßenkarten haben. Männer sollen dagegen unter einem «Tunnelblick» leiden, egal, ob sie im Kühlschrank nach der Butter suchen oder einer hübschen Frau nachschauen. Dabei wird der Eindruck vermittelt, als seien diese Unterschiede im Verhalten von Männern und Frauen erstens existent und zweitens universal, d. h. bei allen Männern und allen Frauen so vorzufinden, wobei Ausnahmen natürlich die Regel bestätigen. Das geschieht einerseits auf der Basis einiger gezielt ausgewählter, meist älterer und zum Teil falsch interpretierter wissenschaftlicher Befunde. Andererseits werden einige wenige Grundgedanken ständig wiederholt, die von allen Leuten schon oft gemachte Erfahrungen bestätigen.

Die Bücher der Peases sind deshalb so populär, weil sie gängige Klischees über Männer und Frauen aufnehmen und vorgeben, wissenschaftlich untermauern zu können, was wir eigentlich alle schon immer wussten. Doch auch die folgende Geschichte stammt mit all ihren Elementen aus unserem täglichen Leben.

Während ihres ersten gemeinsamen Urlaubs, den sie in einer Ferienwohnung verbringen, fahren Lisa und Frank zum Einkaufen. Er steuert das Auto, weil er es besser kann und eigentlich schon immer gemacht hat, und parkt es schnell und geschickt auf einem rasch gefundenen, wenn auch etwas engen Parkplatz im Parkhaus des Einkaufszentrums. Im Supermarkt steuert sie mit dem Einkaufszettel in der Hand zielstrebig zunächst die Milchwarenabteilung und dann den Gemüsestand an. Währenddessen hält Frank sich am Zeitschriftenstand in der Nähe der Kasse auf und studiert die Computerzeitschriften. Mit einem voll bepackten Einkaufskorb erreicht Lisa schließlich die Kasse und reiht sich in die Warteschlange ein. Da fällt ihr ein, dass sie das Mehl vergessen hat. Sie bittet ihn, es zu holen. Er geht los und kommt erst wieder, als sie schon längst an der Reihe ist. Doch das Mehl hat er nicht gefunden ...

Und dabei sagen immer alle, Frauen seien Männern klar unterlegen, wenn räumliches Denken gefordert ist. Oder ist es etwa umgekehrt?

Räumliches Denken – was ist das?

Wenn Menschen auf der Straße gefragt würden, was räumliches Denken ist, würden die einen vielleicht antworten, räumliches Denken habe etwas damit zu tun, ob man sich Dinge dreidimensional vorstellen kann. Damit meinen sie das, was man in der Psychologie als *Raumvorstellungsfähigkeit* bzw. *räumliches Vorstellungsvermögen* bezeichnet. Dies wird schon in der Schule als eine wichtige Voraussetzung für mathematisches Denken benötigt, vor allem im Geometrieunterricht oder für perspektivisches Zeichnen im Kunstunterricht. Auch gibt es Tätigkeiten, die eine besonders hohe Ausprägung dieser Fähigkeit erfordern. Dazu zählen Berufe wie der des Physikers, Mathematikers oder Ingenieurs, des Fluglotsen und Piloten oder technischen Zeichners. Aber auch Architekten und Radiologen benötigen eine besonders gute Raumvorstellungsfähigkeit.

Andere Personen, die man nach dem räumlichen Denken fragt,

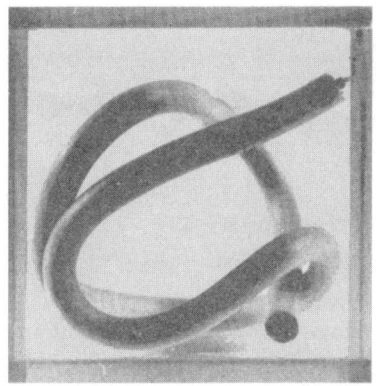

Abb. 1: Beispielaufgabe aus dem Raumvorstellungstest *Schlauchfiguren*

würden vielleicht Alltagssituationen nennen, in denen man räumlich denken muss. Das ist beispielsweise der Fall, wenn man in einer fremden Stadt den Weg sucht oder wenn man sich in einem größeren Gebäude orientieren muss. Dieser Bereich des räumlichen Denkens wird auch als *räumliche Orientierungsfähigkeit* bzw. *räumliches Orientierungsvermögen* bezeichnet.

Beide Facetten des räumlichen Denkens sind in der Psychologie intensiv erforscht worden. Bei der *Raumvorstellungsfähigkeit* handelt es sich um eine intellektuelle Fähigkeit, die in der Intelligenzforschung neben den sprachlichen Fähigkeiten und dem logischen Denken als weiterer Teil der Intelligenz angesehen wird. Aufgaben zur Raumvorstellung befanden sich bereits schon im ersten Intelligenztest, welcher Anfang des letzten Jahrhunderts von dem Franzosen Alfred Binet zum Zwecke von Schuleignungsuntersuchungen entwickelt wurde. Bis heute wird die Fähigkeit, sich Dinge dreidimensional vorzustellen und gedanklich mit ihnen umzugehen, mit Intelligenztests oder speziellen Raumvorstellungstests gemessen.

Wie solche Raumvorstellungsaufgaben aussehen können, wollen wir Ihnen anhand einiger Beispiele demonstrieren. Da gibt es z. B. ein früher im so genannten Medizinertest verwendetes Testverfahren, die «Schlauchfiguren». Hierbei müssen die Testpersonen entscheiden, ob ein in Vorderansicht abgebildeter durchsichtiger Würfel, in dem sich ein Kabel befindet (vgl. Abbildung 1), auf einem daneben stehenden Vergleichsbild von rechts, von links, von unten, von oben, von vorne oder von hinten zu sehen ist.

13

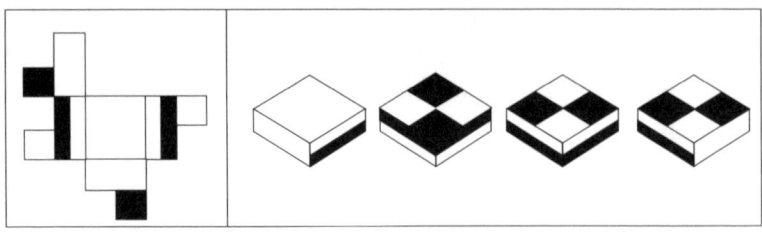

Abb. 2: «Faltaufgabe» aus den *Spatial Relations* des DAT

Ein weiteres Beispiel für eine Raumvorstellungsaufgabe stammt aus einem amerikanischen Hochschuleingangstest, aus dem *Differential Aptitude Test* (DAT) und gehört zum Typus der «Faltaufgaben». Hierbei muss die Testperson beurteilen, welche der vier dargestellten Figuren aus dem abgebildeten Grundriss gefaltet werden kann (vgl. Abbildung 2).

Bei einem anderen sehr häufig verwendeten und in diesem Buch immer wieder zitierten Test, dem so genannten *Mentalen Rotations-Test*, müssen zusammengesetzte dreidimensionale Würfelfiguren mental, das heißt im Geiste, gedreht werden (vgl. Kapitel 7 und 8).

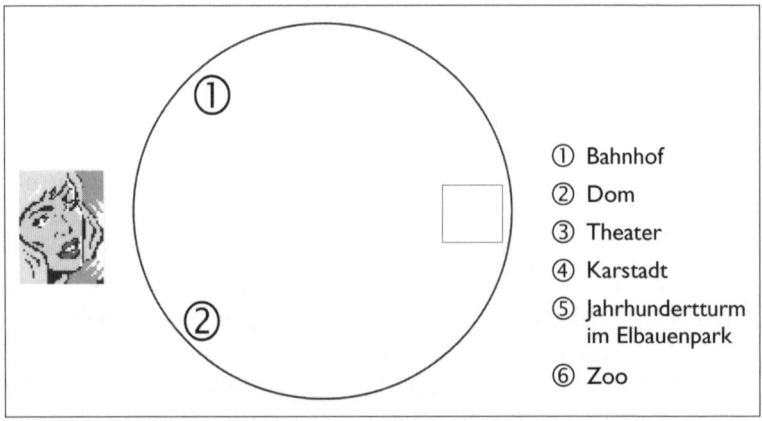

Abb. 3: Stellen Sie sich vor, Sie befinden sich im Hörsaal 5. Das Kästchen in der Mitte des abgebildeten Kreises soll die Tafel des Hörsaals darstellen, auf die Sie draufschauen.
  Sie finden außerdem einige Gebäude/Plätze aufgeführt, von denen Sie entscheiden sollen, in welcher räumlichen Beziehung sie zu Hörsaal 5 stehen.
  Platzieren Sie bitte die zugehörigen umkreisten Zahlen an der Stelle auf dem Kreisrand, wo sich Ihrer Meinung nach die einzelnen Gebäude/Plätze befinden.

In Bezug auf die *räumliche Orientierungsfähigkeit* hat die psychologische Forschung gezeigt, dass das dafür notwendige Wissen im Kopf in Form von so genannten *kognitiven Karten* gespeichert ist. Dabei handelt es sich um mehr oder weniger identische geistige Abbilder der räumlichen Anordnungen von Umwelten. Allerdings gibt es unterschiedliche kognitive Karten, man kann Landmarken-, Routen- und Überblickspläne unterscheiden (vgl. Kapitel 6). Wir orientieren uns in der Umwelt also anhand von Bildern, die wir in unserem Kopf haben und die aussehen wie Stadtpläne. Und je nach der Qualität dieser kognitiven Karten gelingt die Orientierung in der jeweiligen Umwelt gut oder schlecht.

In einer Untersuchung mit Studenten der Magdeburger Universität wurde dieses räumliche Orientierungsvermögen beispielsweise durch Aufgaben wie die obige erfasst (vgl. Abbildung 3).

Das räumliche Denken von Männern und Frauen

In wissenschaftlichen Untersuchungen stellte man schon bald fest, dass weibliche Testpersonen in Raumvorstellungstests im Durchschnitt schlechter abschneiden als männliche. So wurde das räumliche Vorstellungsvermögen in einem der klassischen Werke über psychologische Geschlechtsunterschiede von Eleanor E. Maccoby und Carol N. Jacklin neben den mathematischen Fähigkeiten, den sprachlichen Fähigkeiten und der Aggressivität als einer von vier Bereichen genannt, in denen immer wieder Unterschiede zwischen Männern und Frauen zu beobachten sind.

Neuere übergreifende Betrachtungen von mehreren Studien gleichzeitig, so genannte *Meta-Analysen*, haben diese Befunde zum Teil widerlegt. Sie konnten zum Beispiel zeigen, dass die Größe der Geschlechtsunterschiede in den letzten Jahren bei vielen Raumvorstellungsaufgaben geringer geworden ist. Allerdings haben sich die *Effektstärken* – so nennt man den statistischen Parameter für die Größe der Unterschiede – zumindest für die Fähigkeit zur mentalen Rotation, um die es in mehreren Kapiteln dieses Buches gehen wird, über die Zeit kaum verändert.

Insgesamt gesehen, sind im Zusammenhang mit den Geschlechtsunterschieden bei der Raumvorstellungsfähigkeit bis heute noch einige Fragen offen. Uneinigkeit herrscht beispielsweise darüber, in welchem Alter sie zum ersten Mal auftreten. Einige Autoren konnten bei Kindern in Raumvorstellungsaufgaben keine Leistungsunterschiede zwischen Mädchen und Jungen nachweisen. Deshalb gehen die Forscher davon aus, dass sie erst um den Zeitpunkt der Pubertät auftreten. In Untersuchungen mit anderen Raumvorstellungstests wurden dagegen schon im Grundschulalter Geschlechtsunterschiede zugunsten der Jungen beobachtet.

Um von der Universalität des Phänomens ausgehen zu können, müssten Untersuchungen in verschiedenen Kulturen zu demselben Ergebnis kommen. Die wenigen, die es hierzu gibt, haben aber eher interkulturelle Unterschiede nachgewiesen. Das heißt, in der einen Kultur fand man Geschlechtsunterschiede, in der anderen nicht. Sie unterstützen somit die Auffassung, dass sowohl das räumliche Denken als auch die dabei zu beobachtenden Geschlechtsunterschiede nicht bei allen Menschen gleich sind. Sie werden eben von der Gesellschaft, in der jemand lebt, beeinflusst.

Andere Befunde schränken die Allgemeingültigkeit der Geschlechtsunterschiede in der Raumvorstellungsfähigkeit ebenfalls stark ein. So hat sich gezeigt, dass Leistungsunterschiede zwischen Jungen und Mädchen in Raumvorstellungstests von so genannten «Leistungsfaktoren» abhängig sind, z. B. davon, wie viel Zeit man für das Lösen der Aufgaben zulässt. Ebenso bedeutsam scheint die Art der Aufgabenstellung zu sein, die den getesteten Personen gegeben wird. Hierbei kommt es vor allem darauf an, ob in der Testinstruktion die Raumvorstellungsfähigkeit und ihre Bedeutung im technisch-mathematischen Bereich ausdrücklich genannt werden. Denn auf diese Weise können Erwartungen und Stereotype bezüglich der Geschlechterrollen (und die hat jeder von uns im Kopf) zum Tragen kommen. In der Testanleitung kann den Testpersonen aber auch gesagt werden, dass die allgemeine Problemlösefähigkeit gemessen wird. So konnten beispielsweise bei Aufgaben, die sich auf den Umgang mit Alltagsgegenständen und Situationen des täglichen Lebens beziehen (und dafür wird räumliches Vorstellen benötigt), keine bedeutsamen Unterschiede zwischen männlichen und weiblichen Probanden beobachtet werden. Es gilt also: Je größer der Zeitdruck bei einer Raumvorstellungsaufgabe, je abstrakter und alltagsferner das Aufgabenmaterial und je höher der mathematisch-technische Anteil der Aufgabenstellung, desto mehr Schwierigkeiten haben Frauen bei der Lösung der Aufgabe. Umgekehrt verringert sich bei alltagsnahen Aufgaben mit weniger abstraktem Material der Leistungsvorsprung der männlichen Probanden oder verschwindet sogar ganz.

Auch für das *räumliche Orientierungsvermögen* liegen Hinweise auf Geschlechtsunterschiede zugunsten der Männer vor. Die Befundlage ist dort allerdings noch weniger eindeutig als bei der Raumvorstellungsfähigkeit. Es hat sich vor allem gezeigt, dass viele Frauen andere Orientierungsstrategien benutzen als die meisten Männer (vgl. Kapitel 7, 9, 10 und 12). Deshalb haben sie unter bestimmten Umständen – nämlich vor allem in unbekannten Umgebungen – mehr Schwierigkeiten, den richtigen Weg zu finden. Auch scheint es gerade bei Mädchen und Frauen einen Zusammenhang zwischen der Fähigkeit, sich in der Umwelt zu orientieren, und bestimmten negativen Gefühlen wie Orientierungsangst zu geben (vgl. Kapitel 12).

Woher kommen die Unterschiede?

Ähnlich uneinig wie über die Existenz und die Größe der Geschlechtsunterschiede beim räumlichen Denken ist man sich über deren Ursachen. Je nach der theoretischen Ausrichtung der Wissenschaftler wurde entweder die Bedeutung von biologischen Unterschieden zwischen Männern und Frauen, z. B. der Einfluss von Geschlechtshormonen (vgl. Kapitel 4), oder die unterschiedliche Differenzierung der Großhirnhälften von Frauen und Männern betont (vgl. Kapitel 2). Oder es wurde eine genetische Veranlagung, z. B. in Form eines geschlechtsgebundenen Erbgangs, angenommen.

Andere Erklärungsansätze wiederum halten vor allem Umwelteinflüsse für relevant. So scheinen die Sozialisationsbedingungen von Jungen und Mädchen, wie das Erziehungsverhalten von Eltern und Lehrern, eine große Rolle zu spielen. Denn das bringt unterschiedliche Erfahrungsmöglichkeiten von Mädchen und Jungen mit sich. Diese führen wiederum zu Unterschieden in der Spielzeugnutzung und bei den Freizeitaktivitäten: Mädchen spielen seltener mit Bauklötzen, Lego und technischem Spielzeug und haben seltener technisch-handwerkliche Hobbys, wie z. B. das Reparieren von Fahrrädern oder das Basteln mit Holz. Deshalb besitzen sie möglicherweise weniger Erfahrungen, die für die Entwicklung der Raumvorstellungsfähigkeit notwendig sind. Parallel zu diesen Vorerfahrungs- und Interessenunterschieden entwickeln sich im Laufe des Lebens unterschiedliche *fähigkeitsbezogene*

Selbstkonzepte. So betitelt man unsere eigene Einschätzung bzw. innere Überzeugung davon, wie gut wir bestimmte Sachen erledigen können, z. B. wie gut wir uns alleine in einer fremden Stadt zurechtfinden. Diese Selbstkonzepte wiederum basieren auf gesellschaftlichen Geschlechterrollenerwartungen. Damit meint man Erwartungen unserer Gesellschaft darüber, wie sich eine typische Frau oder ein typischer Mann benimmt bzw. was sie/er kann. Das Selbstkonzept z. B. bezüglich der eigenen räumlichen Fähigkeiten wirkt sich dann über die Leistungsmotivation indirekt auf die Leistungen von Jungen und Mädchen in Raumvorstellungstests aus.

Für Letzteres spricht vor allem die Abnahme der Geschlechtsunterschiede bei den meisten Raumvorstellungstests während der letzten Jahrzehnte. Diese Entwicklung ist nämlich mit größerer Wahrscheinlichkeit auf die Angleichung der Sozialisationsbedingungen von Mädchen und Jungen zurückzuführen als beispielsweise auf genetische Veränderungen. In zahlreichen Trainingsstudien konnte außerdem nachgewiesen werden, dass sich die Leistungen in Raumvorstellungstests durch Übung verbessern lassen. Vor allem Mädchen profitieren von einem gezielten Training der räumlichen Fähigkeiten. Auch konnten Studien die positiven Auswirkungen eines ausgedehnten räumlichen Verhaltens (wenn man sich z. B. auch weit weg von zu Hause aufhält und die Umgebung erkundet) auf das räumliche Denken nachweisen.

Ganz im Gegensatz zu dieser inzwischen schon lange und sehr kontrovers geführten wissenschaftlichen Diskussion liefern die Pease-Bücher in der Tat «ganz einfache» Erklärungen für die Geschlechtsunterschiede beim räumlichen Denken. Ihnen zufolge haben wir das ganze «Übel» allein unseren Vorfahren, den Jägern und Sammlerinnen, zu verdanken, die uns ein bis heute verhaltenswirksames Erbe hinterlassen hätten. Dabei ist gerade diese Annahme bisher kaum wissenschaftlich belegt (vgl. Kapitel 5). Außerdem haben die Orientierung in der Umwelt und die Fähigkeit, sich Würfelfiguren aus verschiedenen Perspektiven vorzustellen, weniger miteinander zu tun, als nach der Jäger-und-Sammlerinnen-Theorie unterstellt wird (vgl. Kapitel 6).

Weiterhin postulieren die Peases, dass Männer und Frauen aufgrund dieses Erbes unterschiedliche Gehirne besitzen und sich deshalb so unterschiedlich verhalten. Dabei hat keine einzige der ohnehin sehr wenigen neurowissenschaftlichen Untersuchungen zu diesem

Thema gezeigt, dass Frauen für das räumliche Vorstellungsvermögen ein eigener Bereich im Gehirn fehlt. Bei Männern und Frauen sind vielmehr ähnliche Regionen im Gehirn dafür zuständig (vgl. Kapitel 3). Es gibt zwar Geschlechtsunterschiede beim Aufbau des Gehirns; die sind aber ganz anderer Natur (vgl. Kapitel 2).

Ebenso wenig ist das Vorhandensein oder Nichtvorhandensein einer bestimmten Hirnregion der Grund dafür, dass Männer und Frauen unterschiedliche Berufe und Sportarten wählen. Lernen und Erziehung spielen dabei die entscheidende Rolle. Mädchen, die häufig Darts oder Computerspiele spielen und auch ihr Fahrrad allein reparieren, entwickeln beispielsweise ein besseres räumliches Vorstellungsvermögen als Mädchen, die dies nicht tun (vgl. Kapitel 11).

Außerdem haben andere biologische und gesellschaftliche Einflussgrößen, wie unsere Sexualhormone (vgl. Kapitel 4), unsere Einstellungen und Erfahrungen (vgl. Kapitel 9, 12) und die beim räumlichen Denken verwendeten Strategien (vgl. Kapitel 7, 8 und 10), mindestens ebenso viel mit den Geschlechtsunterschieden zu tun wie die Evolution und der Aufbau unseres Gehirns.

Diese von Allan und Barbara Pease propagierte, eingeschränkte Sichtweise der Geschlechtsunterschiede beim räumlichen Denken lässt uns schmunzeln, aber zugleich auch etwas ärgerlich werden. Man wird den Verdacht nicht los, bei diesen kommerziell so erfolgreichen Büchern ginge es in erster Linie um die Auffrischung banaler Geschlechterklischees. Das ist ohne Zweifel gekonnt und sicher auch amüsant gemacht, hat nur so gar nichts mit der Wirklichkeit zu tun. Ärgerlich wird es jedoch immer dann, wenn die Peases sich dabei auf biologische oder gar neurowissenschaftliche Forschungsergebnisse stützen, diese aber verkürzt, einseitig oder schlichtweg falsch zitieren. Sei es Absicht, Nachlässigkeit oder einfach Inkompetenz, die Bücher von Allan und Barbara Pease wären vielleicht nicht weniger erfolgreich geworden, hätten sich die beiden Autoren nicht nur auf die effektvolle Auffrischung von geschlechtsspezifischen Vorurteilen konzentriert, sondern wären auch sorgfältiger mit den von ihnen hinzugezogenen Forschungsergebnissen umgegangen. Wenn man seine Aussagen schon unbedingt wissenschaftlich fundieren und durchsetzungsfähiger machen will, dann muss man sich schon genau anschauen, was die Wissenschaftler wirklich sagen.

Vor diesem Hintergrund fächern die folgenden zwölf Kapitel ein breites Spektrum an aktuellen Forschungsansätzen auf. So befassen sich die ersten Kapitel des Buches mit den biologischen Grundlagen für Geschlechtsunterschiede beim räumlichen Denken.

Im Kapitel *Größere Gehirne – bessere Leistungen?* von Eileen Lüders geht es um den Aufbau und die Struktur unseres Gehirns und unter anderem um die faszinierende Frage nach dem Zusammenhang zwischen der Gehirngröße und den Leistungen von Männern und Frauen.

Der Leser wird in dem Kapitel *Warum denkst du nur so verdreht?* von Kirsten Jordan und Torsten Wüstenberg in das Gebiet der funktionellen Neurowissenschaften eingeführt. Es wird beschrieben, welche Bereiche im Gehirn aktiv sind, wenn Männer und Frauen Aufgaben zum räumlichen Vorstellungsvermögen lösen.

Das Kapitel *Wie Sexualhormone unser Denken beeinflussen* von Markus Hausmann und Jessica Sänger fügt den neurowissenschaftlichen Ansätzen zu Geschlechtsunterschieden beim räumlichen Denken eine andere biologische, genauer gesagt, eine hormonelle Sichtweise hinzu. Eine Vielzahl von Wissenschaftlern geht nämlich davon aus, dass die Unterschiede zwischen Männern und Frauen beim räumlichen Denken auf die Wirkung von Sexualhormonen zurückzuführen sind.

Im Kapitel *Jungen fahren selbst – Mädchen lassen sich fahren. Alles eine Folge der Evolution?* von Claudia Quaiser-Pohl werden die zurzeit sehr populären soziobiologischen Theorien zu Geschlechtsunterschieden kritisch hinterfragt. Diese gehen von einem aus der Zeit der Jäger und Sammlerinnen überlieferten evolutionsbiologischen Vorteil aus, der sich bis heute in den besseren Leistungen von männlichen Testpersonen bei Raumvorstellungsaufgaben niederschlagen soll.

Diese Jäger-und-Sammlerinnen-Theorie unterstellt eine enge Verwandtschaft zwischen der Fähigkeit, Objekte in der Vorstellung zu drehen («mental zu rotieren») und aus verschiedenen Blickwinkeln betrachten zu können, und dem Orientierungsvermögen in der Umwelt. Im Kapitel *Muss man die Landkarte auch im Kopf drehen können?* von Jeanette Schadow wird eine Studie vorgestellt, in der die Gehirnstrukturen sichtbar gemacht wurden, die beim Wegefinden in virtuellen Welten und beim mentalen Rotieren aktiv sind.

Einen wiederum anderen Zugang zu den Geschlechtsunterschieden beim räumlichen Denken eröffnen die Beiträge im zweiten Teil des Buches. Sie zeigen, dass es genauso wichtig ist, nach dem «Wie», d. h. nach den bei Raumvorstellungsaufgaben verwendeten Bearbeitungs- und Lösungsstrategien, zu fragen, als immer nur das «Wie viel», also die resultierenden Leistungen, zu betrachten. So erfährt man im Kapitel *Nicht besser oder schlechter, sondern anders* von Judith Glück und Sylvia Fitting, wie untersucht werden kann, welche Strategien Frauen und Männer bei der Lösung von Raumvorstellungsaufgaben verwenden.

Im Kapitel *Verwenden Frauen und Männer beim «mentalen Rotieren» unterschiedliche Tricks?* von Christian Geiser, Wolfgang Lehmann und Michael Eid geht es um unterschiedliche Strategien bei der Bearbeitung des *Mentalen Rotations-Tests*. Die Untersuchungsergebnisse zeigen, dass unter den Personen, die nur aufgrund der Zeitbegrenzung des Tests nicht alle Aufgaben bearbeiten, besonders viele Frauen sind.

Der Bedeutung von Erfahrung und Lernen sowie von Gefühlen und Motivation für das räumliche Denken widmet sich der dritte und letzte Teil des Buches. So fokussiert das Kapitel *An der dritten Kreuzung links abbiegen – wie Männer und Frauen sich in der realen Welt zurechtfinden* von Eva Neidhardt das Selbstbild und die Wirklichkeit bei den Orientierungsleistungen von Frauen in der realen Welt. Es verdeutlicht, wie sich mittels einer ungünstigen Einschätzung der eigenen Fähigkeiten vieler Frauen und der wiederholten Erfahrung, sich tatsächlich schlechter zurechtzufinden, das ungünstige Selbstkonzept verfestigen kann.

In eine ähnliche Richtung weist das Kapitel *Orientieren sich Männer und Frauen in einer virtuellen Umgebung anders?* von Sylvia Fitting, Judith Glück und Michelle Brehm. Es stellt unterschiedliche Typen räumlichen Wissens für die Orientierung in der Umwelt gegenüber: das Routen- oder Landmarkenwissen einerseits und das Überblicks- oder Richtungswissen andererseits.

Das Kapitel *Wozu Computerspiele gut sein können* von Jana Rönicke und Claudia Quaiser-Pohl zeigt, in welchem Maße unsere Erziehung und unsere Sozialisation für die Geschlechtsunterschiede im räumlichen Denken verantwortlich sind.

Das vorletzte Kapitel *Angst im Raum – Schicksal oder Erfahrung?* von Sigrid Schmitz und Kathrin Nikoleyczik geht der Frage nach, warum Frauen beim räumlichen Orientieren ängstlicher sind als Männer.

Im Abschlusskapitel *Warum Frauen glauben, sie könnten nicht einparken, und Männer ihnen Recht geben – ein Resümee* werden alle dargestellten Sichtweisen und wissenschaftlichen Ergebnisse noch einmal zusammengefasst und aus ihnen Konsequenzen für das tägliche Leben abgeleitet.

Bei unserer Reise durch die aktuellen Forschungsergebnisse im räumlichen Denken begleiten uns Lisa, Sabine, Frank und Andreas, ganz normale Frauen und Männer von heute. Sie alle haben ganz verschiedene räumliche Fähigkeiten und Fertigkeiten, die wir im Verlaufe des Buches kennen lernen werden. Auch haben wir, über das ganze Buch verstreut, Beispielaufgaben aus den verschiedensten räumlichen Tests eingefügt, um unsere Untersuchungsmethoden etwas anschaulicher zu machen. Die Lösungen zu diesen Aufgaben finden Sie, nach Kapiteln geordnet, im Anhang des Buches.

Zugunsten einer besseren Lesbarkeit wurde im Übrigen überall auf die in wissenschaftlichen Texten üblichen Literaturverweise verzichtet. Für diejenigen, die es genauer wissen wollen, haben wir zu jedem Kapitel eine Liste der Literaturquellen zusammengestellt, auf die wir uns beziehen. Außerdem gibt es als «Literatur zum Weiterlesen» Hinweise auf Bücher, die sich ebenfalls mit dem Thema befassen. Beides finden Sie am Ende des Buches.

Wir wünschen Ihnen viel Spaß beim Lesen – und wenn Sie mal wieder mit einer Parklücke ringen, machen Sie's wie ein Mann, und verweisen Sie auf die fehlende Servolenkung.

2
Größere Gehirne – bessere Leistungen?

Trotz aller Unterschiedlichkeit von Männern und Frauen existieren auch eine ganze Reihe leicht zu erkennender Übereinstimmungen und Ähnlichkeiten, die jedoch weitaus weniger Aufmerksamkeit auf sich ziehen. Diesen bemerkenswerten Trend haben Sie vielleicht auch schon erkennen können, wenn über Geschlechtsunterschiede berichtet wird, die im Gehirn zu existieren scheinen. Etliche Bücher informieren über bahnbrechende und dramatische Erkenntnisse auf dem Gebiet der Hirnforschung, die dem ewigen Kampf der Geschlechter nun endlich eine (ganz natürliche) anatomische Basis liefern sollen. Es sind die Nervenzellen, und natürlich die Verknüpfungen zwischen ebendiesen, die bei Männern und Frauen «ganz eindeutig» anders ausgeprägt sind. Populärwissenschaftliche Halbwahrheiten dieser Art klingen zwar sehr originell, vermitteln aber meistens keine wissenschaftlich fundierten Erkenntnisse. Wenn Sie wissen möchten, wie groß der «kleine Unterschied» im Gehirn wirklich ist, dann können Sie mit Hilfe dieses Kapitels einen allgemein verständlichen, aber wissenschaftlich korrekten Einblick in aktuelle Forschungsergebnisse erlangen.

Mechanismen der Geschlechterdifferenzierung

Was Männer zu Männern macht und Frauen zu Frauen

Es mag zunächst unglaublich klingen, aber es ist dennoch wahr: Unser Erbgut ist so programmiert, dass zunächst immer ein weiblicher Körper entsteht. Nur wenn zu einem frühen Zeitpunkt unserer Entwicklung verhindert wird, dass das weibliche Entwicklungsprogramm automatisch startet, entsteht ein männlicher Fötus. Das bedeutet, dass der Embryo in den ersten Schwangerschaftswochen mehr oder weniger geschlechtslos ist und sowohl Hoden als auch Eierstöcke ausbilden kann. Enthält die befruchtete Eizelle zusätzlich zu dem X-Chromosom auch ein Y-Chromosom (anstatt zwei X-Chromosomen), so wird in der 6. Schwangerschaftswoche ein bestimmtes Protein, also ein Eiweiß, erzeugt. Dieses Protein veranlasst die Ausbildung der Hoden, welche wiederum so genannte *Geschlechts-* oder auch *Sexualhormone* produzieren (vgl. auch Kapitel 4). Das Testosteron ist beispielsweise solch ein Sexualhormon und bewirkt im Falle der Entwicklung eines männlichen Fötus die Ausbildung und Entwicklung der männlichen Geschlechtsorgane. Die Ausbildung von weiblichen Geschlechtsorganen wird hier durch ein anderes von den Hoden ausgeschüttetes Hormon unterdrückt. Im Gegensatz zu diesem eher kompliziert erscheinenden männlichen Entwicklungsmechanismus genügt für die Entwicklung des weiblichen Geschlechts lediglich das Fehlen bestimmter Proteine und Sexualhormone in dieser kritischen Phase.

Was die Hormone im Gehirn anrichten

Nicht nur die Ausbildung und Entwicklung unserer inneren und äußeren Geschlechtsorgane wird durch die An- oder Abwesenheit von Sexualhormonen gesteuert, sondern auch die Entwicklung unseres Gehirns. Die frühe hormonelle Umgebung beeinflusst, welche Nervenzellen überleben, welche Verbindungen zwischen den Nervenzellen entstehen und auf welche *Neurotransmitter*, also Botenstoffe im Gehirn, sich Nervenzellen spezifizieren. Gehirnzellen, die durch Sexualhormone beeinflusst werden, besitzen ganz spezielle Andockstellen oder auch *Rezeptoren* für diese Hormone.

In welchen Regionen sich solche Rezeptoren befinden, das wurde u. a. in Gehirnen von Rhesusaffen näher untersucht. Wissenschaftler entdeckten sie in tieferen Hirnregionen, die die Emotionen und das Gedächtnis sowie das soziale und sexuelle Verhalten steuern. Auch in der äußeren Schicht des Gehirns, der *Hirnrinde*, die bei uns Menschen wesentliche Konzepte wie Sprache, Denken und Persönlichkeit steuert, wurden Nervenzellansammlungen mit diesen speziellen Rezeptoren gefunden.

Weil überall dort, wo solche Rezeptoren existieren, Sexualhormone unsere Hirnanatomie beeinflussen, führt das Vorhandensein von Testosteron zur Entwicklung bestimmter (männlicher) Gehirnstrukturen. Diese unterscheiden sich zum Teil von jenen Strukturen, die sich in weiblichen Gehirnen ausbilden, wenn eben kein Testosteron vorhanden ist. Welche Unterschiede zwischen Männern und Frauen in Bezug auf die Anatomie ihrer Gehirne im Einzelnen entstehen – u. a. aufgrund dieser hormonellen Mechanismen, aber auch infolge der genetischen Bestimmung sowie verschiedenster Umwelteinflüsse und individueller Erfahrungen –, wird ausführlich in den nachfolgenden Abschnitten besprochen.

Ausgewählte Befunde zu Geschlechtsunterschieden in der Hirnanatomie

Wie es wissenschaftlicher ausgedrückt wird

Wenn sich Forscher auf die Unterschiedlichkeit von Männer- und Frauengehirnen beziehen, sprechen sie häufig vom so genannten *zerebralen Geschlechtsdimorphismus*. Wie die meisten unter Ihnen bestimmt schon öfter mit einem tiefen Seufzer quittiert haben, hält die Sprache der Wissenschaft eine scheinbar grenzenlose Anzahl solch komplizierter Fachbegriffe bereit. Hinter diesen furchteinflößenden Buchstabenungeheuern verbirgt sich jedoch oftmals eine ganz einfache Logik: Das Wort *zerebral* ist lateinisch und bedeutet «das Gehirn betreffend». Der Ausdruck *Dimorphismus* kommt aus dem Griechischen: *di* ist eine Kurzform von *dis* und bedeutet «doppelt», *morphe* bedeutet «Gestalt». Im übertragenen Sinne bezeichnet somit der *Dimorphismus* «ein unterschiedliches Aussehen innerhalb einer Art». Ein spezieller Fall ist der *Geschlechtsdimorphismus*.

Die Hirnanatomie genauer betrachtet

Ein besonders spannender Aspekt am zerebralen Geschlechtsdimorphismus ist die Unterschiedlichkeit einzelner Hirnstrukturen. Um hirnanatomische Unterschiede zwischen Männern und Frauen aufzudecken, haben Wissenschaftler die unterschiedlichsten Messungen vorgenommen. So wurden unter anderem das Volumen oder die Größe des gesamten Gehirns, der Gehirnhälften oder einzelner Hirnregionen zwischen Männern und Frauen verglichen. Ferner wurde untersucht, ob das Gehirn geschlechtsspezifische Merkmale hinsichtlich des Verlaufs, der Länge und Tiefe bestimmter Hirnfurchen aufweist. Andere Analysen wurden durchgeführt, um zu ermitteln, ob es bei Männern und Frauen eine unterschiedliche Anzahl der berühmten «grauen Zellen» gibt.

Volumen und Masse des Gehirns

Schon vor über 100 Jahren hat man herausgefunden, dass männliche Gehirne durchschnittlich um 10 bis 15 Prozent größer und schwerer sind als weibliche Gehirne. Dieser Geschlechtsunterschied wird auch in aktuellen Untersuchungen unter Zuhilfenahme modernster Analysetechniken bestätigt. Überrascht Sie dieser Befund, oder erscheint er Ihnen eher bedeutungslos? Vielleicht argumentieren Sie wie einige Wissenschaftler, dass Frauen im Durchschnitt nun mal kleiner sind als Männer und ihnen deshalb auch kleinere Gehirne genügen. Um festzustellen, ob dieser Denkansatz richtig ist und eine befriedigende Erklärung für den hier berichteten Größen- und Gewichtsunterschied zwischen männlichen und weiblichen Gehirnen liefert, verglichen die Forscher Frauen und Männer mit derselben Körpergröße. Überraschenderweise konnten sie jedoch feststellen, dass die männlichen Gehirne immer noch um durchschnittlich 100 Gramm schwerer waren als die weiblichen.

Größere Gehirne – bessere Leistungen?

Wenn sich unterschiedliche Hirngrößen nicht vollständig mit unterschiedlichen Körpergrößen erklären lassen, könnte dann ein größeres und schwereres Gehirn von Vorteil sein, wenn es darum geht, bestimmte Aufgaben zu lösen (vgl. Abbildung 4)? Einige Wissenschaftler vermuteten, dass das zusätzliche Gewicht im männlichen Gehirn die Grundlage dafür ist, dass Männer bessere Leistungen zeigen, wenn räumliches Vorstellungsvermögen oder die Fähigkeit zur mentalen Rotation gefragt ist. Studien, die diese Hypothese überprüften, indem sie das Hirnvolumen und die Leistungen zueinander in Beziehung setzten, erbrachten jedoch widersprüchliche Resultate. In manchen Untersuchungen ließ sich ganz einfach kein Zusammenhang zwischen dem Hirnvolumen und den Testergebnissen erkennen. Im

Abb. 4: Dass Männer mehr Hirnvolumen besitzen, ist eine wissenschaftlich fundierte Erkenntnis. Dass sie aufgrund dieses «Extras» den Frauen in bestimmten Aufgaben überlegen sind und z. B. das gute neue Auto korrekter einparken können als *die bessere Hälfte mit dem kleineren Gehirn,* ist dagegen eine äußerst fragwürdige Spekulation.

Gegensatz dazu kamen andere Forscher zu dem Schluss, dass sowohl bei männlichen als auch bei weiblichen Versuchspersonen ein größeres Hirnvolumen mit einer besseren Fähigkeit zum räumlichen Denken einhergeht. Ein ähnliches Verhältnis wurde auch zwischen dem Hirnvolumen und bestimmten sprachlichen Fähigkeiten festgestellt. Allerdings konnte man diesen Zusammenhang nur bei weiblichen Versuchspersonen nachweisen, während Männer Testergebnisse erbrachten, die in keiner Beziehung zu ihrem Hirnvolumen standen. Die Frage, ob ein größeres Hirngewicht zwangsläufig zu besseren kognitiven Fähigkeiten führt, ist beim jetzigen Stand der Wissenschaft also längst nicht beantwortet.

Bausteine des Gehirns

In unserem Gehirn befinden sich ungefähr 100 Milliarden Nervenzellen, die auch als *Neurone* bezeichnet werden. Diese winzig kleinen Bausteine unseres Zentralnervensystems sind in der Lage, minimale elektrische Impulse aufzunehmen, zu verarbeiten und weiterzuleiten. Das ist das Grundprinzip für die Entstehung unserer Wahrnehmungen, Empfindungen und Gedanken.

Eine einzelne Nervenzelle besteht unter anderem aus einem Zellkörper, der auf der einen Seite mehrere stark verzweigte Ausläufer entsendet. Diese zipfligen Auswüchse – so genannte *Dendriten* (vgl. Abbildung 5) – sind darauf spezialisiert, Signale von anderen Nervenzellen zu empfangen. Die Ansammlungen von Zellkörpern inklusive der Den-

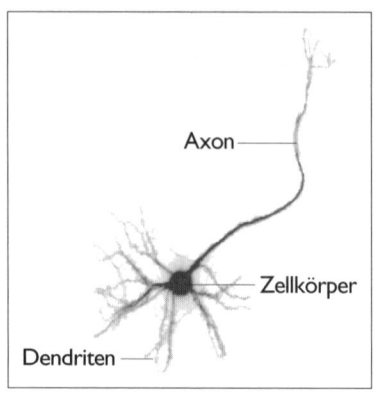

Axon

Zellkörper

Dendriten

Abb. 5: Typischer
Aufbau einer Nervenzelle

driten werden aufgrund ihrer typischen Farbe schlichtweg als *graue Substanz* bezeichnet. Im Gegensatz zu den vielen kurzen Auswüchsen auf der einen Seite des Zellkörpers gibt es einen einzigen Fortsatz auf der gegenüberliegenden Seite, der als *Axon* bezeichnet wird (vgl. Abbildung 5). Die Länge der Axone ist ganz unterschiedlich. Sie können entweder in der unmittelbaren Nachbarschaft der Zelle oder in völlig anderen Hirnbereichen oder sogar weit unten im Rückenmark enden. Ganze Bündel solcher Fortsätze, die der Weitergabe von Signalen an andere Zellen dienen, durchziehen faserartig unser Gehirn. Sie werden aufgrund ihrer Farbe als *weiße Substanz* bezeichnet.

Mit der Unterscheidung von grauer und weißer Substanz erhalten wir zwei weitere anatomische Aspekte, die auf Unterschiede zwischen Männern und Frauen hin untersucht werden können. Ausnahmsweise sind sich die Forscher hier weitestgehend darüber einig, dass im Vergleich zu weiblichen in männlichen Gehirnen insgesamt mehr graue und weiße Substanz existiert. Dieses Ergebnis überrascht Sie wahrscheinlich nicht allzu sehr. Wenn Männergehirne durchschnittlich größer sind, dann sollte sich in ihnen mehr graue und weiße Substanz befinden als in den kleineren Frauengehirnen. Ähnlich wird auch in Wissenschaftskreisen argumentiert. Die Befunde über unterschiedliche Volumina von grauer und weißer Substanz bei Männern und Frauen werden indirekt durch andere Untersuchungen bestätigt. Laut Wissenschaftlern, die die Anzahl der einzelnen Nervenzellen in der Hirnrinde berechnet haben, müssen wir von 13 Prozent oder sogar 16 Prozent mehr Nervenzellen in männlichen Gehirnen ausgehen.

Finden Sie es auch ziemlich unbefriedigend, immer nur vage darüber zu spekulieren, dass «größer» und «mehr» in männlichen Gehirnen irgendwie mit dem größeren Hirnvolumen bei Männern zusammenhängt? Fragen Sie sich vielleicht, ob es denn nicht einen eleganten und wissenschaftlich korrekten Weg gibt, den Einfluss der unterschiedlichen Hirngrößen irgendwie auszuschalten? Eine Möglichkeit dafür haben Sie bereits kennen gelernt: Man kann gezielt nach solchen Männern und Frauen suchen, die identische oder zumindest ähnliche Hirngrößen aufweisen. Da die Zusammenstellung solcher Gruppen fast immer äußerst schwierig bis nahezu unmöglich ist, haben sich die Wissenschaftler etwas anderes einfallen lassen. Mit Hilfe einer einfachen mathematischen Formel wird das Hirnvolumen aus den ursprünglich ermittelten Absolutwerten «herausgerechnet». Man teilt dazu z. B. die ermittelte Neuronenanzahl durch das Hirnvolumen. Dadurch erhalten Forscher die relative Neuronenanzahl, aus der sie auch ableiten können, wie dicht die Nervenzellen im Gehirn gepackt sind. Häufig wird auch der prozentuale Anteil errechnet, den das ursprünglich ermittelte *absolute Volumen* der grauen/weißen Substanz am Gesamthirnvolumen einnimmt. Auf diese Weise ergibt sich das *relative Volumen* der grauen/weißen Substanz. Nur wenn solche «bereinigten» Werte zwischen Männern und Frauen verglichen werden, können die Wissenschaftler sicher sein, dass die gefundenen Unterschiede Geschlechtsunterschiede sind. Vergleicht man hingegen nur die Absolutwerte, sind die unterschiedlichen Volumina und Neuronenanzahlen bei Männern und Frauen womöglich lediglich ein Resultat der unterschiedlichen Hirngrößen.

In Bezug auf mögliche Geschlechtsunterschiede bei diesen relativen Werten bietet der derzeitige Stand der Forschung leider kein sehr klares Bild: In einigen Studien fand man keine Geschlechtsunterschiede. Andere Wissenschaftler wiederum fanden in männlichen Gehirnen auch in Hinblick auf die relativen Volumina sowohl mehr graue als auch weiße Substanz. Wieder andere Forschergruppen machten demgegenüber die überraschende Entdeckung, dass der Prozentsatz der grauen Substanz im weiblichen Gehirn größer ist als im männlichen Gehirn. Wie Sie vielleicht schon selbst aufgrund dieser widersprüchlichen Ergebnisse vermutet haben, scheinen sich die Methoden der einzelnen Forschergruppen sehr stark zu unterscheiden. Dadurch

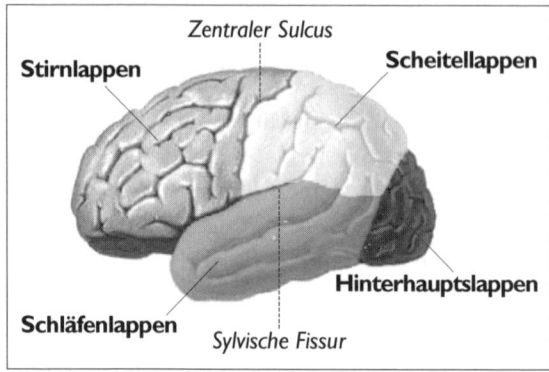

Stirnlappen

Zentraler Sulcus

Scheitellappen

Hinterhauptslappen

Schläfenlappen

Sylvische Fissur

Abb. 6: Die Einteilung der Hirnrinde in die vier wichtigsten Lappen und deren Abgrenzungen durch Furchen (Zentraler Sulcus & Sylvische Fissur)

können bei der Untersuchung der gleichen Fragestellung durchaus unterschiedliche Ergebnisse erzielt werden. Das «Wie» bei der Datenerhebung spielt also eine enorm wichtige Rolle.

Global versus lokal – zusätzliche Erkenntnisse durch regionale Analysen

In den vergangenen Abschnitten wurde von Geschlechtsunterschieden im Volumen von grauer/weißer Substanz oder in der Anzahl der Neuronen berichtet. Ist Ihnen aufgefallen, dass dabei immer über Volumina und Neuronenanzahlen im gesamten Gehirn bzw. in der gesamten Hirnrinde die Rede war? In Ergänzung zu solchen globalen Analysen wäre es doch sicher auch spannend zu erfahren, ob vielleicht unterschiedlich viele Nervenzellen bei Frauen und Männern in ganz spezifischen Hirnregionen vorhanden sind. Die Hirnrinden beider Gehirnhälften lassen sich beispielsweise in vier Lappen unterteilen (vgl. Abbildung 6). Tatsächlich fanden Forscher Hinweise darauf, dass die Anzahl der Neuronen in einer sprachrelevanten Region des *Schläfenlappens* bei weiblichen Gehirnen um elf Prozent höher ist als bei männlichen Gehirnen. In unseren eigenen Analysen konnten wir ergänzend feststellen, dass Frauen in einigen Bereichen des *Scheitellappens, Stirnlappens* und *Schläfenlappens* mehr graue Substanz besitzen als Männer. Frühere Forschungsarbeiten haben Ähnliches berichtet und zusätzlich festgestellt, dass in einigen Regionen, in denen mehr graue Substanz im weiblichen Gehirn entdeckt wurde, dafür die weiße Substanz im männlichen Gehirn überwiegt.

Mehr Nervenzellen – bessere Leistungen?

Dass sich aufgrund einer höheren Anzahl von Nervenzellen oder größerer Volumina an grauer oder weißer Substanz bestimmte Leistungsvorteile ergeben könnten, ist nicht ausgeschlossen. Im Gegenteil, es scheint sogar sehr plausibel, dass größere Mengen an informationsverarbeitenden und weiterleitenden Modulen für die Durchführung bestimmter Aufgaben von beträchtlichem Vorteil sind. Ob hierbei den Absolutwerten im Sinne von «viel hilft viel» oder aber den relativen Anzahlen und Volumina die größere Bedeutung beizumessen ist, muss im Verlaufe weiterer Forschung geklärt werden.

Eine Studie, die diese Fragestellung bereits direkt untersucht hat, fand heraus, dass das räumliche Denken von Männern und Frauen sehr wohl mit dem absoluten Volumen von grauer und weißer Substanz in Zusammenhang steht, nicht aber mit dem relativen Volumen. Wie Sie bereits im vergangenen Abschnitt erfahren haben, berichten Wissenschaftler über höhere Neuronendichten und größere relative Volumina von grauer Substanz in sprachrelevanten Bereichen in weiblichen Gehirnen. Da in einer Vielzahl von Untersuchungen die sprachliche Überlegenheit des weiblichen Geschlechts demonstriert werden konnte, lässt sich hier auf indirektem Wege auch die Bedeutsamkeit relativer Werte unterstreichen. Auch die Idee, dass ein optimales Verhältnis von grauer und weißer Substanz die Grundlage für eine bestmögliche Leistungsfähigkeit liefert, ist nicht von der Hand zu weisen. Das heißt, eine überdurchschnittlich große Menge vernetzender Einheiten (weiße Substanz) muss nicht unbedingt von Vorteil sein, wenn die Zahl der informationsverarbeitenden Module (graue Substanz) zu gering ist, um dieses Übermaß effektiv auszunutzen. Gleiches könnte auch für den umgekehrten Fall gelten.

Die Brücke zwischen den beiden Hirnhälften

Nicht nur die Gesamtheit aller Faserverbindungen (weiße Substanz), sondern auch eine ganz bestimmte Faserart hat das Interesse der Wissenschaftler auf sich gezogen. Es handelt sich dabei um so genannte *Kommissurenfasern*, die den Informationsaustausch zwischen linker und rechter Hirnhälfte ermöglichen. Der Balken, auch *Corpus Callosum* genannt, ist der größte Kommissurenfaserstrang. Diese mächtige

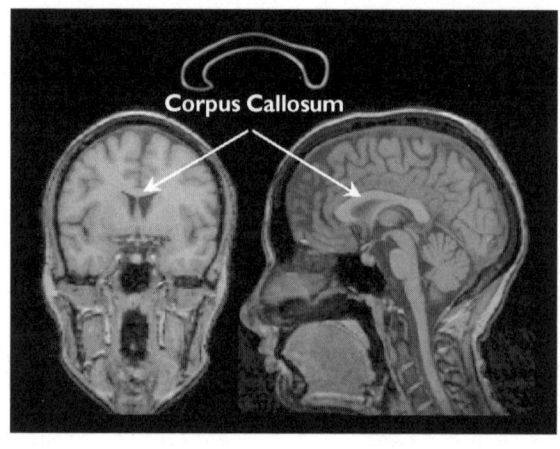

Abb. 7: Die Brücke zwischen den beiden Hirnhälften: der Balken (auch Corpus Callosum)

Brücke zwischen den beiden Hirnhälften setzt sich aus über 200 Millionen Einzelfasern zusammen und ist aufgrund der charakteristischen Form im Gehirn leicht zu identifizieren (vgl. Abbildung 7). Im Hinblick auf Geschlechtsunterschiede im Corpus Callosum fanden in den letzten 20 Jahren unzählige Analysen statt. Einer der ausschlaggebenden Gründe für eine lebhafte Auseinandersetzung mit diesem Thema war die Veröffentlichung sehr erstaunlicher Befunde im Jahre 1982. Das Forscherteam De Lacoste-Utamsing und Holloway berichtete nämlich, dass der hintere Teil des Corpus Callosum bei Frauen größer sei als bei Männern. Außerdem würde dieser hintere Teil in weiblichen Gehirnen eine gewölbtere Form aufweisen als in männlichen Gehirnen. Weil die Studie eine ganze Reihe methodischer Mängel und Merkwürdigkeiten aufwies (z. B. wurden von den ursprünglich analysierten 28 nur 14 Gehirne im Endergebnis berücksichtigt), zweifelten viele Forscher an der Richtigkeit dieser Befunde. In zahlreichen Folgestudien wird seitdem versucht, den «wahren» Geschlechtsunterschieden im Corpus Callosum auf die Spur zu kommen.

Aus diesem Bestreben resultierten eine ganze Reihe unterschiedlicher Entdeckungen. Unter anderem wurden von einigen Forschern tatsächlich größere und gewölbtere hintere Abschnitte im weiblichen Corpus Callosum bestätigt. Selbst ein größeres Corpus Callosum insgesamt wurde in den Gehirnen von Frauen registriert. Und obwohl aufgrund dieser Ergebnisse leicht der Eindruck entstehen kann, dass tatsächlich größere Balken oder Balkenabschnitte im weiblichen Gehirn existieren, gibt es überraschenderweise auch gegenteilige Berichte über größere Balkenabschnitte in männlichen Gehirnen. Die überwiegende Mehrheit aller Analysen hat jedoch überhaupt keinen Hinweis auf einen Geschlechtsunterschied beim Corpus Callosum gefunden. Es scheint vielmehr so zu sein, dass die Verschiedenheit zwischen den einzelnen Individuen innerhalb eines Geschlechts viel größer ist als eventuell existierende Geschlechtsunterschiede in der Form oder Größe des Corpus Callosum. So gibt es also wahrscheinlich größere anatomische Unterschiede in dieser Gehirnregion zwischen Lisa und Sabine bzw. zwischen Frank und Andreas als z. B. zwischen Lisa und Frank. In Einklang mit dieser Idee stehen auch die Ergebnisse unserer eigenen Untersuchungen.

Dickere Faserstränge – bessere Leistungen?

Es ist also nicht eindeutig geklärt, ob Männer und Frauen unterschiedlich dicke Faserstränge zwischen linker und rechter Hirnhälfte besitzen. Trotzdem können wir uns die spannende Frage stellen, ob dickere Faserstränge im Allgemeinen zu Vorteilen bei der Lösung bestimmter Aufgaben führen können. Wenn bestimmte Bestsellerbücher nun aber versuchen, logisch-falsche Schlussfolgerungen als wissenschaftlich fundiert und wahr zu verkaufen, sollten bei Ihnen die Alarmglocken schrillen. Ein gelungenes Negativbeispiel hierfür geben wiederum Allan und Barbara Pease, wenn sie wissenschaftlich *falsch* berichten, dass Frauen generell ein größeres Corpus Callosum besitzen und deshalb mehrere, in keinem Zusammenhang zueinander stehende Tätigkeiten gleichzeitig ausführen können. Sogar das Phänomen der weiblichen Intuition wird von den beiden Autoren in einem ihrer weltbekannten Bücher mit vermeintlich dickeren Fassträngen in weiblichen Gehirnen erklärt. Auch wenn Schlussfolgerungen dieser Art durchaus originell sind und zunächst plausibel klingen, ist hierbei eine gesunde Portion Skepsis angebracht.

Wollen wir uns der Bedeutung eines größeren Balkens für bestimmte Leistungen theoretisch nähern, müssen wir zunächst davon ausgehen, dass ein dickerer Faserstrang mehr Nervenfasern enthält als ein dünnerer Strang. Dieser Zusammenhang zwischen Faserstrangdicke und Nervenfaseranzahl wurde von Forschern vor über zehn Jahren für das Corpus Callosum bestätigt. Mehr Nervenfasern könnten bewirken, dass Informationen aus der einen Hirnhälfte effizienter in die andere Hirnhälfte gelangen. Dadurch werden vielleicht beide Hirnhälften insgesamt stärker an bestimmten geistigen Prozessen beteiligt. Infolge der daraus resultierenden größeren Verarbeitungskapazität könnten sich tatsächlich Vorteile bei der Lösung bestimmter Aufgaben ergeben.

Dieser Erklärungsansatz, der bereits in den 6oer/7oer Jahren von einem Forscher namens Levy ins Leben gerufen wurde, klingt nachvollziehbar und überzeugend. Trotzdem sollten wir uns darüber im Klaren sein, dass auch er rein spekulativ ist. In der aktuellen Fachliteratur finden wir bislang nur wenige Hinweise auf einen Zusammenhang zwischen der Dicke der Nervenfaserstränge und einem bestimmten Leistungsvorteil. Einige Wissenschaftler berichten über Zusammenhänge zwischen der Größe des Corpus Callosum und der Sprachflüssigkeit, des verbalen und visuellen Gedächtnisses sowie des räumlichen Vorstellungsvermögens bei Frauen. Jedoch konnte keine der bisherigen Studien einen Zusammenhang zwischen Faserstrangdicke und Leistung bei Männern nachweisen. Sollten wir aufgrund dieser Ergebnisse schlussfolgern, dass das Erklärungsmodell von Levy in Ansätzen richtig ist, jedoch seine Gültigkeit verliert, wenn es auf das männliche Geschlecht angewandt wird? Oder sind die wenigen berichteten Zusammenhänge zwischen der Größe des Corpus Callosum und bestimmten Leistungen beim weiblichen Geschlecht lediglich Zufallsbefunde, und Levys Erklärungsansatz ist generell falsch? Vielleicht sind jene Resultate auch Anzeichen dafür, dass sich männliche und weibliche Gehirne durch unterschiedliche Verarbeitungsstrategien auszeichnen? Beim heutigen Stand der Forschung sind wir auf Spekulationen dieser Art angewiesen. Trotzdem dürfen wir nicht vergessen, dass unsere Erklärungen und Interpretationen oftmals nicht mehr sind als sehr wackelige Hypothesen, die weiterer Forschungsarbeit bedürfen.

Hirnanatomische Asymmetrien

Ein letzter Punkt auf unserer Liste heiß diskutierter Geschlechtsunterschiede im menschlichen Gehirn ist das Charakteristikum der *Asymmetrie*. Asymmetrien sind nichts anderes als Ungleichheiten in der Struktur oder in der Funktion gegenüberliegender Hirnregionen in beiden Hirnhälften.

Strukturelle Asymmetrien

Anatomisch betrachtet, sind die linke und rechte Hirnhälfte keineswegs als spiegelbildliches Abbild voneinander zu verstehen. Wenn die gleichen Strukturen beider Hirnhälften unterschiedliche Größen, Volumina, Formen, Verläufe oder Ausrichtungen aufweisen, sprechen wir von *struktureller Asymmetrie*. Fragen Sie sich jetzt gerade, was die Unterschiede zwischen den beiden Hirnhälften mit den Unterschieden zwischen Männer- und Frauengehirnen zu tun haben? Die Antwort ist genauso einfach wie faszinierend: Viele Wissenschaftler berichten über eine verstärkte Asymmetrie in männlichen Gehirnen, die einer ausgeprägteren Symmetrie in weiblichen Gehirnen gegenübersteht. Eine Hirnstruktur, die besonders durch diesen Geschlechtseffekt beeinflusst zu sein scheint, ist der so genannte *Zentrale Sulcus* – eine Furche, die die Grenze zwischen Stirn- und Scheitellappen bildet (siehe Abbildung 6). Einige Forscher stellten fest, dass diese Furche in der linken Hirnhälfte weitaus tiefer in die Hirnrinde hineinreicht als in der rechten Hirnhälfte. Allerdings konnte dieser Unterschied nur in männlichen Gehirnen demonstriert werden. Weibliche Gehirne schienen eher durch eine ausgeprägtere Symmetrie der Tiefe des Zentralen Sulcus gekennzeichnet zu sein. Die so genannte *Sylvische Fissur* – eine andere Furche zwischen Schläfenlappen und Scheitellappen (vgl. Abbildung 6) – ist ebenfalls durch diesen Geschlechtsunterschied gekennzeichnet. Das heißt, Forscher konnten größere Unterschiede zwischen beiden Hirnhälften in männlichen Gehirnen feststellen, wenn sie die Länge einzelner Fissurabschnitte ermittelten. Verstärkte Asymmetrien in männlichen Gehirnen wurden ebenfalls registriert, wenn der Anteil von grauer Substanz in jenen Bereichen analysiert wurde, die an die Sylvische Fissur angrenzen.

Funktionelle Asymmetrien

Wenn gleiche Hirnbereiche in der rechten und linken Hirnhälfte entweder ganz unterschiedliche Funktionen ausüben oder bestimmte Informationen unterschiedlich effizient verarbeiten, sprechen wir von *funktioneller Asymmetrie*. Diejenige Hirnhälfte, die in erster Instanz für die Verarbeitung einer bestimmten Information zuständig ist und damit im Dienste einer bestimmten Funktion (z. B. Sprache) steht, wird als *dominant* für diese Funktion bezeichnet. Von der jeweiligen Funktion sagt man in diesem Zusammenhang, sie wäre *lateralisiert*. Haben Sie noch die Informationen aus dem vergangenen Absatz im Hinterkopf? Dann können Sie sicher schon erahnen, welches Geschlecht die größere funktionelle Asymmetrie bzw. Lateralisierung aufweist. Tatsächlich konnte man in einigen Experimenten eine stärker ausgeprägte Lateralisierung bestimmter Funktionen in männlichen Gehirnen nachweisen. Vor allem die Verarbeitung sprachlicher oder visuell-räumlicher Informationen scheint durch diesen Geschlechtseffekt gekennzeichnet zu sein. Die Wissenschaftler vermuten einen engen Zusammenhang zwischen dem Ausmaß der Lateralisierung und dem Ausmaß an struktureller Asymmetrie. Ausgeprägtere strukturelle Asymmetrien sprachrelevanter Abschnitte der Sylvischen Fissur gehen beispielsweise einher mit der stärkeren Lateralisierung von Sprache bei Männern. Demgegenüber stehen die verstärkten strukturellen Symmetrien und verminderten Lateralisierungen bei Frauen.

Ausgeprägtere Symmetrien – bessere Leistung?

Einige der Hirnregionen, die bei Frauen und Männern unterschiedlich asymmetrisch sind, scheinen eine wesentliche Rolle für die Verarbeitung auditiver und sprachlicher Signale zu spielen. Liegt es deshalb nicht nahe, einen unmittelbaren Zusammenhang zwischen der verstärkten strukturellen Symmetrie in weiblichen Gehirnen und der verbesserten Sprachleistung bei Frauen zu vermuten? Und wäre es nicht auch möglich, dass Sprachleistungen bei Frauen durchschnittlich besser ausfallen, weil beide Hirnhälften in den Dienst der Sprachfunktion gestellt werden? Allan und Barbara Pease schlussfolgern, dass Männer schlechtere sprachliche Fähigkeiten haben als Frauen, weil «Männer eigentlich keine eigene Hirnregion besitzen, die als Sprachzentrum fungieren könnte». Allerdings zeigen wissenschaftliche Studien, dass Männer natürlich ebenso wie Frauen entsprechende Sprachareale haben, womit die Schlussfolgerung von Allan und Barbara Pease widerlegt wäre. Es könnte jedoch sein, dass den Männern weniger Verarbeitungsmodule für Sprache zur Verfügung stehen, weil Sprachverarbeitung in erster Linie in der linken (dominanten) Hirnhälfte stattfindet. Sprechen Männer deshalb schlechter? Sind die Sprachareale männlicher Konversationsgenies ähnlich symmetrisch ausgeprägt wie in den Gehirnen von Frauen? Inwieweit die unterschiedliche Symmetrie der Sprachareale bei Frauen und Männern etwas mit ihren sprachlichen Fähigkeiten zu tun hat, ist eine der vielen noch unbeantworteten Fragen. Diese lassen uns beim heutigen Stand der Wissenschaft noch keine Erklärungen und Interpretationen finden, die den komplexen Zusammenhängen der Wirklichkeit vollständig gerecht werden.

Was wissen wir wirklich?

In den letzten Jahren wurden entscheidende Fortschritte beim Verständnis der Anatomie des Gehirns erzielt. Trotzdem gleichen die bisherigen Beobachtungen und Erkenntnisse über die Unterschiede zwischen männlichen und weiblichen Hirnstrukturen den winzigen Teilen eines riesigen Puzzles, das sich noch nicht zusammensetzen lässt. Erschwerend kommt hinzu, dass eine Vielzahl widersprüchlicher und uneinheitlicher Befunde existiert. Das Versäumnis, anatomische Messungen an Hand des jeweiligen Gehirnvolumens zu korrigieren, stellt dabei wahrscheinlich die größte Fehlerquelle dar.

Es werden noch etliche Jahrzehnte vergehen, bis wir den Schleier der Unwissenheit vollständig lüften können, der das Phänomen des «kleinen Unterschieds» im Gehirn derzeit umhüllt. Und es ist gut möglich, dass wir niemals die ganze Wahrheit erfahren, wenn wir versuchen, jenen Zusammenhang zu durchschauen, der zwischen geschlechtsspezifischer Hirnanatomie und Fähigkeitsausprägung zu existieren scheint. Denn selbst wenn uns eines Tages die vollständigen Informationen über geschlechtsspezifische Hirnstrukturen vorliegen, müssen wir dabei Folgendes im Hinterkopf behalten: Eine unterschiedliche Hirnanatomie bei Männern und Frauen stellt möglicherweise nicht die einzige Ursache für geschlechtsspezifische Fähigkeiten dar. Es ist sogar wahrscheinlicher – wie auch die folgenden Kapitel zeigen werden –, dass vielfältige Wechselwirkungen zwischen genetischen, hirnanatomischen, hormonellen und erfahrungsbedingten Einflüssen existieren, die erst in ihrem Zusammenspiel zu einer bestimmten Leistung oder Fähigkeit verhelfen.

Nachdem wir uns in diesem Kapitel mit den Unterschieden in der

Hirnanatomie zwischen Männern und Frauen beschäftigt haben, interessiert uns im folgenden Kapitel die Arbeitsweise der Gehirne von Frauen und Männern bei räumlichen Aufgaben, wie dem Einparken oder dem gedanklichen Drehen von Gegenständen. Wir wollen unter anderem der Behauptung von Allan und Barbara Pease nachgehen, dass «Frauen keinen eigenen Hirnbereich für räumliches Denken haben» und daher diesbezüglich ziemlich «beschränkt» sind.

3
Warum denkst du nur so verdreht?
Arbeiten männliche und weibliche Hirne
wirklich so verschieden?

Im Möbelcenter

Lisa und Frank möchten sich ihre Wohnstube neu einrichten. Daher fahren sie am Sonnabend gemeinsam ins Möbelcenter. Sie haben eine wunderschöne Möbelkombination mit Tisch, Wandregal, Audioregal und Couch gefunden, die ausnahmsweise sogar einmal ihnen beiden gefällt. Nun beraten Frank und Lisa, wie sie die Möbel am besten in ihrem Wohnzimmer anordnen. Gerade haben sie sich für eine gemeinsame Variante entschieden, da entsteht vor Franks geistigem Auge eine neue, viel, viel schönere Version, die er seiner Liebsten natürlich gleich erläutert: «Also, das Wandregal stellen wir jetzt einmal an die rechte Wand, das Audioregal drehen wir um 180 Grad, die Couch kommt um 90 Grad gedreht ans Fenster und davor der Tisch! Na, was sagst du dazu – sieht das nicht wunderbar aus?» Lisa aber steht zweifelnd, den Kopf drehend vor Frank, darum bittend, alles noch einmal langsam für sie zu wiederholen. Bevor Frank nun ungeduldig und ein unhöflicher Ehemann wird, erklärt er ihr alles wieder und wieder. Auch wenn er eigentlich überhaupt nicht versteht, was daran so schwer sein soll (vgl. Abbildung 8).

...

Endlich, nach einiger Zeit, huscht ein Lächeln über Lisas Gesicht: «Also, das Wandregal an die rechte Wand, dann das Audioregal um 180 Grad drehen, so, nun die Couch ans Fenster drehen und jetzt der Tisch. Warte, warte ... ... Ja, du hast Recht, es sieht einfach wunderbar aus, so wie wir jetzt die Möbel stellen. Jetzt weiß ich endlich, was du meinst!»

Solche oder ähnliche Situationen, vielleicht auch einmal mit weniger Verständnis auf beiden Seiten, werden Ihnen sicher bekannt vorkommen. Frauen haben oft größere Schwierigkeiten, sich etwas räumlich vorzustellen. Aber, und das möchten wir Ihnen im Folgen-

Abb. 8: Lisa und Frank in einem Möbelcenter

den zeigen, sie sind keineswegs unfähig dazu, wie Allan und Barbara Pease in ihrem Buch behaupten. Sie benötigen unter anderem nur mehr Zeit für diese Prozesse, weil sie «anders denken». Von dem «Wie» des anders räumlich Denkens wird in diesem Buch noch des Öfteren die Rede sein. Wir wollen uns im Folgenden auf die dabei im Gehirn ablaufenden Prozesse beschränken.

Wir werden Ihnen die von uns genutzte Methode zur Messung der Funktionen des Gehirns vorstellen und einen Überblick darüber geben, was momentan über die Arbeitsweise von «männlichen» und «weiblichen» Hirnen bei räumlichen Aufgaben bekannt ist. Weiterhin werden wir Ihnen eine eigene Untersuchung zum räumlichen Vorstellungsvermögen vorstellen. Darin versuchen wir, die anfangs gestellte Frage zu beantworten, ob es denn wirklich solche Unterschiede in der Funktion von «weiblichen» und «männlichen» Gehirnen gibt. Dazu nutzen wir in der Forschung allerdings nicht so ansehnliche Gegenstände wie Tische, Regale etc., sondern bedienen uns viel abstrakterer Figuren. Würden wir unseren Versuchspersonen Alltagsgegenstände zeigen, die womöglich der eine kennt, der andere sogar selbst hat, der Dritte aber noch nie gesehen hat, so würde allein dieser Fakt unterschiedliche Reaktionen in ihren Gehirnen hervorrufen.

Was passiert im Gehirn?

Stellen wir uns dazu zuerst die Frage: Was wollen wir wissen? Wir möchten gern erfahren, was an welchen Orten im Gehirn passiert, wenn wir eine bestimmte Aufgabe lösen. Dies könnte z. B. eine Aufgabe zum räumlichen Vorstellungsvermögen sein. Schauen Sie sich dazu die beiden Figuren der Abbildung 9 an.

Abb. 9: Beispiel einer Aufgabe zum Testen der Raumvorstellungsfähigkeit (Mentale Rotationsaufgabe) *Sind die beiden Figuren gleich oder nicht?*

Was könnte bei der Lösung der in Abbildung 9 dargestellten Aufgabe in Ihrem Hirn nun also passieren?

1. Sie schauen sich beide Figuren genau an. Die Lichtenergie, die von dem Papier mit den Figuren reflektiert wird, führt zu einem chemischen Umformprozess der Sehpigmente in Ihren Augen. Diese befinden sich in den Photorezeptoren, den lichtempfindlichen Zellen. Dieser Prozess löst elektrische Signale in den mit den Photorezeptoren verbundenen Nervenzellen aus. Nun geht es über Nervenbahnen weiter zur visuellen Hirnrinde, im hinteren Bereich des Hirns – dem Hinterhauptslappen (siehe auch Kapitel 2, Abbildung 6). Im Zusammenspiel verschiedener Bereiche des Großhirns erkennen Sie die Reize bewusst. Auf die nach wie vor äußerst spannende und ungeklärte Frage nach dem Bewusstsein wollten wir hier nicht weiter eingehen. (Der an diesen Fragen interessierte Leser sei auf die sehr unterhaltsamen und brisanten Bücher des bekannten Frankfurter Hirnforschers Wolf Singer verwiesen.)

2. Kehren wir aber nun zu unserer Aufgabe zurück. Sie vergleichen beide Figuren, oder Sie drehen eine der beiden vor Ihrem «geistigen Auge». Dies passiert unter anderem in einer hinteren Hirnregion, die Scheitellappen genannt wird (vgl. Kapitel 2, Abbildung 6).

3. Sie entscheiden, ob die beiden Figuren gleich sind oder nicht. Diese Prozesse finden vorrangig im hinteren und vorderen Bereich des Hirns statt (Scheitellappen und Stirnlappen). In diesem Fall war die

Aufgabe sicher sehr einfach für Sie, denn die beiden Figuren, hier der Buchstabe «K», begegnen uns täglich hundertfach und sind uns dadurch bestens bekannt. Natürlich wird Ihnen deshalb gleich aufgefallen sein, dass in unserer Aufgabe beide Figuren identisch sind.

Wie kann man die Prozesse im Gehirn sichtbar machen?

Beim Lösen solch einer Aufgabe sind also ganz verschiedene Hirnbereiche aktiv. Wie kann man nun diese Aktivität sichtbar machen? Aktivität bedeutet, dass die Nervenzellen in diesen Hirnbereichen deutlich häufiger Impulse senden als im Ruhezustand. Dieses Erzeugen elektrischer Impulse wird als *Feuern* bezeichnet. Wenn Nervenzellen solche elektrischen Signale generieren und weiterleiten, dann verbrauchen sie Energie. Diese Energie muss in den Zellen wieder hergestellt werden. Dazu aber werden Sauerstoff und Nährstoffe benötigt. Der Transport dieser Stoffwechselkomponenten in die entsprechenden Hirnregionen erfolgt über das Blut. Dadurch steigt der Sauerstoffgehalt des Blutes in diesen Hirnregionen überproportional an. Sie enthalten somit mehr sauerstoffreiches Blut als andere Hirnregionen. In der *funktionellen Kernspintomographie (fMRT)* nutzt man nun die unterschiedlichen magnetischen Eigenschaften von sauerstoffreichem und sauerstoffarmem Blutfarbstoff (Hämoglobin) aus, um die mit der lokalen Hirnaktivität zusammenhängende momentane Blutsauer-

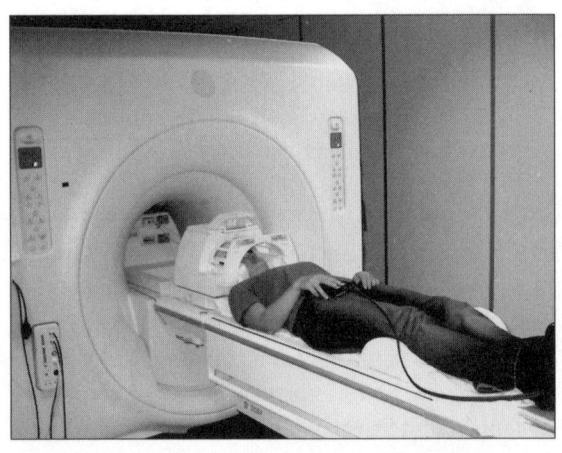

Abb. 10:
Hier sehen Sie einen Kernspintomographen. Während die Versuchsperson Aufgaben bearbeitet, wird ihre Hirnaktivität gemessen.

stoffkonzentration zu messen. Während wir also überlegen, ob unsere beiden Figuren aus Abbildung 9 gleich sind, wird mittels dieses Kernspintomographen unsere Gehirnaktivität gemessen. Abbildung 10 zeigt ein solches Gerät.

Neben dieser hier vorgestellten Methode zur Messung der Arbeitsweise des Gehirns gibt es natürlich noch andere Methoden, mit denen man die Arbeitsweise des Gehirns messen kann, wie die Elektroenzephalographie (EEG) und die Magnetenzephalographie (MEG), auf die wir aber hier nicht weiter eingehen wollen.

Nachdem wir erläutert haben, wie man heutzutage die Funktion des Gehirns messen kann, möchten wir Ihnen nun einige Forschungsergebnisse vorstellen, die mit dieser Methode gewonnen wurden. Wenn wir im Folgenden von «Aktivierung im Gehirn» sprechen, dann meinen wir die oben erwähnten Prozesse der Aktivität der Nervenzellen und der nachfolgenden Veränderung des Sauerstoffgehaltes des Blutes.

Was wissen wir heute über die Arbeitsweise von «männlichen» und «weiblichen» Gehirnen?

Wenn nach den Differenzen in der Arbeitsweise männlicher und weiblicher Gehirne gefragt wird, so werden meist Aufgaben verwendet, bei denen sich Männer und Frauen in ihrer Leistung sehr unterscheiden. Wie bereits im Einleitungskapitel angesprochen und gut bekannt, gelten sprachliche Fähigkeiten als eine Domäne der Frauen, während das räumliche Vorstellungsvermögen als Männerdomäne betrachtet wird. Wie eindeutig oder nicht insbesondere letztere Feststellung ist, wird in den verschiedenen Kapiteln in diesem Buch thematisiert. Wir wollen uns hier auf einige Arbeiten konzentrieren, in deren Verlauf Männer und Frauen beim Lösen räumlicher Aufgaben untersucht und simultan dazu die Aktivitäten im Gehirn mittels funktioneller Kernspintomographie gemessen wurden.

Oft hört man, dass vor allem die rechte Hirnhälfte in die Lösung räumlicher Aufgaben einbezogen sein soll. Schaut man sich aber die Ergebnisse diesbezüglicher wissenschaftlicher Studien etwas genauer an, so scheint sich diese Aussage nicht immer so eindeutig zu bestätigen, ebenso wie die oft erwähnten besseren Leistungen der Männer in der Raumdomäne.

Zunächst möchten wir Ihnen einen üblichen Aufgabentyp vorstellen, der in solchen Untersuchungen zum räumlichen Vorstellungsvermögen oft verwendet wird. Im Jahre 1971 stellten Roger N. Shepard und Jacqueline Metzler ein interessantes Verhaltensexperiment vor, mit dem man mentale, also geistige Leistungen sehr genau messen kann. Bis heute findet es immer wieder Anwendung. Abbildung 11 zeigt Ihnen zwei Paare dreidimensionaler Objekte – so genannte Würfelfiguren aus solch einem Experiment. Es ist nun Ihre Aufgabe, diese beiden Würfelfiguren in Gedanken zu drehen. Dann sollen Sie entscheiden, ob die Figuren gleich sind – und zwar *genau gleich* – oder ob sie verschieden sind. Diese klassische Aufgabe zur «MENTALEN ROTATION», zum «GEDANKLICHEN DREHEN», steht im Zentrum all unserer weiteren Betrachtungen.

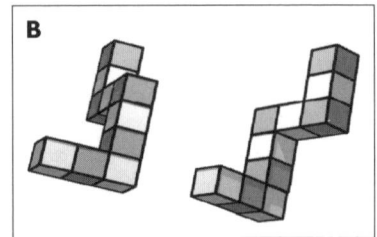

Abb. 11: Das gedankliche Drehen dreidimensionaler Objekte
Sind die Figurenpaare in A) und B) jeweils gleich oder verschieden?

Wie haben Sie entschieden?

Wenn Sie in der Aufgabe A) «gleich» und in der Aufgabe B) «verschieden» gesagt haben, dann liegen Sie richtig. Im Bild B) wurde dabei eine der Figuren durch Spiegelung der Ausgangsfigur an einer Raumachse erzeugt. Damit lässt sie sich nicht mehr durch gedankliches Drehen in die Ausgangsfigur überführen. Prüfen Sie sich selbst!

Im Kopf drehen ist wie «richtiges Drehen»

Bietet man nun zu jedem Reizpaar eine Menge von unterschiedlichen Winkeldifferenzen an (vgl. Abbildung 12 links) und misst die Zeiten, die die Versuchspersonen zur Lösung dieser Aufgaben benötigen, dann kann man ein hochinteressantes Phänomen beobachten. Es

Abb. 12: Drei Figurenpaare mit unterschiedlicher Winkeldifferenz, wobei die linke Figur jeweils gedreht wurde, um 20, 60 und 100 Grad. Meist sind in solchen Aufgaben allerdings sowohl die rechte als auch die linke Figur gedreht, um es den Versuchsteilnehmern nicht allzu leicht zu machen.

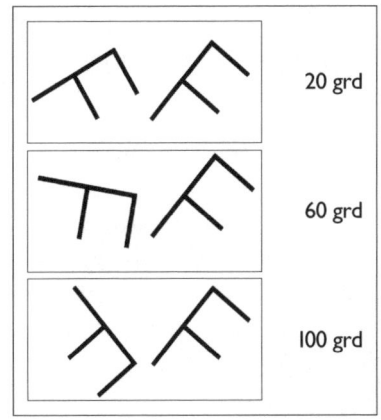

20 grd

60 grd

100 grd

scheint einen Zusammenhang zwischen den Reaktionszeiten, also den Zeiten bis zur Reaktion einer Versuchsperson, und den Winkeldifferenzen zu geben.

In Abbildung 13 ist dieser Zusammenhang zwischen Winkeldifferenz und Reaktionszeit dargestellt. Je größer die Winkeldifferenz zwischen den beiden Figuren ist, umso mehr Zeit benötigt die jeweilige Person bis zur Antwort. Dieses Phänomen wird als deutlicher Hinweis darauf gewertet, dass wir bei diesen Aufgaben die mentalen Abbilder der Objekte «im Geiste» wirklich wie eine reale Figur drehen. Man kann also geistige Leistungen wie diese exakt messen.

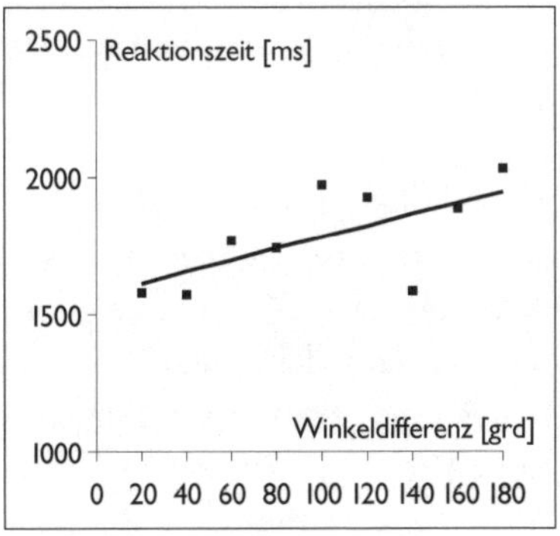

Abb. 13: Zunahme der Reaktionszeit mit der Winkeldifferenz zwischen den Figuren

2500 ┐ Reaktionszeit [ms]

2000 –

1500 –

1000

Winkeldifferenz [grd]

0 20 40 60 80 100 120 140 160 180

45

Wie dreht sich's im Gehirn bei Männern und Frauen?

Nun haben sich die Neurowissenschaftler die Frage gestellt, was es mit dem immer wieder gefundenen Geschlechtsunterschied in solchen Aufgaben zur «mentalen Rotation» auf sich hat, ob man also entsprechende Unterschiede auch in der Aktivierung verschiedener Hirnbereiche bei Männern und Frauen findet.

Allerdings weiß man inzwischen auch, dass unabhängig vom Geschlecht ein Zusammenhang zwischen der Leistung einer Versuchsperson und der Aktivierung entsprechender Hirnbereiche besteht. Dieser Zusammenhang ist unglücklicherweise nicht linear. Eine gute Leistung äußert sich also nicht zwangsläufig in einer hohen Aktivierung. Vielmehr ist die Höhe der Aktivierung mit dem Aufwand, der zur Erzielung dieser Leistung benötigt wurde, verbunden. Daher müssen wir bei der Frage nach den Unterschieden in der Hirnaktivierung bei Männern und Frauen immer auch die möglichen Leistungen mit in Betracht ziehen.

Bei Aufgaben zur mentalen Rotation wie der obigen wurde z. B. gefunden, dass die Aktivität im Gehirn eher mit der Leistung der Versuchspersonen als mit ihrem Geschlecht zusammenhing. Allerdings ist man sich zur Zeit noch nicht im Klaren darüber, was nun die *guten Rotierer* von den *schlechten Rotierern* bezüglich ihrer Hirnaktivierung unterscheidet. Während einige Studien darauf hinweisen, dass bei den *guten Rotierern* die Aktivierung tatsächlich sinkt, fanden andere Wissenschaftlicher bei solchen Personen eine klare Aktivierung nur in einer Hirnhälfte. Dies galt gleichermaßen für Frauen und Männer. Andere Wissenschaftler fanden in ihrer Studie keinen Unterschied in der Aktivierung im Gehirn und der Leistung im mentalen Rotieren zwischen Frauen und Männern. Allerdings stießen sie auf einen anderen interessanten Aspekt, nämlich dass Frauen, die sich in der Mitte ihres Menstruationszyklus befanden, eine deutlich höhere Aktivierung im Gehirn zeigten als in anderen Phasen. Im Kapitel 4 wird einiges dazu ausgeführt, wie Hormone die Funktion unseres Hirns und damit unser Denken beeinflussen. Tormod Thomsen und Kollegen untersuchten im Jahr 2000 elf Frauen und Männer in einer Aufgabe zur mentalen Rotation dreidimensionaler Objekte. Dabei wiesen die Männer eine stärkere Aktivierung der hinteren Hirnbereiche im Scheitellappen auf, während die Frauen eher eine stärkere Aktivierung in vorderen Hirnbereichen zeigten. Die Leistungen der

Frauen waren dabei etwas schlechter als die der Männer. Ein ähnliches Ergebnis erhielten Elisabeth Weiss und Kollegen in einer neueren Untersuchung aus dem Jahr 2003. Bei gleich guten Leistungen in der mentalen Rotation hatten Männer eine stärkere Aktivierung in der hinteren Scheitellappenregion. Frauen nutzten stärker die vordere rechte Hirnhälfte zur Lösung der Aufgaben. Die Wissenschaftler vermuten, dass Frauen und Männer unterschiedliche Lösungsstrategien bei den Aufgaben anwenden.

Diese Arbeiten mit sehr unterschiedlichen Ergebnissen zeigen zwar, dass es auf der Ebene des Gehirns Unterschiede zwischen Männern und Frauen bei der Bearbeitung und Lösung solch räumlich-visueller Aufgaben gibt. Aber sie zeigen auch, dass über die Art dieses Unterschiedes durchaus noch Meinungsverschiedenheiten unter den Wissenschaftlern bestehen. Möglicherweise werden Studien, die den Hormonzyklus der Frauen berücksichtigen (siehe auch Kapitel 4) oder unterschiedliche Strategien bei der Lösung dieser Aufgaben genauer untersuchen (siehe auch Kapitel 7 und 8), weitere Hinweise zur Aufklärung dieser Frage geben.

Im folgenden Abschnitt möchten wir Ihnen nun eine eigene Studie zu diesem Problemkreis vorstellen. Dabei haben wir Frauen und Männern verschiedene Aufgaben zur mentalen Rotation vorgelegt, während wir im Kernspintomographen ihre Gehirnaktivität gemessen haben.

Dreht sich's im Kopf von Frauen und Männern anders?
– eine eigene Untersuchung

Wir haben uns die Frage gestellt, inwieweit Männer und Frauen, die ähnliche Leistungen in der mentalen Rotation verschiedener Objekte zeigen, unterschiedliche oder gleiche Hirnbereiche dabei nutzen. Es könnte ja sein, dass das Drehen so verschiedener Objekte, wie wir sie Ihnen gleich vorstellen, auch mit Hilfe unterschiedlicher Strategien durchgeführt wird. Vielleicht drehen Frauen Buchstaben mental schneller und besser als Männer, da ihre verbalen Fähigkeiten zumindest in einigen Bereichen denen der Männer überlegen sind.

Deshalb wurden drei verschiedene Objekte ausgewählt: Buchstaben, zweidimensionale abstrakte Figuren und dreidimensionale Würfelfiguren.

Wir haben unseren 24 Untersuchungsteilnehmern (14 Frauen, zehn Männern, 19–36 Jahre) folgende Aufgaben gestellt. Sie mussten
1. Buchstabenpaare (Abb. 14)
2. Paare zweidimensionaler abstrakter Figuren (Abbildung 15) und
3. Paare dreidimensionaler Würfelfiguren (Abbildung 16) mental drehen.

Hier einige Beispiele für die von uns verwendeten Buchstaben- und Figurenpaare. Schauen Sie sich die folgende Abbildung an. Wo sind die Buchstaben identisch, d. h., lassen sie sich durch Drehen in einer Ebene – also auf dem Papier – aufeinander drehen? In welcher der beiden Abbildungen ist dies nicht der Fall?

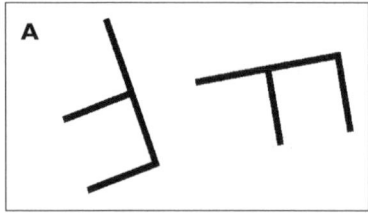 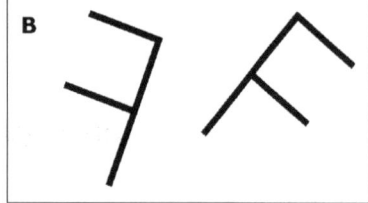

Abb. 14: Zwei Buchstabenpaare
Sind die Figurenpaare in A) und B) jeweils gleich oder verschieden?

Nun schauen wir uns die nächste Abbildung an. In welcher der beiden Abbildungen sind die abstrakten Figuren identisch? Dazu müssen Sie wieder versuchen, die eine Figur auf die andere zu drehen, dürfen aber diese Figur auch nur in der Papierebene drehen.

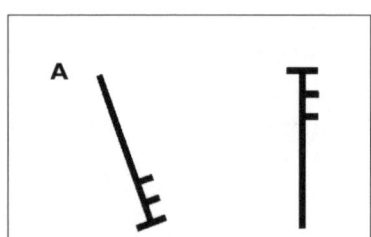 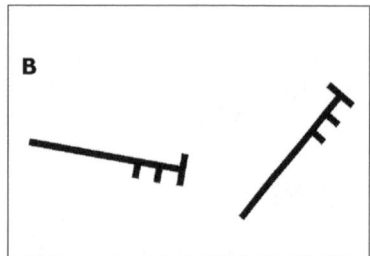

Abb. 15: Zwei Paare aus abstrakten Figuren
Sind die Figurenpaare in A) und B) jeweils gleich oder verschieden?

Die beiden letzten Objektpaare haben wir ganz ähnlich bereits im vorigen Abschnitt kennen gelernt. Entscheiden Sie! In welcher der beiden Abbildungen lassen sich die beiden Objekte ineinander überführen?

Überprüfen Sie sich einmal selbst! Gelingt Ihnen das «gedankliche Drehen»?

Merken Sie sich bitte auch, *wie* Sie die Figuren gedreht haben, wir kommen später noch einmal darauf zurück!

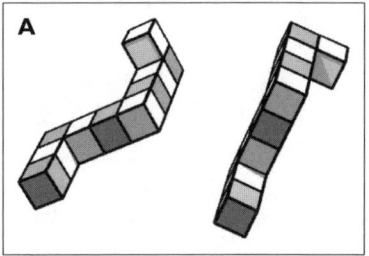 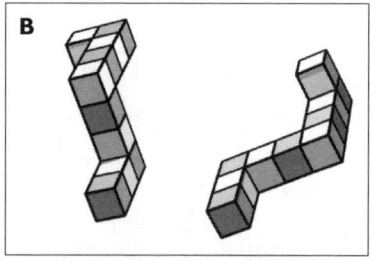

Abb. 16: Zwei Paare aus dreidimensionalen Figuren
Sind die Figurenpaare in A) und B) jeweils gleich oder verschieden?
(Die Lösungen finden Sie im Anhang!)

In unserem Experiment haben wir die Schwierigkeit der Aufgaben noch dadurch erhöht, dass die Zeit zur Lösung der Aufgaben begrenzt war. Die Versuchspersonen hatten nur 3 Sekunden Zeit, ihre Entscheidung zu treffen.

Während also unsere Versuchspersonen all die beschriebenen Tests bearbeiteten, registrierten wir mittels der funktionellen Kernspintomographie die Hirnaktivität. Dabei beziehen wir uns, wie am Anfang des Kapitels erwähnt, auf die Veränderungen des Sauerstoffgehaltes des Blutes als Folge neuronaler Aktivität.

Die Ergebnisse –
die Leistungen der Frauen und Männer

Schauen wir uns zunächst einmal Abbildung 17 an. Sie zeigt die prozentualen Fehlerraten unserer Versuchspersonen für alle drei Kategorien. Diese geben an, wie viele Prozent der zu bearbeitenden Aufgaben von ihnen falsch gelöst wurden.

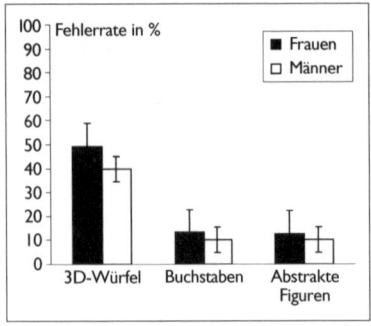

Abb. 17: Prozentuale Fehlerraten bei der mentalen Rotation verschiedener Objekte für Frauen und Männer

Dabei werden zwei Dinge deutlich. Erstens machen Frauen überall etwas mehr Fehler, was sich aber als statistisch nicht bedeutsam erwies. Zweitens werden bei der Rotation der dreidimensionalen Würfelfiguren die meisten Fehler gemacht. Wird dies auch in den Reaktionszeiten deutlich?

Abbildung 18 zeigt, dass die Frauen in unserer Studie im Mittel minimal höhere Reaktionszeiten aufwiesen als die Männer. Ihre Reaktionszeitgeraden lagen etwas über denen der Männer. Weiterhin können wir für alle drei Kategorien von Objekten erkennen, dass die benötigte Zeit mit zunehmender Winkeldifferenz zwischen den Figuren zunimmt, und zwar für Frauen und Männer gleichermaßen. Sie alle scheinen also die Figuren wirklich vor ihrem «geistigen Auge» zu drehen, wie wir es mit realen Figuren tun würden.

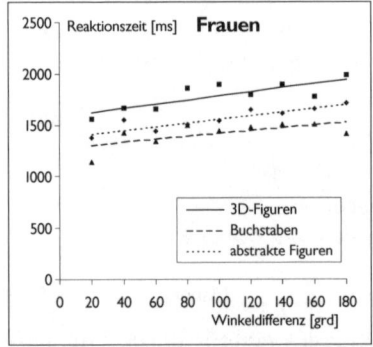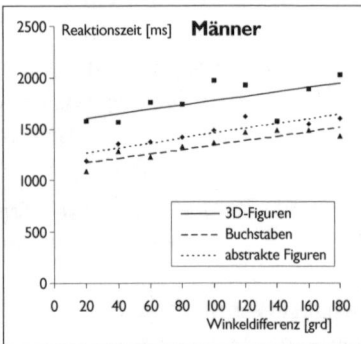

Abb. 18: Reaktionszeiten von Frauen und Männern in der mentalen Rotation in Abhängigkeit von der Winkeldifferenz zwischen den beiden Figuren

Betrachten Sie nun die Unterschiede zwischen unseren drei Objektklassen. Es wird deutlich, dass für die dreidimensionalen Figuren die längste Zeit (oberste Gerade) und für die Buchstaben die kürzeste Zeit (unterste Gerade) benötigt wird. Dieses Ergebnis passt gut zu unseren Fehlerraten, die wir oben beschrieben haben. Für die schwerste Aufgabe – die 3D-Figuren – benötigen Männer und Frauen deutlich mehr Zeit und machen deutlich mehr Fehler als bei den anderen Aufgaben. Die Buchstaben werden am schnellsten und besten bearbeitet (Sie haben es sicher selbst auch bemerkt). Dabei gibt es keine deutlichen Unterschiede zwischen Männern und Frauen.

Nebenbei bemerkt: Hätten Lisa und Frank an unserer Studie teilgenommen, so wäre zwar wahrscheinlich Lisa – wie im Möbelcenter – etwas langsamer, sie würde aber nur wenig mehr Fehler beim gedanklichen Drehen machen als Frank. Außerdem würde sie die einfachen Figuren, ebenso wie Frank, schneller und korrekter drehen als die schwierigen.

Die Ergebnisse – die Hirnaktivierungen der Frauen und Männer

Nun stellt sich natürlich die Frage, ob die Unterschiede in der Bearbeitung der unterschiedlichen Aufgaben auch in den Gehirnen unserer Frauen und Männer sichtbar wurden. Folgende Abbildung (Abbildung 19) zeigt Ihnen das Ergebnis.

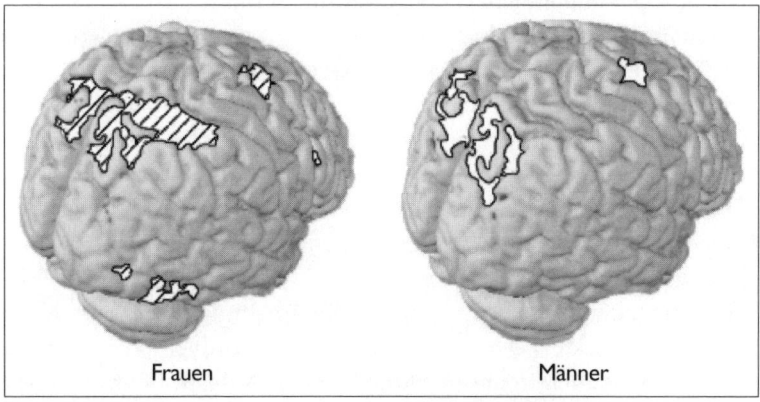

Frauen   Männer

Abb. 19: Mittlere Hirnaktivierung (Änderung des Sauerstoffgehaltes des Blutes) bei allen Aufgaben zur mentalen Rotation für Männer (rechts – weiße Bereiche) und Frauen (links – gestreifte Bereiche)

In Abbildung 19 sehen Sie links das Ergebnis für alle drei Rotationsaufgaben für die Frauen, rechts jenes für die Männer. Damit haben wir Ihnen eigentlich die Antwort auf unsere erste Frage vorenthalten, nämlich die nach den unterschiedlichen Aktivierungen bei den drei verschiedenen Objektkategorien. Hier zeigten sich keine Unterschiede in der Lokalisierung der Hirnaktivität, sondern nur ein klarer Zusammenhang zwischen der Schwierigkeit der Aufgabe und der Stärke der Hirnaktivität. Wir nehmen an, dass diese stärkere Änderung des Sauerstoffgehaltes des Blutes bei den schwierigeren Aufgaben (3D-Würfel) mit einem höheren Aufwand zur Lösung der Aufgabe seitens der Versuchspersonen zusammenhängt.

Nun zu unserer zweiten Frage: Nutzen Frauen und Männer die gleichen Hirnbereiche beim gedanklichen Drehen von Figuren?

Die Antwort lautet ja *und* nein. Abbildung 19 zeigt eine großflächige Aktivierung bei beiden Gruppen im hinteren Hirnbereich, und zwar auf beiden Seiten (die weißen und gestreiften Flächen). Dies ist eine Region im Scheitellappen, die immer bei Aufgaben mit räumlichen Aspekten einbezogen ist, wie wir auch schon am Anfang dieses Kapitels erwähnt hatten. Hier wird wahrscheinlich das Objekt in seinen räumlichen Dimensionen erkannt, verglichen und auch gedreht. Auch im vorderen Hirnbereich, in so genannten motorischen Regionen, zeigen Frauen und Männer gleichartige Aktivierungsmuster. Diese Bereiche repräsentieren entweder das Planen einer motorischen Antwort (Tastendruck) oder aber die Vorstellung, dass die Objekte in die Hand genommen und gedreht werden. Schon die Vorstellung solcher motorischer Prozesse ruft eine Aktivierung dieser vorderen Hirnbereiche hervor. So weit zu den Übereinstimmungen.

Viel interessanter bezüglich unserer eigentlichen Fragestellung aber ist nun eine Hirnregion, die nur bei den Frauen aktiviert ist, nämlich im unteren hinteren Hirnbereich – im unteren Teil des Schläfenlappens. Hier zeigen die Männer keine deutliche Aktivierung. Diese Region gehört zu der so genannten «Was»-Bahn, einem Verarbeitungsweg im Gehirn, der insbesondere für die Erkennung von Objekten zuständig ist. Regionen dieses Verarbeitungsweges sind aktiv, wenn wir Objekte bewusst erkennen und einordnen sollen. Wozu könnten die Frauen in unserer Studie in den Aufgaben zur mentalen Rotation diese Hirnbereiche benutzt haben? Wir nehmen an, dass sie besonderen Wert auf die Details der Figuren gelegt haben, z. B. auf die Einzelwürfel der dreidimensionalen Figur. Insbesondere diese einzelnen Bestandteile wurden dann verglichen und gedreht. Männer könnten im Gegensatz dazu die Figuren im Ganzen drehen. Diese Überlegung wird durch die geringfügig höheren Reaktionszeiten der Frauen gestützt, da ja der Prozess des Zerlegens der Figuren mehr Zeit in Anspruch nimmt als das Drehen im Ganzen. Aus vielen Studien weiß man heute, dass Männer und Frauen wirklich unterschiedliche Strategien beim Lösen dieser Aufgaben bevorzugen. Näheres dazu können Sie in den Kapiteln 7 und 8 nachlesen.

Das Fazit

Unsere Untersuchung hat also gezeigt, dass
1. unabhängig von den zu rotierenden Figuren die gleichen Hirnstrukturen nur in unterschiedlicher Stärke aktiviert werden und
2. Frauen und Männer bei gleicher Leistung gleiche, aber auch unterschiedliche Hirnbereiche zur mentalen Rotation nutzen, welche mit unterschiedlichen Strategien der Problemlösung in Zusammenhang stehen könnten.

Abbildung 20 zeigt Ihnen den möglichen Verarbeitungsweg bei Frauen und Männern, den wir aufgrund unserer Daten mit 24 Versuchspersonen annehmen.

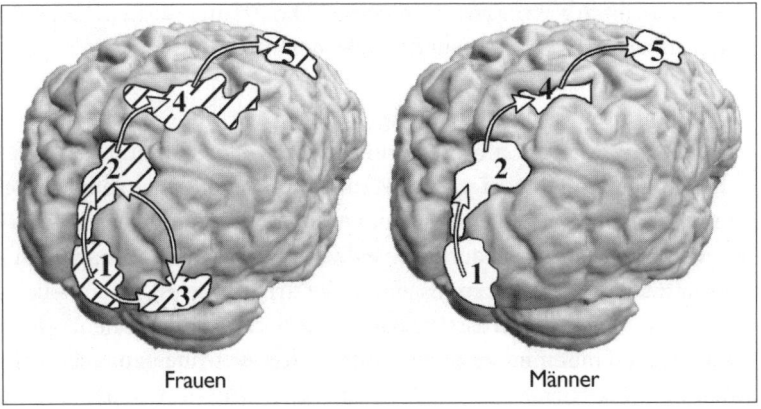

Frauen   Männer

Abb. 20: Mögliche Verarbeitungswege im Gehirn bei Frauen (links) und Männern (rechts)

Es läuft vermutlich folgendermaßen ab:
- Im primären visuellen Kortex (1) – dem Sehzentrum im Hinterhauptslappen – kommen die Informationen von den Augen (über verschiedene andere Stationen) an.
- In anderen Regionen des Hinterhauptslappens (2) werden Form, Größe, Muster und andere Eigenschaften der Objekte erkannt.
- Im unteren Bereich des Schläfenlappens (3) werden weitere Details der Figuren verarbeitet und diese bewusst erkannt. Das passiert vorrangig bei den Frauen.
- Im Scheitellappen (4) werden die räumlichen Dimensionen der Figuren verarbeitet und diese evtl. auch gedreht.
- In den vorderen – hier den motorischen Hirnbereichen (5) wird meist die Antwort, also z.B. der Druck auf eine Antworttaste, geplant.

Dreht sich's im Kopf der Frauen wirklich so anders?

Ein klares «Jein» ist wohl die zurzeit seriöseste Antwort auf diese Frage. Männer und Frauen aktivieren bei den unterschiedlichsten Aufgaben im Wahrnehmungs-, Sprach- oder räumlichen Bereich sowohl gleiche als auch verschiedene Hirnregionen. Männliche und weibliche Hirne arbeiten also ziemlich ähnlich.

Dieser Satz mag Sie enttäuschen, da wir ja an verschiedenen Stellen auf Unterschiede hingewiesen haben. Wir sind uns auch an sich sicher, dass es sie gibt. Aber wie so oft im Leben, ist auch hier die Realität komplizierter als gedacht und gehofft.

Festhalten können wir jedoch Folgendes:
Bei der Bearbeitung von räumlichen Aufgaben spielen möglicherweise neben dem Geschlecht auch die Leistung und die Strategie bei der Nutzung bestimmter Hirnareale eine wichtige Rolle. Bei gleichen Leistungen zeigen Frauen Aktivierungen in Regionen, die z.B. an der Erkennung von Objekten beteiligt sind. Sie drehen die Figuren also anders als die Männer und nutzen dazu auch andere Hirnareale. Welche Hirnregionen dies sind, darüber streiten sich allerdings noch die Forscher.

Ganz gewiss ist es aber nach unseren und den anderen Studien nicht so, wie es Allan und Barbara Pease in ihrem Buch behaupten, nämlich dass Frauen eigentlich «keinen eigenen Bereich für das räumliche Vorstellungsvermögen haben» und bei Männern dieses «im vorderen rechten Hirnbereich» lokalisiert ist. Und zweifeln Sie nun nicht auch, so wie wir, an der Aussage der beiden Autoren, dass «ca. 90 % der Frauen ein beschränktes räumliches Vorstellungsvermögen haben»? Erinnern wir uns an Frank und Lisa im Möbelcenter: Nach unseren Untersuchungen würde Lisa also vielleicht erst Couch, TV-Regal, Tisch einzeln drehen und wenden, ehe sie sie an den neuen Platz stellt, während Frank die neue Möbelanordnung mit einem Blick erfasst hat. Lisas Strategie mag gelegentlich weniger effektiv sein, da sie länger dauert. Aber sie hat nun wirklich nichts mit einer generellen Unfähigkeit im räumlichen Vorstellungsvermögen zu tun.

Nebenbei bemerkt: Wenn Sie sich als Mann im Möbelcenter dabei ertappt haben, die Möbel genauso zu drehen und zu stellen wie Lisa, dann sollten Sie sich natürlich immer noch als Mann fühlen. Eine ganze Reihe von Studien hat gezeigt, dass natürlich auch Männer Lisas Strategie und Frauen auch Franks Strategie beim gedanklichen Drehen der Möbel nutzen. Näheres dazu können Sie in den Kapiteln 7 und 10 nachlesen.

Was wissen wir noch nicht?
Die Gründe für die oft widersprüchlichen Befunde liegen möglicherweise auch darin, dass es *den* Unterschied nicht gibt. Viel eher haben wir es mit sehr differenzierten Verhaltensmustern zu tun, die sich in unterschiedlichen Hirnaktivierungen niederschlagen und die neben biologischen auch sozialen und Umwelteinflüssen unterliegen. Einige Ideen dazu werden Ihnen gepaart mit anderen Untersuchungen in den weiteren Kapiteln dieses Buches vorgestellt. So werden Ihnen im folgenden, dem vierten Kapitel einige Untersuchungen zum äußerst faszinierenden Zusammenhang zwischen Sexualhormonen und den räumlichen Leistungen beschrieben.

4
Wie Sexualhormone unser Denken beeinflussen

Den ersten Kapiteln dieses Buches können wir entnehmen, dass es
für die Behauptung, es existieren Geschlechtsunterschiede bei bestimmten (räumlichen) Denkprozessen, tatsächlich eine wissenschaftliche Grundlage gibt. Nicht oft genug können wir jedoch darauf hinweisen, dass die Unterschiede zwischen Männern und
Frauen häufig recht klein sind und die beiden Geschlechter einen
großen Überschneidungsbereich in allen Leistungen aufweisen. Insgesamt scheinen Frauen im Durchschnitt bessere Leistungen in bestimmten sprachlichen Fähigkeiten zu zeigen als Männer. Männer
hingegen weisen durchschnittlich bessere Leistungen im räumlichen
Vorstellungsvermögen auf als Frauen. Woher aber resultiert dieser
Geschlechtsunterschied? Ist es z. B. so, wie Allan und Barbara Pease
behaupten, «dass unsere Hormone bestimmen, was wir sind, ... dass
wir das Ergebnis unserer chemischen Zusammensetzung sind»?
Oder ist dies alles vielleicht doch ein wenig differenzierter zu sehen?
Könnten die Erziehung und das soziale Umfeld, in denen Jungen und
Mädchen aufwachsen, nicht auch einen Einfluss haben? Im Folgenden möchten wir Ihnen den aktuellen Stand der Forschung zu diesem Thema darstellen, um im Anschluss daran eine Antwort auf
diese Fragen geben zu können.

Der chemische Cocktail –
«männliche» und «weibliche» Sexualhormone

Einer der größten biologischen Unterschiede zwischen Männern und
Frauen ist die Konzentration männlicher und weiblicher Sexualhormone. Der prominenteste Vertreter der «männlichen» Sexualhormone (auch Androgene genannt) ist das *Testosteron*. Auf der Seite
der «weiblichen» Sexualhormone sind insbesondere *Östradiol* und
Progesteron zu nennen. Geschlechtshormone sind sehr wirkungs-
volle chemische Botenstoffe. Bei den Männern werden sie von den

Hoden, bei den Frauen von den Eierstöcken und bei beiden Geschlechtern, in geringerem Ausmaß, von den Nebennieren ins Blut ausgeschüttet. Über den Blutkreislauf erreichen sie entfernte Zielorgane, wie z. B. die Muskeln oder das Gehirn. Tatsächlich verfügen beide Geschlechter sowohl über männliche als auch über weibliche Sexualhormone, wenn auch in sehr unterschiedlichen Konzentrationen.

Sexualhormone beeinflussen das Denken bereits vor der Geburt

Die Wissenschaft geht davon aus, dass die Geschlechtsunterschiede in bestimmten Denkprozessen teilweise auf die Wirkung von männlichen und weiblichen Sexualhormonen zurückgehen. So gibt es durch Untersuchungen an Tieren deutliche Hinweise, dass das räumliche Denken zum Teil durch die frühe hormonelle Umwelt vor der Geburt determiniert wird. Obwohl der Zusammenhang zwischen der frühen hormonellen Umwelt und dem räumlichen Vorstellungsvermögen beim Menschen aus ethischen Gründen eher indirekt untersucht worden ist, gibt es auch hier deutliche Hinweise für eine solche Beziehung. Wie aber lässt sich ein solcher potenzieller Zusammenhang untersuchen?

Um den Einfluss von Sexualhormonen auf Denkprozesse zu klären, werden häufig Männer und Frauen untersucht, die aufgrund verschiedener, meist genetischer Ursachen vor oder früh nach der Geburt einer ungewöhnlichen (geschlechts-)hormonellen Umwelt ausgesetzt waren. Hierbei handelt es sich um Erkrankungen, bei denen Männer und Frauen sehr niedrige oder sehr hohe Konzentrationen von Sexualhormonen im Blut aufweisen. So zeigen Männer mit sehr niedrigen männlichen Sexualhormonspiegeln bei der Geburt schlechtere räumliche Leistungen als gesunde Männer. Interessanterweise scheinen ihre Fähigkeiten auch schlechter zu sein als bei Männern, die erst im späteren Leben ein Testosterondefizit aufweisen. Das bedeutet, dass nicht die aktuellen Spiegel männlicher Sexualhormone allein das räumliche Denken beeinflussen, sondern auch Hormondefizite, die bereits sehr früh vorgelegen haben. Leider werden solche Störungen meist erst während der Pubertät diagnostiziert. Somit lässt sich nicht zweifelsfrei feststellen, ob ein frühes Hormondefizit allein oder auch andere nichthormonelle Faktoren zu den schlechten Leistungen im räumlichen Denken beigetragen haben.

Eine dieser hormonellen Störungen ist die *Kongenitale Adrenale Hyperplasie (CAH)*. Hinter diesem komplizierten Fachausdruck verbirgt sich eine Erkrankung, die bei den betroffenen Männern oder Frauen zu einem sehr stark erhöhten Spiegel männlicher Sexualhormone führt. Mädchen mit dieser Erkrankung zeigen vermännlichte Genitalien, was das erste Anzeichen für diese Störung ist. Für gewöhnlich kann dies chirurgisch sehr früh korrigiert werden. Darüber hinaus wird durch eine korrigierende Hormontherapie die erhöhte Ausschüttung von männlichen Sexualhormonen gestoppt. Im Idealfall sind so die Hormonspiegel nur vor und kurz nach der Geburt erhöht. Ihre Wirkung auf das Denken im späteren Leben kann dann mit ziemlicher Sicherheit auf den hormonellen Einfluss während eines frühen zeitlich begrenzten Zeitraumes zurückgeführt werden.

Ältere Untersuchungen sprechen dafür, dass solche CAH-Mädchen eine überdurchschnittliche Intelligenz aufweisen, obwohl das nicht immer bestätigt werden konnte. Allerdings wird vermutet, dass insbesondere CAH-Kinder aus besser gestellten Familien frühzeitiger vom Arzt untersucht worden sind und somit schnell eine korrigierende Hormonbehandlung erfuhren. Das ist insofern von Bedeutung, als Kinder aus solchen Familien generell eher überdurchschnittliche Leistungen aufzuweisen scheinen. Untersuchungen, die solche Einflussfaktoren kontrollieren, zeigen, dass besonders die räumlichen Fähigkeiten bei CAH-Mädchen erhöht sind. Einige der Tests zum räumlichen Vorstellungsvermögen haben wir in Abbildung 21 dargestellt. Hierbei handelt es sich um die gleichen Tests, bei denen Männer durchschnittlich bessere Leistungen zeigen als Frauen.

In Tests, in denen Frauen durchschnittlich bessere Leistungen zeigen als Männer, wurden weniger zuverlässige Unterschiede bei CAH-Kindern beobachtet.

Insgesamt deuten die Ergebnisse darauf hin, dass räumliches Denken durchschnittlich besser bei den Menschen funktioniert, die schon sehr früh mittleren Konzentrationen männlicher Sexualhormone ausgesetzt waren. Interessanterweise bevorzugen CAH-Mädchen eher typisches Jungenspielzeug, d. h., sie spielen viel häufiger mit Spielzeugautos, Bauklötzen als gleichaltrige gesunde Mädchen. Das könnte bedeuten, dass aufgrund einer hormonellen Störung, die letztendlich eine genetische Ursache hat, CAH-Kinder einer anderen Umwelt ausgesetzt sind

Abb. 21a:
Die Domänen der Männer

Mentaler Rotations-Test
Durch Drehung der Figuren a bis d im Kopf soll überprüft werden, welche der Figuren identisch sind und welche nur Spiegelbilder darstellen.

Papierfalten
Es gilt herauszufinden, wie die Faltvorlage eines Würfels zusammengefaltet aussieht.

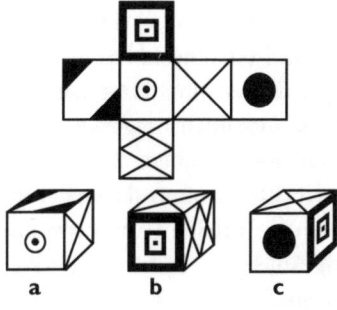

Versteckte Figuren
Dieser Test prüft die Fähigkeit, einfache Figuren in einer komplexen Zeichnung wiederzuerkennen.

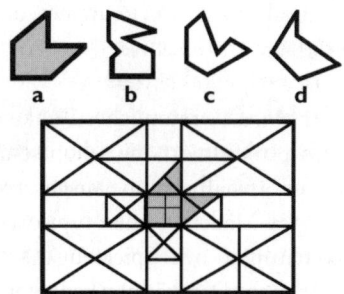

Abb. 21b:
Die Domänen der Frauen

Feinmotorik
Bei dieser Aufgabe zur feinmotorischen Koordination gilt es, Stifte so schnell wie möglich in die Löcher eines Brettes zu stecken.

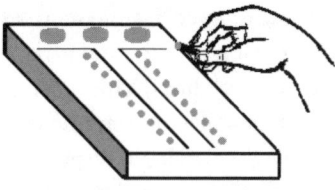

Wortflüssigkeit
Probanden sollen so viele Wörter mit demselben Anfangsbuchstaben (z. B. A oder M) nennen wie möglich.

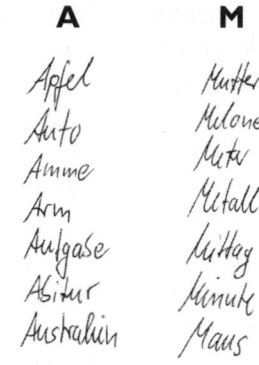

Wahrnehmungsgeschwindigkeit
Hier besteht die Aufgabe darin, die Figuren miteinander zu vergleichen und den identischen Frosch zum linken Frosch (a) zu finden.

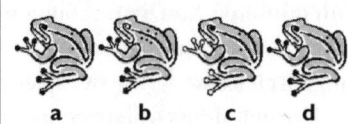

Abb. 21: Die Domänen der Männer (21a) und der Frauen (21b)

bzw. eine andere Umwelt zum Lernen aufsuchen, ähnlich der von gleichaltrigen Jungen. Solche Erfahrungen tragen sicherlich dazu bei, dass CAH-Mädchen andere, vielleicht eher «männliche Strategien» entwickeln, um bestimmte Aufgaben zu lösen. Das durchschnittlich bessere räumliche Vorstellungsvermögen bei CAH-Mädchen könnte somit nur indirekt auf erhöhte männliche Sexualhormonspiegel zurückzuführen sein.

Zusammengefasst lässt sich sagen, dass die Konzentration von Sexualhormonen während der frühen Entwicklung einen messbaren Einfluss auf das Denken ausübt, insbesondere auf räumliche und sprachliche Denkprozesse. Hohe Konzentrationen von männlichen Sexualhormonen in dieser Zeit führen bei Frauen zu überdurchschnittlichen räumlichen Fähigkeiten. Niedrige Konzentrationen von männlichen Sexualhormonen in der frühen Entwicklung hängen mit unterdurchschnittlichen räumlichen Fähigkeiten zusammen. Frauen, deren primäres Defizit ein stark reduzierter weiblicher Sexualhormonspiegel darstellt, zeigen ebenfalls schlechtere, insbesondere räumliche Leistungen. Zu beachten gilt jedoch, dass die Wirkung von anderen Faktoren, z. B. von genetischen Einflüssen oder von Umwelt und Erziehung, nicht zweifelsfrei ausgeschlossen werden kann. Dazu kommt, dass diese Stichproben nicht wirklich repräsentativ sind und sich die Aussagen somit nicht zwangsläufig auf Menschen mit normalen Sexualhormonspiegeln übertragen lassen.

Was ist *normal?*

Die oben beschriebenen Befunde an CAH-Kindern sind teilweise mit den Ergebnissen von jungen Männern und Frauen vergleichbar, die unter normalen hormonellen Bedingungen aufgewachsen sind. Hierbei werden meist die aktuellen Hormonspiegel betrachtet. Männer haben durchschnittlich zehnmal so viel Testosteron im Blut wie Frauen. Nehmen wir einmal an, Sabine hat ein gutes räumliches Vorstellungsvermögen. Wir haben nun ihren Testosteronwert gemessen, und dieser ist für Frauen relativ hoch. Das heißt also, Frauen mit guten räumlichen Leistungen haben wahrscheinlich auch einen für Frauen hohen Testosteronwert. Trotzdem hat Sabine immer noch viel weniger Testosteron im Blut als Andreas. Dieser weist einen für Männer geringen Testosteronwert auf und hat ebenfalls ein gutes räumliches Vorstellungsvermögen. Bei Männern ist es also umgekehrt: Hier kann gutes räumliches Denken mit einem niedrigen Testosteronwert zusammenhängen.

Beachtet man diese unterschiedlichen Hormonwerte bei Frauen und Männern nicht, kann dies zu falschen Darstellungen führen, wie es in dem Buch von Allan und Barbara Pease «Warum Männer nicht zuhören und Frauen schlecht einparken» das eine oder andere Mal der Fall ist. So behaupten sie z.B., «Frauen haben wesentlich weniger Testosteron im Blut als Männer und folglich auch um so schlechter ausgeprägte räumlich-visuelle Leistungen». Sie vernachlässigen dabei aber den Fakt, dass Frauen generell viel weniger Testosteron im Blut haben als Männer. Frauen mit einem für sie hohen Testosteronwert können aber trotzdem ähnlich gute räumliche Leistungen wie Männer zeigen. Zudem ist es natürlich, wie wir bereits gesehen haben, äußerst fragwürdig, allein vom Hormongehalt im Blut auf die räumlichen Leistungen zu schließen.

Idealerweise müssten die Hormonkonzentrationen bereits vor der Geburt oder bei gesunden Neugeborenen gemessen und dann mit den (räumlichen) Leistungen im Erwachsenenalter verglichen werden. Bisher gibt es leider keine Untersuchung, die solch einen aufwendigen Versuch unternommen hat. Eine Studie aus dem Jahr 1995 bestimmte den Testosteronspiegel durch eine Fruchtwasseruntersuchung von gesund entwickelten Föten während der 14.–20. Schwangerschaftswoche. Im Alter von 7 Jahren wurde das räumliche Vorstellungsvermögen dieser Kinder untersucht. Das Forschungsteam beobachtete bei Mädchen mit hohen vorgeburtlichen Testosteronspiegeln eine bessere Leistung im *Mentalen Rotations-Test* (siehe Abbildung 21a) als bei den Mädchen mit niedrigen Konzentrationen des männlichen Sexualhormons. Einen entgegengesetzten Effekt zeigten die Jungen. Darüber hinaus konnte für die Jungen und Mädchen kein Zusammenhang zwischen den räumlichen (Spiel-)Erfahrungen und der Leistung in der mentalen Rotationsaufgabe beobachtet werden.

Eine andere Studie aus dem Jahr 1988 bestimmte den Testosteronspiegel Neugeborener aus den Blutproben der Nabelschnur. Sechs Jahre später wurde bei den Kindern das räumliche Denken untersucht. Bei den Mädchen mit hohen männlichen Sexualhormonspiegeln zeigten sich sogar schlechtere Leistungen. Bei den Jungen fand sich kein Zusammenhang zwischen dem Testosteronspiegel vor der Geburt und den räumlichen Leistungen. Allerdings ist es möglich, dass der Geburtsstress die Hormonspiegel veränderte und somit das Ergebnis beeinflusste. Die wenigen Befunde zum Zusammenhang zwischen vorgeburtlichen Testosteronspiegeln und der räumlichen Leistung bei gesunden Menschen müssen also bislang als sehr widersprüchlich angesehen werden und können keineswegs leichtfertig verallgemeinert werden.

Der Test entscheidet über das Testergebnis

Interessanterweise scheinen Geschlechtsunterschiede zumindest für manche Fähigkeiten bestehen zu bleiben, obwohl die Sexualhormonspiegel von älteren Menschen drastisch abgesenkt sind. Zum Beispiel zeigen Frauen im Alter von ca. 80 Jahren ein besseres sprachliches Gedächtnis als gleichaltrige Männer, wohingegen Männer selbst in diesem hohen Alter in einigen Tests durchschnittlich bessere räumliche Leistungen zeigen als Frauen. In anderen sprachlichen bzw. räumlichen Tests konnten wiederum keine Geschlechtsunterschiede bei älteren Menschen beobachtet werden.

Diese Befunde deuten zweifelsfrei darauf hin, dass bestimmte sprachliche und räumliche Fähigkeiten empfindlicher auf Veränderungen in den Hormonspiegeln reagieren als andere. Die Wahl eines bestimmten Tests und somit die damit spezifisch getestete Funktion entscheidet also darüber, ob Geschlechts- bzw. Hormoneffekte zu beobachten sind oder nicht. Wie Sie sehen, gibt es *die* sprachliche bzw. *die* räumliche Funktion einfach nicht. Auch wenn sich diese Funktionen für den Laien nur unwesentlich voneinander unterscheiden mögen, reagieren sie doch in unterschiedlichem Ausmaß auf die hormonelle Umwelt. Der spezifische Zusammenhang zwischen Sexualhormonen und einem bestimmten Test wird außerhalb der Wissenschaft häufig vernachlässigt. Befunde werden generalisiert und häufig überinterpretiert. Man muss schon genau hinsehen, um welchen Test es sich jeweils handelt. Außerdem sollte man niemals vergessen, dass es sich häufig nur um kleine Leistungsunterschiede zwischen Männern und Frauen handelt, die für den Alltag meist von geringerer Bedeutung sind.

Was man alles mit Statistik machen kann

Die Wissenschaftlerin Doreen Kimura von der Universität Ontario beobachtete, dass Männer mit einem niedrigen Testosteronspiegel die besten Testergebnisse beim mathematischen Denken und räumlichen Vorstellungsvermögen aufweisen. Frauen zeigen dagegen weder einen Zusammenhang zwischen dem männlichen Sexualhormon und dem mathematischem Denken noch mit der Wahrnehmungsgeschwindigkeit. In der Letzteren schneiden die Frauen sonst durchschnittlich besser ab als die Männer. Wie die kanadische Wissenschaftlerin betont, handelt es sich hierbei um einen rein statistischen Zusammenhang. Aus diesem geht nicht zweifelsfrei hervor, ob Sexualhormone tatsächlich einen direkten Einfluss auf die Leistung in einem bestimmten Test bzw. einer bestimmten Aufgabe haben. Es wäre z. B. möglich, dass hohe Testosteronspiegel einen direkten Einfluss darauf haben, wie häufig Männer Sport treiben und somit zwangsläufig keine Zeit haben, sich mit der höheren Kunst der Mathematik zu beschäftigen. Das Ergebnis wäre vermutlich, dass solche Männer schlechter in Tests abschneiden, die mathematische Fähigkeiten messen. Obwohl solch eine ursächliche Beziehung zugegebenermaßen ziemlich unwahrscheinlich erscheint, könnte der Zusammenhang zwischen dem Hormonspiegel und einer bestimmten Funktion so oder ähnlich zustande gekommen sein. Dieses Beispiel soll verdeutlichen, dass eine Studie alleine keinen eindeutigen Beweis darstellt.

Transsexuelle Menschen – eine ideale Versuchsgruppe?

Transsexuelle Männer und Frauen (das sind Menschen, die sich als eine Person des anderen Geschlechts fühlen) stellen eine weitere interessante Gruppe dar, um die Wirkung von Sexualhormonen auf das Denken zu untersuchen. Bei einer Geschlechtsangleichung werden transsexuelle Menschen bereits vor der chirurgischen Korrektur mit männlichen Sexualhormonen (bei Frau-zu-Mann-Transsexuellen) bzw. mit Anti-Androgenen und Östrogenen (bei Mann-zu-Frau-Transsexuellen) behandelt. In einer Studie von Stephanie van Goozen und Mitarbeitern aus dem Jahr 1995 wurden beide transsexuellen Gruppen sowie normale Männer und Frauen mit den uns bekannten Tests (Abbildung 21a + b) einmal vor der Hormonbehandlung untersucht und einmal drei Monate danach. In einem der räumlichen Tests zeigten alle Gruppen, bis auf die Gruppe der Mann-zu- Frau-Transsexuellen, eine Leistungsverbessung während der zweiten Untersuchung. Solch eine typische Leistungsverbesserung basiert meistens auf der Vertrautheit im Umgang mit diesen Tests. Die Gruppe der Mann-zu-Frau-Transsexuellen zeigte dagegen eine Leistungsabnahme, vermutlich als Folge der Hormonbehandlung, d. h. der Herabsetzung des Testosteronspiegels. Von den Gruppen, die eine Leistungszunahme aufwiesen, verbesserte sich die Gruppe der Frau-zu-Mann-Transsexuellen am stärksten, also die Gruppe, die mit männlichen Sexualhormonen behandelt wurden.

Die Befunde deuten darauf hin, dass die Hormontherapie bei Frau-zu-Mann-Transsexuellen zu einer «Vermännlichung» im Denken führte, wohingegen die Anti-Androgen-Behandlung bei Mann-zu-Frau-Transsexuellen zu einer «Verweiblichung» im Denken führte. Vergessen Sie nicht, dass sich die Veränderungen wieder nur in ganz bestimmten räumlichen Aufgaben zeigten und nicht alle Denkfunktionen betrafen. Die Befunde stützen die Idee, dass männliche Sexualhormone bestimmte räumliche Fähigkeiten verbessern. Anti-Androgene oder Östrogene hingegen reduzieren spezifische räumliche Leistungen. Außerdem stützen die Befunde die Annahme, dass das (räumliche) Denken nicht nur durch die frühe hormonelle Umwelt beeinflusst wird, sondern auch noch im späteren Leben einen Einfluss auf Denkprozesse haben kann.

Heute top, morgen flop?
Der Einfluss natürlicher Hormonschwankungen
auf das Denken

Bestimmte Denkprozesse bei gesunden jungen Menschen können durch natürliche Schwankungen der Sexualhormonspiegel beeinflusst werden. Die dramatischsten hormonellen Schwankungen innerhalb eines kurzen Zeitraumes finden sich wohl bei Frauen während ihres Menstruationszyklus (Abbildung 22). Aus diesem Grund ist der weibliche Zyklus Gegenstand zahlreicher Studien geworden, die den Einfluss von Sexualhormonen auf das Denken untersuchen.

Der 1. Tag des weiblichen Zyklus ist durch das Einsetzen der Regelblutung gekennzeichnet. Während der Menstruation, die etwa bis

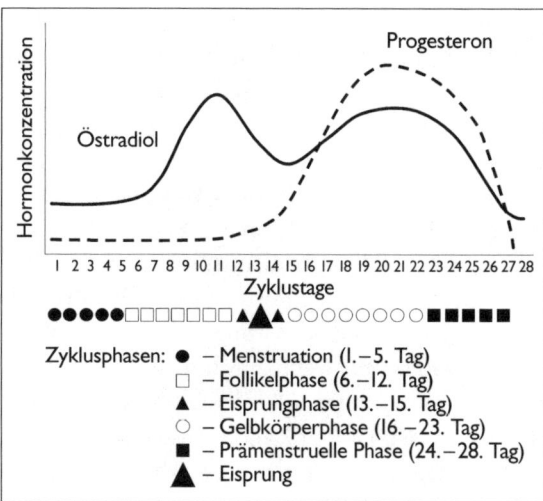

Abb. 22:
Der weibliche
Zyklus

Zyklusphasen: ● – Menstruation (I.–5. Tag)
□ – Follikelphase (6.–12. Tag)
▲ – Eisprungphase (13.–15. Tag)
○ – Gelbkörperphase (16.–23. Tag)
■ – Prämenstruelle Phase (24.–28. Tag)
▲ – Eisprung

zum 5. Zyklustag andauert, weisen die weiblichen Sexualhormone ihre niedrigsten Konzentrationen auf. Ab dem 6. Zyklustag steigt der Östradiolspiegel sehr stark an und erreicht ca. 2–3 Tage vor dem Eisprung (14. Zyklustag) das erste Maximum, um danach wieder leicht abzufallen. Diese Phase wird als *Follikelphase* bezeichnet. Der Progesteronspiegel bleibt während dieser Phase weiter niedrig. 7–8 Tage nach dem Eisprung erreicht der Östradiolspiegel sein zweites Maximum, diesmal aber in Kombination mit Progesteron, dessen höchste Konzentration um den 22. Zyklustag (Gelbkörperphase) auftritt. Während der prämenstruellen Phase (24.–28. Zyklustag) fallen beide Konzentrationen rapide auf ihren niedrigsten Wert zurück, und ein neuer Zyklus beginnt.

Wenn Sexualhormone einen Einfluss auf das Denken ausüben, dann sollte die Leistung in spezifischen sprachlichen und räumlichen Tests über die verschiedenen Phasen des weiblichen Zyklus variieren. Der Zusammenhang zwischen dem Auf und Ab der Hormonspiegel während des Zyklus und den (räumlichen) Leistungsveränderungen scheint jedoch recht widersprüchlich zu sein. Ein Teil der Widersprüche resultiert aus der Tatsache, dass nur die wenigsten Studien die Hormonspiegel der teilnehmenden Frauen auch tatsächlich gemessen haben. Die meisten dieser Studien gingen bei den untersuchten Frauen von einem regelmäßigen Zyklus von 28 Tagen aus. Die Aufteilung der Frauen zu den entsprechenden Zyklusphasen erfolgte also auf der Grundlage des

«Idealfalls». Wie insbesondere den Leserinnen unter Ihnen bekannt sein dürfte, gehorcht der Monatszyklus nicht besonders häufig diesem «lehrbuchhaften» Verlauf. Aus diesem Grunde ist es sehr wahrscheinlich, dass zumindest einige der untersuchten Frauen zu einem falschen Zeitpunkt getestet worden sind. Eine kurze Verzögerung oder Verlängerung des aktuellen Monatszyklus reicht aber vollkommen aus, um den ganzen Versuchsplan auf den Kopf zu stellen. Die Hormonmessung bei den untersuchten Frauen ist daher unerlässlich.

In einer eigenen Untersuchung registrierten wir die hormonellen Schwankungen in einer Gruppe von Frauen über einen Zeitraum von sechs Wochen. Nur wenn aufgrund der Analyse männlicher und weiblicher Sexualhormone sichergestellt werden konnte, dass sich die Frauen in der gewünschten Zyklusphase befanden, gingen ihre Ergebnisse in die nachfolgende Analyse ein. Wir untersuchten alle Frauen während der Menstruation (2. Zyklustag) und während der Gelbkörperphase (ca. 22. Zyklustag) mit verschiedenen räumlichen Tests. Nur in einem dieser Tests, es handelte sich dabei wieder einmal um den *Mentalen Rotations-Test* (Abbildung 21a), beobachteten wir deutlich bessere Leistungen während der Menstruation, verglichen zur Gelbkörperphase. Die Leistungsschwankungen zeigten dabei einen starken Zusammenhang mit Östradiol und Testosteron. Je höher der Testosteronspiegel in Verbindung mit einem niedrigen Östradiolspiegel war, umso besser war das räumliche Vorstellungsvermögen der Frauen in diesem Test. Natürlich handelt es sich hier auch wieder nur um einen statistischen Zusammenhang. Dennoch, andere Faktoren, die vielleicht diesen Zusammenhang hätten vermitteln können, wie z. B. die Befindlichkeit, konnten eindeutig ausgeschlossen werden. Aufgrund der Hormonanalysen mussten mehr als 30 % der untersuchten Frauen von der Datenanalyse ausgeschlossen werden, da sie sich nicht in den gewünschten Zyklusphasen befanden. Man kann sich leicht vorstellen, dass diese Teilnehmerinnen das Ergebnis leicht hätten verfälschen können. Auch andere Untersuchungen beobachteten, dass Frauen in ihren Hormonhochphasen besonders gut in den Tests abschneiden, in denen sie Männern generell eher überlegen sind. Im Gegensatz dazu schneiden Frauen in der Menstruation besser in den Tests ab, in denen ansonsten Männern typischerweise die besseren Leistungen zeigen.

Hormontherapie bei älteren Menschen –
Jungbrunnen für das Gehirn?

Eine weitere Informationsquelle stellen ältere Menschen dar, denen Sexualhormone aus therapeutischen Gründen verabreicht werden. Beobachtungen an Frauen nach den Wechseljahren, die sich aus verschiedenen Gründen für eine Hormonersatztherapie entschlossen haben, stützen die Annahme, dass weibliche Sexualhormone einen Einfluss auf das Denken haben. In einer Studie wurden Frauen während der Gabe von weiblichen Sexualhormonen und einige Tage nach dem Aussetzen den Hormontherapie mit verschiedenen Tests untersucht. Frauen nach den Wechseljahren zeigten in der Östrogenphase bessere Leistungen in Tests zur Wahrnehmungsgeschwindigkeit oder Feinmotorik als nach dem Aussetzen der Therapie. In verschiedenen räumlichen Tests ließen sich dagegen keine Unterschiede als Folge der Hormontherapie beobachten. Andere Tests, bei denen Geschlechtsunterschiede bekannt sind (Abbildung 21), waren nicht Bestandteil der Untersuchung. Das Ergebnis wurde also möglicherweise durch die Auswahl von Aufgaben, auf die das Geschlecht oder Hormone kaum eine Wirkung haben, beeinflusst. Da weibliche Sexualhormone nach einer solchen Hormonbehandlung noch einige Wochen nachweisbar bleiben, ist es darüber hinaus wahrscheinlich, dass die Unterschiede in den Hormonspiegeln zu beiden Sitzungen weniger stark ausfielen als über die natürlichen Phasen des weiblichen Zyklus bei jüngeren Frauen. Trotzdem lassen die Ergebnisse vermuten, dass Tests, in denen insbesondere Frauen gut abschneiden, eher empfindlich für Östrogenschwankungen sind als für räumliche Aufgaben. Zumindest bei älteren Frauen scheint das so zu sein.

In einer anderen Studie wurden älteren Männern, die altersbedingt einen deutlichen Abfall ihres Testosteronspiegels aufwiesen, aus therapeutischen Gründen männliche Sexualhormone verabreicht. Diese Männer wurden zweimal mit verschiedenen Tests untersucht. Die Untersuchung erfolgte einmal vor der Testosteronbehandlung und das zweite Mal drei Monate später. Ihre Ergebnisse wurden mit denen von gleichaltrigen Männern verglichen, die statt des Testosterons eine wirkungslose Substanz (Placebo) in den gleichen Behandlungsintervallen verabreicht bekamen. Niemand der untersuchten älteren Männer wurde darüber informiert, ob ihm Testosteron oder ein Placebo verabreicht wurde. Nur in einem räumlichen Test ließ sich eine Leistungsveränderung beobachten, die sich bei den unbehandelten Männern nicht fand. In diesem Test, der sowohl räumliche als auch feinmotorische Fertigkeiten einschloss, zeigte die Testosteron-Gruppe eine Leistungsverbesserung. Die Leistung der Placebo-Gruppe fiel sogar leicht ab. Leider wurde auch in dieser Studie kein Test durchgeführt, für den Geschlechtsunterschiede typisch sind. Wenn wir davon ausgehen, dass Männer mit einem niedrigen Testosteronspiegel eher bessere räumliche Leistungen zeigen, dann stellt sich folgende Frage: Warum zeigen sich dann in diesem Experiment bessere Leistungen bei Männern, deren Hormonspiegel durch die Vergabe von Testosteron erhöht wurde? Vermutlich waren die Konzentrationen bei diesen Männern so niedrig, dass die Vergabe von Testosteron ihren Hormonspiegel wieder in den «optimaleren» bzw. unteren Normalbereich ansteigen ließ.

Der hormonelle Cocktail als berufliche Qualifikation?

Bedeuten solche Befunde, dass Frauen während bestimmter Zyklusphasen allgemein bessere Leistungen zeigen als zu anderen? Sind Frauen aufgrund ihrer monatlichen hormonellen Schwankungen weniger geeignet für bestimmte Berufe (z. B. als Pilotin)? Die klare Antwort auf diese Frage lautet: Nein! Wie wir immer wieder in diesem Kapitel darstellen, zeigen alle wissenschaftlichen Untersuchungen, dass hormonelle Faktoren nicht generell Denkprozesse lahm legen bzw. verbessern. Sexualhormone haben ganz spezifische Wirkungen auf ganz spezifische Denkprozesse. Einige dieser Denkprozesse, z. B. die Fähigkeit, mental zu rotieren, werden in Abhängigkeit der Zyklusphase positiv oder negativ beeinflusst.

Darüber hinaus zeigen auch Männer Veränderungen bei bestimmten Denkprozessen als Folge von hormonellen Schwankungen. Haben wir lange Zeit angenommen, dass die Konzentrationen männlicher Sexualhormone bei erwachsenen Männern sehr stabil sind, so wissen wir es heute besser. Der Testosteronspiegel unterliegt deutlichen Tagesschwankungen. Morgens ist die Konzentration von Testosteron deutlich höher als am Abend. Außerdem unterliegt der Testosteronspiegel jahreszeitlichen Schwankungen. Männer weisen deutlich niedrigere Spiegel des männlichen Sexualhormons während des Frühlings auf, wohingegen sie im Herbst messbar erhöht sind. Tatsächlich

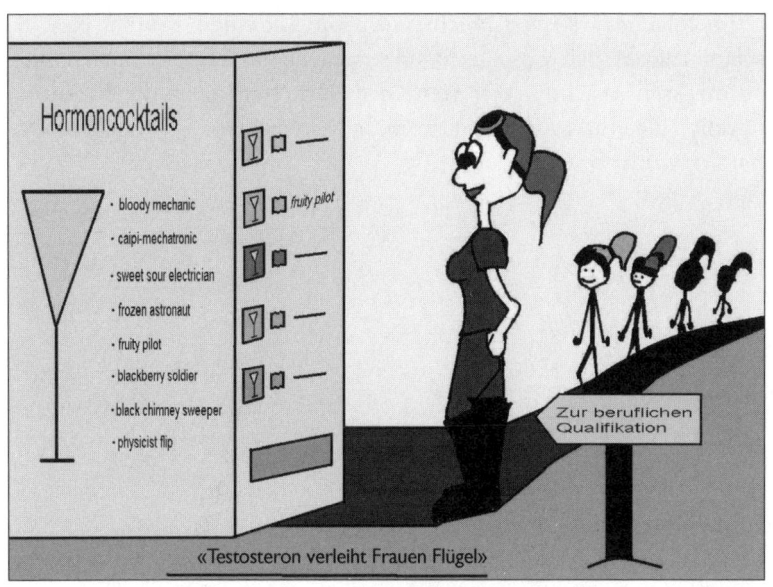

Abb. 23: Der hormonelle Cocktail als berufliche Qualifikation?
Macht allein ein Hormoncocktail Lisa und Sabine zu ausgezeichneten Pilotinnen?

korrespondieren erhöhte Testosteronspiegel bei jungen Männern mit schlechteren räumlichen Leistungen. Sollen wir aber daraus ableiten, nur zu bestimmten Jahres- und Tageszeiten mit einem männlichen Piloten in unseren wohlverdienten Urlaub zu fliegen? Wohl kaum.

Dennoch bleibt festzuhalten, dass die Leistung spezifischer Denkprozesse tatsächlich von den männlichen und weiblichen Sexualhormonspiegeln mit beeinflusst wird und dass es vielleicht ein optimales Niveau eines bestimmten Sexualhormons (z.B. Testosteron) für eine bestimmte Aufgabe (z.B. räumliches Denken) gibt. Eine Hormonpille macht uns aber dennoch nicht zum Schachweltmeister. Und es ist nun einmal *nicht* so, dass «unsere Hormone bestimmen, was wir sind»!!
Die Summe der Veränderungen verschiedener Denkprozesse könnte ein Grund dafür sein, dass Männer und Frauen manchmal unterschiedliche Wege finden, bestimmte Probleme zu lösen. Das bedeutet aber nicht zwangsläufig, dass eine Strategie besser ist als die andere, sondern nur, dass es häufig mehrere Wege gibt, eine bestimmte Aufgabe zu lösen. Insbesondere zu den Fragen der Strategien finden Sie einige interessante Ausführungen in den Kapiteln 7 und 8.

Im folgenden Kapitel möchten wir Sie auf einen anderen biologischen Aspekt der Geschlechtsunterschiede im räumlichen Denken aufmerksam machen. Wir werden danach fragen, ob die Evolution wirklich die einzige Ursache für diese Unterschiede ist, wie so oft behauptet wird.

5
Jungen fahren selbst – Mädchen lassen sich fahren
Alles eine Folge der Evolution?

In diesem Buch wird immer wieder davon gesprochen, dass Frauen bei Aufgaben, die räumliches Denken erfordern, meistens schlechter abschneiden als Männer. Allan und Barbara Pease erklären dieses Phänomen mit Hilfe soziobiologischer Theorien ausschließlich als Folge der bei unseren frühen Vorfahren vorherrschenden Aufgabenverteilung als Jäger und Sammlerinnen. Aber ist dies wirklich so? Überspitzt könnte man fragen: Sind wir heute in unserer technisierten Gesellschaft wirklich noch die «räumlich beschränkte quasselnde Sammlerin» und der «schwerhörige, sehschwache, sich aber hervorragend orientierende Jäger»? Im Folgenden möchten wir Ihnen zeigen, dass Sie an dieser These durchaus zweifeln sollten. Außerdem stellen wir Ihnen eigene Untersuchungen zu diesem Thema vor.

Diese Jäger-und-Sammlerinnen-Theorie bezieht sich auf die Jäger- und Sammlergesellschaften vor ca. zwei Millionen Jahren. Der Theorie zufolge waren die Frauen damals in der heimischen Höhle am Lagerfeuer für die Aufzucht der Jungen und das Sammeln von Beeren und Wurzeln zuständig. Dagegen mussten sich ihre Männer, um erfolgreich auf die Jagd gehen zu können, weit von zu Hause entfernen. Ein besonders gutes räumliches Orientierungsvermögen wirkte sich evolutionsbiologisch für Männer sehr günstig aus. Denn Männer, die zufällig (z. B. durch Mutationsprozesse) ein besseres Orientierungsvermögen aufwiesen als andere, konnten größere Jagdreviere nutzen und mehr Nahrung heranschaffen. Dadurch konnten sie mit mehr Frauen Kinder zeugen und ihre Gene besser verbreiten. Auf diese Weise könnte sich diese Fähigkeit – ein gutes Orientierungsvermögen – bei Männern über viele Generationen hinweg stärker ausgeprägt haben als bei Frauen. Letztere hatten keinerlei Vorteil hinsichtlich ihrer Fortpflanzungschancen, wenn sie diese Fähigkeit besäßen. Dieser evolutionsbiologische Vorteil soll sich *bis heute* in den besseren Leistungen von männlichen Testpersonen bei bestimmten Raumvorstellungsaufgaben, wie zum Beispiel bei mentalen Rotationsaufgaben,

Abb. 24: Sind wir heute wirklich immer noch Jäger und Sammlerinnen?

niederschlagen. Genauer gesagt, glaubt man, dass diese Selektion von Fähigkeiten Männer besonders gut bei Aufgaben abschneiden lässt, die das Betrachten von Objekten aus einer anderen Perspektive bzw. das mentale Drehen derselben verlangen. Frauen dagegen sollen noch heute von der überlegenen Wahrnehmungsgenauigkeit und dem besseren räumlichen Gedächtnis profitieren, die ihren Vorfahrinnen beim Sammeln von Beeren und Wurzeln von Nutzen waren (vgl. Abbildung 24).

Diese Erklärung für die Geschlechtsunterschiede bei der Lösung von Raumvorstellungsaufgaben scheint auf den ersten Blick sehr plausibel. Doch gibt es berechtigten Anlass, ihr mit großer Vorsicht zu begegnen.

Erstens haben die Fähigkeit zur mentalen Rotation und andere mit psychologischen Tests messbare Raumvorstellungsfähigkeiten nicht so viel mit der Orientierung in der Umwelt zu tun, wie ihnen nach der Jäger-und-Sammlerinnen-Theorie unterstellt wird. Dies ergaben zahlreiche Untersuchungen, in denen sich keine oder nur geringe Zusammenhänge zwischen den Leistungen in Raumvorstellungstests und den Leistungen bei Orientierungsaufgaben fanden. Auch zeigen neurowissenschaftliche Studien keine eindeutigen Hinweise auf eine direkte Verwandtschaft der beiden Fähigkeiten (vgl. Kapitel 6).

Vielleicht konnten Sie das auch bei sich selbst schon feststellen. Möglicherweise hatten Sie einerseits mit den in diesem Buch immer wieder vorkommenden Aufgaben zum räumlichen Denken zwar beträchtliche Schwierigkeiten, finden sich aber in einer anderen Stadt oder einer neuen Umgebung immer gleich prima zurecht. Dagegen spricht auch das Beispiel vom exzellenten Mathematikprofessor, der außerordentlich gut räumlich visualisieren kann – eine Fähigkeit, die für Mathematiker unabdingbar ist. Andererseits muss er den direkten Weg von seinem Büro zu den verschiedenen Seminarräumen in seinem Institut aber immer wieder neu suchen.

Die Fähigkeit zur Raumvorstellung und das Orientierungsvermögen weisen also nur eine geringe Ähnlichkeit auf. Und wenn dies so ist, warum sollte dann viel Übung beim räumlichen Orientieren, ererbt von den männlichen Jägern unserer Vorfahren, zu besseren Leistungen bei mentalen Rotationsaufgaben führen?

Zweitens sind soziobiologische Theorien zur Erklärung von Unterschieden zwischen Männern und Frauen in letzter Zeit zwar sehr populär, wissenschaftlich aber kaum nachweisbar. Denn man kann weder das räumliche Vorstellungsvermögen und die Orientierungsfähigkeit der damaligen Jäger und Sammlerinnen testen, noch weiß man, ob ihre Aufgabenteilung wirklich so war, wie allgemein angenommen. Auch waren keineswegs alle Vorfahren des Menschen Jäger und Sammler. Möglicherweise hatten Männer mit zufällig hervorragenden Orientierungsfähigkeiten bessere Möglichkeiten, sich fortzupflanzen, da sie innerhalb eines größeren Reviers mehr Nahrung erbeuten konnten. Aber Männer mit zufällig weniger gutem Orientierungsvermögen besaßen möglicherweise andere Fähigkeiten, deretwegen sie sich bei der Fortpflanzung durchsetzten. So mag die Jäger-und-Sammlerinnen-Theorie zwar einen Hinweis darauf geben, welche Rolle biologische, insbesondere genetische Faktoren für unser Verhalten spielen, aber sie allein kann die beschriebenen Geschlechtunterschiede sicherlich nicht erklären, wie das Allan und Barbara Pease versuchen.

Natürlich ist es gerade für uns Frauen sehr bequem, unsere Schwächen beim räumlichen Denken – die übrigens oft gar nicht so ausgeprägt sind, wie wir meinen (vgl. Kapitel 9 und 10) – allein auf unsere Biologie und die Arbeitsteilung bei unseren frühen Vorfahren zurückzuführen. Aber es ist doch genauso unwahrscheinlich, dass die Männer des 21. Jahrhunderts über die gesamten letzten Jahrtausende von der Jagdtätigkeit ihrer Vorfahren profitiert haben sollen. Man kann sich zwar vorstellen, dass bestimmte Aspekte, die für diese Eigenschaft notwendig sind, durchaus auch vererbt werden können. Evolutionsbiologisch hat ein Mann mit einem besonders guten Orientierungsvermögen bezüglich seines Fortpflanzungserfolges heutzutage keinerlei Vorteil gegenüber anderen Männern mehr. Denn warum sollten Frauen bei der Wahl ihres Partners noch darauf achten, dass er sich nie verfährt oder sich in neuen Umgebungen gut zurechtfindet? In einer Welt voller Navigationshilfen wie Straßenschilder, Stadtpläne und Navigationssysteme in Autos gibt es keinen wirklichen Grund dafür. Also mag diese Fähigkeit zwar bei Männern besonders gut ausgeprägt sein. Sie wird aber genauso viel oder wenig weitervererbt wie andere Fähigkeiten auch. Auch darf man bei diesen Gedankengängen nicht vergessen, dass bis heute nicht geklärt ist, inwieweit bei Fähigkeiten wie dem Orientierungsvermögen – bzw. dem räumlichen Denken allgemein – Vererbung überhaupt eine Rolle spielt.

Auf der anderen Seite belegen neuere Ergebnisse der Lern- und Entwicklungspsychologie, dass die individuellen Lernerfahrungen einer Person wesentlich zum Erwerb von Fähigkeiten beitragen (siehe Kapitel 12). Dies zeigt auch die zur Zeit ganz aktuelle Diskussion um Konzepte der Frühförderung von Säuglingen und Kleinkindern. Wir wissen heute, dass frühe Erfahrungen, die Kinder machen, in enger Wechselwirkung mit ihren Erbanlagen die Entwicklung von Fähigkeiten und Fertigkeiten entscheidend beeinflussen. Aufgrund dieser Fertigkeiten können sie neue Erfahrungen machen, die die Fähigkeiten weiter fördern.

Das Zusammenwirken von Begabung und Erfahrungen bei der Entwicklung von Fähigkeiten lässt sich am Beispiel der Musikalität veranschaulichen. Nur ein musikalisch begabtes Kind wird Interesse daran finden, ein Instrument zu erlernen. Nimmt es dann Klavier- oder Geigenunterricht, wird seine Musikalität weiter gefördert. Ein musikalisch weniger begabtes Kind wird auch von intensivem Unterricht weniger profitieren und die musikalische Karriere wahrscheinlich nicht weiter verfolgen. Ein Kind mit großer musikalischer Begabung, das niemals ein Instrument in die Hände bekommt – etwa weil seine Eltern die Kosten nicht aufbringen können –, wird dagegen nie ein großer Virtuose.

Die Erbanlagen können zwar vorhanden sein, wenn sie jedoch nicht «genutzt» werden, sind sie – übertrieben gesagt – ohne Bedeutung. In ähnlicher Weise führt die in unserer Gesellschaft praktizierte geschlechtsspezifische Erziehung zu unterschiedlichen Erfahrungen von Jungen und Mädchen, die dann die Entwicklung räumlichen Denkens entscheidend beeinflussen. Wie das funktioniert, darauf wird im Folgenden näher eingegangen (vgl. auch Kapitel 9 und 12).

Aktionsräume von Mädchen und Jungen

> «Da es dem König nicht länger gefiel, daß seine Tochter,
> die gebahnten Plätze verlassend, sich querfeldein herumtrieb,
> schenkte er ihr Wagen und Pferd.
> ‹Nun brauchst du nicht mehr zu gehen›, waren seine Worte.
> ‹Nun sollst du nicht mehr gehen›, waren deren Sinn.
> Und nun konnte sie nicht mehr gehen, war deren Wirkung.»

Mädchen und Jungen haben auch heute noch unterschiedliche Bewegungsräume, obwohl sich die Aufgabenverteilungen zwischen Männern und Frauen inzwischen sehr geändert haben und nur noch wenige Männer auf die Jagd gehen. Martha Muchow konnte in ihren Untersuchungen an Großstadtkindern im Hamburg der 1930er Jahre erhebliche Unterschiede in der Ausdehnung der Lebensräume der Mädchen und Jungen beobachten. Dazu erhielten die 14-jährigen Mädchen und Jungen des Stadtteils Barmbek folgende Anweisung. Probieren Sie oder Ihr Kind dies doch selbst einmal aus:

Stellen Sie sich vor, Sie sollen auf einer Karte des Stadtteils, in dem Sie wohnen, alle Straßen und Plätze blau übermalen, die Sie genau kennen, in denen ihr Kind oft spielt, durch die Sie oft gehen und die Sie sich vorstellen können, wenn Sie die Augen zumachen. Diesen Raum bezeichnen wir als «Spielraum». Danach übermalen Sie oder Ihr Kind bitte jene Straßen rot, durch die Sie schon mal gekommen sind, die Sie aber nicht so genau kennen wie die blau übermalten. Diesen Raum bezeichnen wir als «Streifraum».

In der Untersuchung von Martha Muchow besaßen die Jungen größere «Streifräume» als Mädchen, während sich die Größe der «Spielräume» zwischen den Geschlechtern nicht unterschied. Dies ist insofern interessant, als gerade der «Streifraum» die Möglichkeit bietet, sich in bisher unbekanntem Gelände zu orientieren und dadurch das räumliche Orientierungsvermögen zu trainieren. Mädchen scheinen diese Möglichkeit weniger zu nutzen, was sich nachteilig auf ihr räumliches Denken auswirken könnte.

In neueren so genannten *Lebensraumstudien* ergaben sich ähnliche Befunde. Auch dort zeigten die Mädchen in der Regel ein eingeschränkteres räumliches Verhalten als die Jungen. Sie entfernten sich weniger weit von zu Hause, gingen häufiger dieselben Wege und nahmen keine Abkürzungen. Die Räume der Jungen waren dagegen größer und verzweigter als die der Mädchen (vgl. Kapitel 12). Es liegt deshalb nahe anzunehmen, dass die unterschiedlichen Aktionsräume – als «Aktionsraum» bezeichnet man die Teilmenge aller Standorte eines Raumes, mit denen eine Person als Folge von täglichen Aktivitäten Kontakt hat – von Mädchen und Jungen mit deren unterschiedlichen räumlichen Fähigkeiten zusammenhängen.

In unseren eigenen Untersuchungen mit Kindern und Jugendlichen konnten wir ebenfalls Hinweise auf eine geschlechtsspezifische Raumnutzung finden. Zu diesem Zweck wurden die Aktionsräume von Kindern und Jugendlichen im Alter von 10 bis 14 Jahren aus einer ländlichen Kleinstadt in der Schweiz mit Hilfe von Tagebüchern erfragt. Sie mussten dazu über sieben aufeinander folgende Tage sämtliche Orte und Plätze in ein Tagebuch eintragen, die sie während des Tages aufgesucht hatten. Außerdem dokumentierten sie, *wie lange* sie sich dort aufgehalten hatten und *wie* (mit welchem Fortbewegungsmittel) und *mit wem* (mit welchen Begleitpersonen) sie dorthin gelangt waren.

Auch in unseren Daten ergaben sich Unterschiede zwischen Mädchen und Jungen. Diese zeigten sich zwar *nicht* in der absoluten Größe der Aktionsräume, aber in der Art und Weise, wie sie sich in ihren Aktionsräumen bewegten. Bei den Mädchen konnten wir dabei in allen drei Altersgruppen (4., 6. und 8. Klasse) eine stärkere Abhängigkeit von Eltern und Gleichaltrigen beobachten als bei den Jungen (vgl. Abbildungen 25 und 26).

Außerdem legten Mädchen häufiger als Jungen Wege inner- und außerhalb des Wohnviertels im elterlichen Auto zurück, anstatt zu Fuß zu gehen oder öffentliche Verkehrsmittel zu benutzen. Gleichaltrige Jungen machten dagegen mehr Wege im Aktionsraum zu Fuß

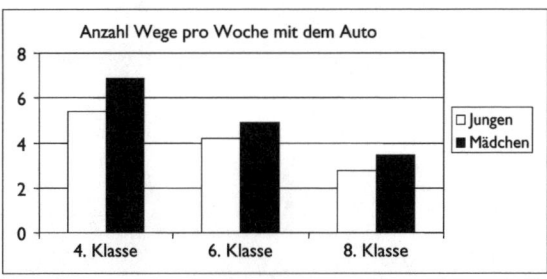

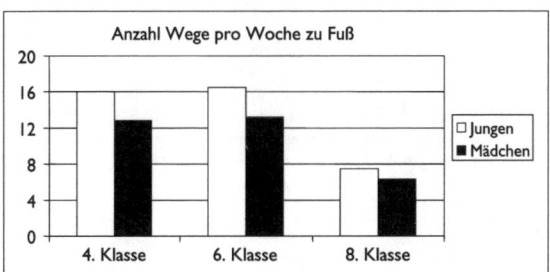

Abb. 25: Häufigkeit der Nutzung von Fortbewegungsmitteln im Aktionsraum: Jungen sind häufiger zu Fuß unterwegs, Mädchen dagegen werden öfter gefahren.

oder mit dem Fahrrad (vgl. Abbildung 25). Mädchen waren häufiger als Jungen mit gleichaltrigen Freunden und Freundinnen unterwegs, Jungen eher allein. Die Anzahl der Wege mit Familienmitgliedern (Vater, Mutter, Geschwister) unterschieden sich wiederum nicht bei Mädchen und Jungen (vgl. Abbildung 26).

Die Art und Weise, wie sich Personen in bestimmten Räumen aufhalten und fortbewegen, bezeichnen wir als *Raumaneignungsmuster*. Diese waren bei den von uns untersuchten Mädchen und Jungen also deutlich verschieden. Dies resultiert zum einen daraus, dass sich Mädchen, wenn sie einen bestimmten Freizeitort aufsuchen wollten, wie

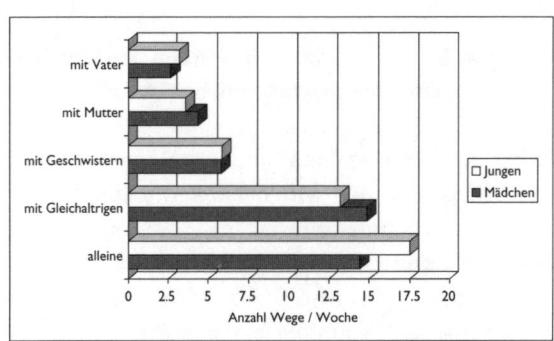

Abb. 26: Anzahl der Wege mit bestimmten Begleitpersonen

77

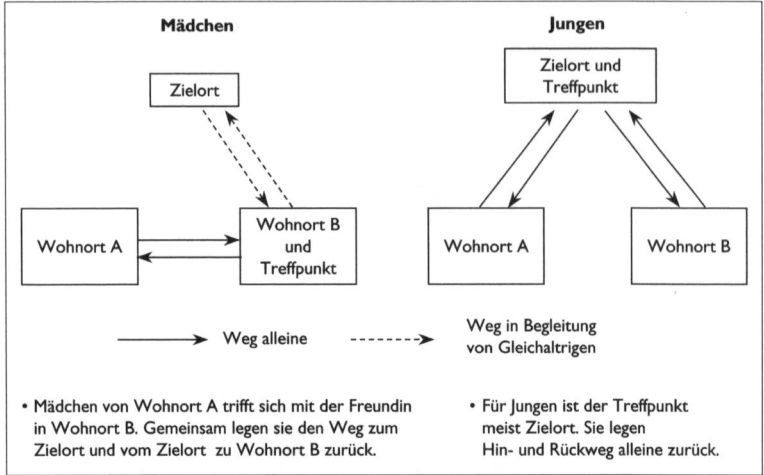

————————▶ Weg alleine ┄┄┄┄┄┄▶ Weg in Begleitung von Gleichaltrigen

• Mädchen von Wohnort A trifft sich mit der Freundin in Wohnort B. Gemeinsam legen sie den Weg zum Zielort und vom Zielort zu Wohnort B zurück.

• Für Jungen ist der Treffpunkt meist Zielort. Sie legen Hin- und Rückweg alleine zurück.

Abb. 27: Typische «Raumaneignungsmuster» von Mädchen und Jungen

die Reitschule oder die Disko, in der Regel erst mit ihrer Freundin trafen und sich dann gemeinsam mit ihr auf den Weg zum Zielort machten. Jungen dagegen trafen sich meistens erst am Ziel mit ihren Freunden, gingen also alleine dorthin (vgl. Abbildung 27). Von gleichaltrigen Freundinnen begleitet zu werden, scheint demnach ein für Mädchen typisches Muster der Raumaneignung zu sein.

Für die Geschlechtunterschiede im räumlichen Denken ist dieser Befund insofern interessant, als in anderen Untersuchungen gezeigt werden konnte, dass die Ergebnisse von Mädchen und Jungen bei räumlichen Orientierungsaufgaben mit der Größe und der Verzweigtheit ihrer Aktionsräume zusammenhängen.

Das räumliche Verhalten
und die kognitiven Karten vom Wohnviertel

In der Kindheit ist das Wohnviertel ein wichtiger Aufenthaltsort für uns. Wegen seiner Möglichkeiten zum selbstständigen Erkunden wurde es neben der elterlichen Wohnung, der Schule bzw. dem Kindergarten und dem Spielplatz auch als *vierte Umwelt* bezeichnet. Durch seine räumliche Struktur und sein Angebot an Freizeitorten beeinflusst das Wohnviertel das Spielverhalten und damit die Wahrnehmungs- und Handlungserfahrungen von Kindern in entscheidender Weise.

In einer eigenen Untersuchung haben wir Sieben- bis Zwölfjährige aus verschiedenen Stadtteilen Magdeburgs befragt. Dazu haben wir ihre kognitiven Karten des Wohnviertels – das sind die Abbilder von Umwelten, die jemand im Kopf hat – mit Hilfe so genannter «sketch-maps» erfasst (vgl. auch Kapitel 6, 9, 10 und 12). Die teilnehmenden Kinder wurden zu diesem Zweck gebeten, einen Plan mit denjenigen Orten und Wegen zu zeichnen, an denen sie sich aufhielten, wenn sie nicht zu Hause und nicht in der Schule waren. Die folgende Abbildung 28 zeigt eine solche «sketch-map».

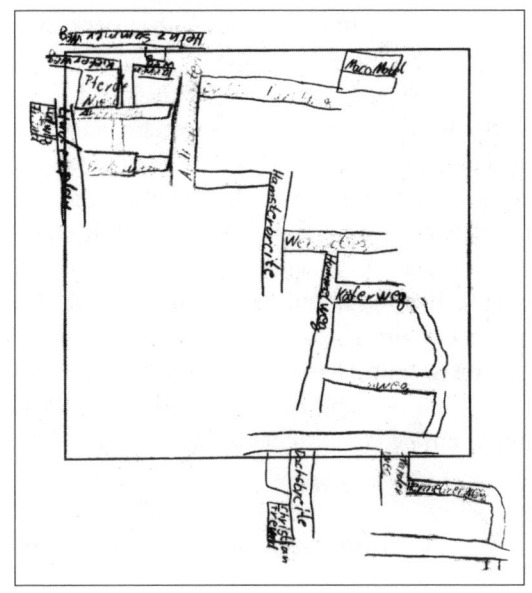

Abb. 28: Beispiel für eine «sketch-map» vom Wohnviertel

Dabei waren qualitative Unterschiede zwischen den «sketch-maps» der Mädchen und der Jungen zu beobachten. Die kognitiven Karten der Jungen waren verzweigter als die der Mädchen, d. h., sie besaßen deutlich mehr Routenabschnitte, also Straßen und Wege. Das deutet auf eine bessere Kenntnis des Geländes infolge intensiverer Erkundung hin. In der Detailliertheit, also in der Anzahl an Landmarken (Post, Bäcker etc.), unterschieden sich die Karten von Jungen und Mädchen dagegen nicht. Auch wenn die «sketch-maps» über ihre Klassifikation als Landmarken-, Routen- oder Überblickskarten (vgl.

79

Kapitel 6) verglichen wurden, zeigten sich keine bedeutsamen Geschlechtsunterschiede. Ferner gab es in dieser Untersuchung wieder die bereits beschriebenen Geschlechtsunterschiede beim bevorzugten Transportmittel. Und sie zeigten sich auch wieder im Ausmaß und hinsichtlich der Selbstständigkeit der Nutzung der Umwelt zuungunsten der Mädchen.

Deutlich wurde außerdem, dass sich eine bestimmte Art von räumlichem Verhalten positiv auf den Erwerb einer kognitiven Karte vom Wohnviertel auswirkt. Beispielsweise scheint ein ausgedehntes und selbstgesteuertes räumliches Verhalten, das durch das häufige Aufsuchen von Plätzen im Wohnviertel und durch die Existenz von Lieblingsplätzen gekennzeichnet ist, den Aufbau eines für eine gute räumliche Orientierungsfähigkeit notwendigen Überblickswissens zu fördern. Auch Kinder, die lieber draußen als drinnen spielten und die häufiger zu Fuß gingen oder mit dem Fahrrad fuhren, als mit dem Auto der Eltern gefahren zu werden oder öffentliche Verkehrsmittel zu benutzen, hatten ein besseres räumliches Wissen vom Wohnviertel als die Kinder, bei denen das nicht der Fall war.

In den Raumvorstellungstests, die mit ihnen durchgeführt wurden, schnitten die Kinder dagegen dann besonders gut ab, wenn sie regelmäßig auch Orte und Plätze außerhalb des Wohnviertels aufsuchten und wenn ihr bester Freund bzw. ihre beste Freundin auch im Wohnviertel wohnte. Dies zeigt wiederum, dass es sich bei der Raumvorstellungsfähigkeit und bei der räumlichen Orientierung in der Umwelt nicht um genau dasselbe handelt.

Fahrradfahren ist gut für das räumliche Denken

Fasst man alle Untersuchungsbefunde zusammen, so lässt sich erstens feststellen, dass viele Mädchen ein eingeschränkteres und vor allem ein weniger selbstständiges räumliches Verhalten zeigen als viele Jungen. Deshalb fehlen ihnen bestimmte, für die Entwicklung des räumlichen Denkens wesentliche Erfahrungen. Dies hängt vermutlich mit dem elterlichen Erziehungsverhalten und der geschlechtsspezifischen Sozialisation in unserer Gesellschaft zusammen. Eltern gestatten z. B. sicherlich eher ihren Söhnen als ihren Töchtern, sich in größeren Räumen im und um das Wohnviertel herum zu bewegen. Als Folge davon kommt es bei den meisten Mädchen und Frauen zu gewohnheitsbedingten, typisch weiblichen «Raumaneignungsmustern». Diese trainieren nicht nur die räumliche Orientierungsfähigkeit *nicht*, sondern führen auch zu einer negativen Einschätzung der eigenen Fähigkeiten in diesem Bereich (vgl. Kapitel 9).

Allerdings wäre für die meisten der aufgeführten wissenschaftlichen Befunde auch noch eine andere Erklärung denkbar. Es könnte nämlich sein, dass Mädchen gerade wegen ihrer Defizite bei der räumlichen Orientierung, ob angeboren oder anerzogen, z. B. aus Angst, den Weg nicht zu finden, bestimmte Fortbewegungsmittel anderen vorziehen. Sie lassen sich also lieber im Auto der Eltern fahren oder benutzen ein öffentliches Verkehrsmittel, anstatt zu Fuß zu gehen oder mit dem Fahrrad zu fahren. Unabhängig davon, welche der Interpretationen plausibler ist, die Richtung des vermutlich sehr komplizierten Zusammenhangs, also die Frage, wer zuerst da war, die Henne oder das Ei, lässt sich nicht so einfach klären (vgl. Kapitel 12).

Um diesen Teufelskreis zu unterbrechen, sollten Mädchen und Frauen ermutigt werden, sich vielleicht auch einmal allein auf einen Weg zu begeben oder eine Reise zu unternehmen, anstatt sich beim Wegefinden immer auf männliche oder andere weibliche Begleitpersonen zu verlassen. Und wenn Sie selber Vater oder Mutter sind und das räumliche Denken Ihrer Tochter fördern wollen, dann möchten wir Ihnen raten: Lassen Sie sie vielleicht doch einmal allein, zu Fuß oder mit dem Fahrrad, zur Schule oder zum Ballettunterricht gehen. Wir wissen natürlich um Ihre Ängste und Sorgen bezüglich der Gefahren im öffentlichen Raum. Es gibt leider gute Gründe für Sie, den Bewegungsraum Ihrer Tochter oder auch Ihres Sohnes einzuschränken. Aber wenn Sie sie oder ihn nicht allein zum Sportclub gehen lassen wollen, dann drücken Sie ihr oder ihm doch einfach beim nächsten Besuch einer neuen Stadt den Stadtplan in die Hand. Lassen Sie Ihr Kind den *aktiven* Part übernehmen, und lassen Sie sich führen. Denn auch ein Meister in der räumlichen Orientierung wird man nicht ausschließlich durch Begabung, sondern vor allem durch Übung. Und wie heißt es so schön? Früh übt sich. Und wer eine Meisterin bei der räumlichen Orientierung ist, der verläuft sich nicht nur seltener, sondern trainiert damit auch andere Fähigkeiten.

Lisa findet sich in einer neuen Umgebung nicht besonders gut zurecht. Sabine hingegen wagt durchaus einmal einen Spaziergang durch eine fremde Stadt anhand eines Stadtplanes. Auch wenn sie sich anfangs schon überwinden musste, alleine loszugehen. Und es ist durchaus möglich, dass diese Fähigkeiten der beiden schon in ihrer Kindheit entsprechend gefördert wurden oder gerade nicht.

Zweitens kann festgehalten werden, dass für ein gutes räumliches Orientierungsvermögen nicht unbedingt dieselben Erfahrungen notwendig sind wie für eine gute Raumvorstellungsfähigkeit. Dies stellt vor allem den von den Peases favorisierten soziobiologischen Erklärungsansatz und den darin unterstellten Zusammenhang zwischen beiden Fähigkeiten in Frage. Darum soll es auch im folgenden Kapitel gehen.

6
Muss man die Landkarte auch im Kopf drehen können?

Was verstehen wir unter Orientierungsfähigkeit?

Der Aufgabe, sich in räumlichen Umgebungen zurechtzufinden, müssen wir uns beinahe täglich stellen. Das kann sich auf unsere reale Umwelt beziehen, wenn wir den Weg von einem Ort zu einem anderen finden wollen. Es können aber auch fiktive Welten gemeint sein – so wie wir sie aus Computerspielen kennen (vgl. Kapitel 11). Stellen Sie sich vor, Sie sind in einer fremden Stadt, haben Ihr Auto irgendwo geparkt und waren den Rest des Tages zu Fuß unterwegs. Nun wollen Sie an den Ort zurück, an dem Sie Ihr Auto geparkt haben. Was geht in Ihnen vor, während Sie versuchen, zum Parkplatz zurückzufinden? Wie sieht in Ihrem Kopf das Bild der Umgebung aus? Gleicht es eher einer Landkarte, oder merken Sie sich den Weg durch markante Orientierungspunkte?

Was haben Sie von Ihrer Umgebung während Ihres Stadtbummels im Gedächtnis behalten? Welche Orientierungspunkte Sie sich gemerkt haben, hängt sicher von deren Auffälligkeit ab, aber auch von der Bedeutung, die Sie Ihnen beimessen: So ist eine Tankstelle für Autofahrer ein wichtiger Orientierungspunkt, für einen Fahrradfahrer aber eher uninteressant.

An solchen und ähnlichen Fragestellungen ist die Raumkognitionsforschung interessiert. Sie beschäftigt sich damit, was in unseren Köpfen passiert, wenn wir uns in einer Umgebung bewegen und orientieren müssen. Bevor wir auf die für dieses Kapitel relevanten Forschungsergebnisse eingehen, möchten wir zum besseren Verständnis noch einige Fachbegriffe einführen.

Wie ist unser Raumwissen repräsentiert?

Wie wir unsere räumliche Umgebung wahrnehmen, Informationen aus ihr verarbeiten und speichern, basiert auf drei Arten von Wissen. In der Psychologie wird von *mentalen Repräsentationen* oder auch *kognitiven Karten* gesprochen.

Landmarkenwissen

Die erste Form der Orientierung in einer unbekannten Stadt erfolgt meist über auffällige Objekte und wichtige Bezugs- und Knotenpunkte – oft auch als *Landmarken* bezeichnet. Das kann zum Beispiel eine Kirche, ein Supermarkt oder ein Café sein.

Routenwissen

Befindet man sich häufiger in dieser noch fremden Stadt, lernt man die Umgebung mit jedem Mal genauer kennen. Man eignet sich Wissen über Wege und Routen an, d. h., nicht nur Landmarken können erinnert werden, sondern auch die Verbindung zwischen den Landmarken. Beispielsweise orientiert sich Andreas hauptsächlich an solchen Landmarken und kennt die Straßen und Wege zwischen ihnen. Würde er von einem Passanten nach dem Weg gefragt werden, gäbe er vielleicht folgende Antwort: «Gehen Sie geradeaus bis zur Kreuzung, dort biegen Sie rechts ab und laufen weiter bis zur Tankstelle.» Ein solches Routenwissen ermöglicht Andreas eine Orientierung im Alltag. Allerdings ist er damit nicht in der Lage, Abkürzungen oder noch effizientere Strecken zu finden.

Überblickswissen

Überblickswissen umfasst die höchste und komplexeste Stufe räumlichen Wissens. Sie integriert das Landmarken- und Routenwissen und berücksichtigt dabei räumliche Informationen über Entfernungen und Beziehungen verschiedener Orte zueinander. Solche Repräsentationen enthalten räumliche und nichträumliche Informationen.

Neben dem Wissen über Orte und deren räumliche Beziehung zueinander werden ebenso Einstellungen, Erinnerungen und emotionale Gedankenverbindungen darüber gespeichert. Frank verfügt zum Beispiel über ein detailliertes Wissen seiner Umgebung. Würden wir ihn beispielsweise bitten, uns seine Umgebung zu skizzieren, würden wir am Ende wahrscheinlich ein landkartenähnliches Bild in unseren Händen halten und bräuchten uns keinen Stadtplan mehr zu kaufen. Für Umgebungen, in denen wir uns häufig befinden, gelingt das natürlich besser als für Umgebungen, in denen wir uns nur selten aufhalten. Diese mentalen Repräsentationen von Umwelten sind für eine Vielzahl von Orientierungsproblemen nützlich, z. B. für das Erreichen eines gewünschten Zielortes, das Planen einer Strecke zwischen zwei Orten, das Wiedererkennen bestimmter Landmarken oder bei der Bestimmung von Entfernungen und Richtungen. Der Erfolg beim Lösen solcher Probleme hängt davon ab, wie räumliche Informationen in einer kognitiven Karte gespeichert und abgerufen werden können.

Was hat das mentale Drehen mit unserer Orientierung zu tun?

Untersucht man die Orientierungsfähigkeit der Menschen, stellt sich immer wieder die Frage, welche Mechanismen bzw. welche geistigen Fähigkeiten die Orientierungsleistungen begünstigen. Das bedeutet herauszufinden, wie Personen kognitive Karten, Landmarken und/ oder Routen zum Finden von Wegen nutzen. In Experimenten mit solchen Fragestellungen scheint die Fähigkeit des mentalen Drehens/ Rotierens, auf die in Kapitel 3 und 8 ausführlich eingegangen wird, eine wesentliche Rolle zu spielen.

Ein kurzes Gedankenexperiment soll dies veranschaulichen. Angenommen, Andreas und Frank stehen auf der Straße vor dem Eingang eines Frankfurter Bürogebäudes. Sie haben beide einen Termin in der 20. Etage, Zimmer 207. Nachdem sie mit dem Fahrstuhl den 20. Stock erreicht haben, müssen sie noch eines dieser typischen anonymen Flurenlabyrinthe bewältigen, bis sie ans Ziel gelangen. Sie sind nun mehrmals nach links und rechts abgebogen und stehen endlich vor dem Zimmer 207 (siehe Abbildung 29). Dort werden sie von einem ratlos durch die Flure irrenden Besucher gefragt, welche Richtung er zur Eingangstür des Bürogebäudes bzw. zur Straße einschlagen muss.

Abb. 29:
Im Flurenlabyrinth
eines Frankfurter
Bürogebäudes

Bevor Andreas und Frank diese Frage beantworten können, gehen sie möglicherweise den Weg in Gedanken noch ein weiteres Mal und überlegen, wie oft sie sich in dem Gebäude in Relation zum Eingang gedreht haben. Was vermuten Sie? Wer von beiden kann die Frage des Besuchers besser beantworten?

Dieser Aspekt des räumlichen Denkens ist vergleichbar mit der Fähigkeit, Objekte in Gedanken drehen zu können, und scheint sehr nützlich beim Orientieren in fremden Umgebungen zu sein. Einige Studien widmeten sich dieser Frage genauer. Dabei wurde die Orientierungsfähigkeit sowohl in realen als auch in simulierten Umgebungen untersucht. Neben der Orientierungsleistung wurden auch die räumlichen Fähigkeiten der Testpersonen getestet. Ein wichtiges Ergebnis war, dass hohe Testleistungen im *Mentalen Rotations-Test* (vgl. Kapitel 8) im Zusammenhang mit einer guten Orientierungsleistung standen. Versuchspersonen, die bessere Rotationsleistungen zeigten, konnten sich auch deutlich besser in einer realen Umgebung orientieren. Das lässt vermuten, dass wir für beide Fähigkeiten ähnliche Prozesse der räumlichen Verarbeitung benötigen. Möglicherweise gibt es einen gemeinsamen geistigen Mechanismus, der beiden räumlichen Fähigkeiten zugrunde liegt. Das Drehen von Figuren erfordert eine gedankliche Vorstellung der Figur in seiner Gesamtheit. Ähnlich ist es bei der mentalen Repräsentation einer Umgebung einschließlich ihrer Wege und Landmarken. Solche mentalen Repräsentationen oder Vorstellungen erlauben es, sich eine Figur aus mehreren Perspektiven vorzustellen bzw. von verschiedenen Startpunkten aus zum Ziel zu gelangen. Dieser Mechanismus als Kern des Zusammenhangs zwischen mentaler Rotation und Navigation schließt das Prinzip der *Wahrnehmungskonstanz*, speziell der *Raumkonstanz*, ein. Das bedeutet, dass wir Objekte auch dann erkennen, wenn sich unsere Perspektive ändert. Ganz gleich, ob sich die Umwelt bewegt, z. B. der Gesprächspartner aufsteht und sich durch den Raum bewegt oder man selbst zur Tür geht – die Erhaltung der Raumkonstanz ist wichtig für unsere Wahrnehmung und Orientierung.

Die folgende Abbildung eines Tisches aus drei verschiedenen Perspektiven verdeutlicht noch einmal das Phänomen der Wahrnehmungskonstanz (vgl. Abbildung 30). Bestimmte Eigenschaften dieses Tisches – wie z. B. seine Form, Größe oder Lage – können trotz unterschiedlicher Abbildungen auf der Netzhaut unverändert wahrgenommen werden. So kann ein Gegenstand – unser Tisch – als derselbe aus verschiedenen Blickwinkeln und Abständen identifiziert werden. Das heißt, dass die Eigenschaften eines Objektes trotz Perspektivenwechsels für uns immer dieselben bleiben.

In der Raumkognitionsforschung gibt es aber auch Hinweise auf unterschiedliche Strategien bei Männern und Frauen in diesem Bereich (vgl. Kapitel 7 und 10). Männer scheinen viel eher ihre Fähigkeit, sich Objekte aus unterschiedlichen Perspektiven vorstellen zu können, zum räumlichen Orientieren in Umgebungen zu nutzen. So merken sie sich gern die Straßenkarte, um einen Weg zu finden. Frauen hingegen verlassen sich häufiger auf ihre sprachlichen Kompetenzen. Sie merken sich den Weg also verbal. Sie denken sich z. B.: «Jetzt laufe ich 100 Meter geradeaus, biege dann an der Kreuzung rechts ab und laufe die Allee entlang bis zum Supermarkt.»

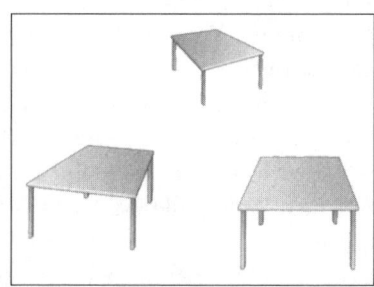

Abb. 30: Hier sehen Sie einen Tisch aus drei verschiedenen Blickwinkeln.

Obwohl in vielen solcher Studien die Orientierungsfähigkeit von Männern und Frauen im Zusammenhang mit der Rotationsfähigkeit untersucht wurde, sind immer noch folgende Fragen offen: Welche Hirnstrukturen nehmen bei diesen räumlichen Verarbeitungsprozessen eine besondere Rolle ein? Gibt es Bereiche in unserem Gehirn, die wir sowohl beim Orientieren in unserer Umwelt als auch beim gedanklichen Drehen von Objekten brauchen? Und welche Hirnbereiche haben möglicherweise eine besondere Bedeutung beim Wegefinden? Diesen Fragen sind wir in einer eigenen Untersuchung genauer nachgegangen. Bevor diese Untersuchung jedoch näher erklärt wird, möchten wir Ihnen noch einen kurzen Überblick über den bisherigen Stand der neurowissenschaftlichen Raumkognitionsforschung geben.

Was passiert beim Orientieren in unseren Köpfen?

Das Orientieren in Umgebungen wurde in einer Vielzahl von experimentellen Studien beim Menschen untersucht. Dies ist ein komplexer Prozess und erfordert ganz unterschiedliche geistige Fähigkeiten, wie z. B. den Abruf von vorher gelernten Wegen und das Erkennen von Objekten. Dennoch kann man wesentliche Hirnstrukturen nennen, die aktiv sind, wenn Menschen gedanklich navigieren, also versuchen, den richtigen Weg zu finden. Es sind:
1. Hirnstrukturen im Bereich des Scheitel- und Stirnlappens und
2. Hirnstrukturen im Bereich des Schläfenlappens (Seepferdchenstruktur und umliegende Gebiete), siehe Abbildung 31.
Bestimmte Regionen im Scheitellappen sind besonders dann aktiv, wenn unser räumliches Denken und die Aufmerksamkeit, die dabei erforderlich ist, gefragt sind. Stellen Sie sich vor, Sie fahren beispielsweise anhand eines Stadtplanes durch eine unbekannte Stadt, und Ihr Weg ist ganz genau eingezeichnet. Trotzdem müssen Sie sich den eingezeichneten Weg in dieser Stadt auch vorstellen können, damit Sie an der richtigen Kreuzung abbiegen. In den meisten Fällen ist die Konzentration sehr wichtig, um sich nicht ständig zu verfahren. Das bedeutet auch, dass es in diesem Moment für Sie nicht von Bedeutung ist, an welcher Tankstelle Sie am günstigsten tanken können oder in welchem Baustil die links und rechts der Straße stehenden Gebäude erbaut sind. Ihre Aufmerksamkeit ist zu einem sehr großen Teil auf das Finden des richtigen Weges gerichtet. Das merken Sie beispiels-

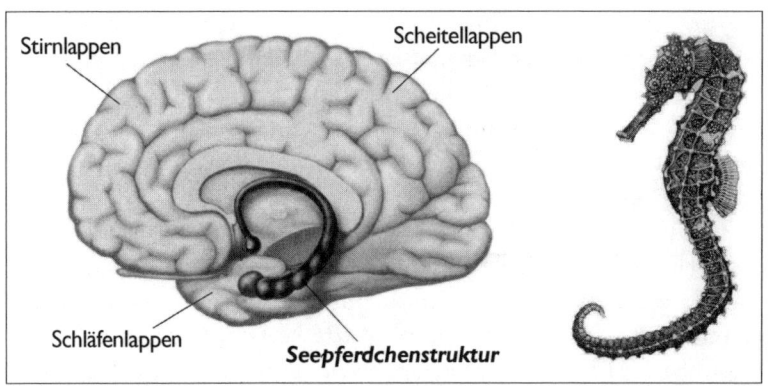

Abb. 31: Seepferdchenstruktur unseres Hirns im Vergleich zu dem gleichnamigen Meerestier

weise auch daran, dass Sie, wenn Ihr Kind zum fünften Mal neugierig fragt: «Wie lange müssen wir noch fahren? Wann sind wir denn endlich da?», überlegen und durch diese kleine Ablenkung prompt die nächste Ausfahrt verpassen.

Aber nicht nur unsere Aufmerksamkeit und das räumliche Denken spielen hier eine wesentliche Rolle, sondern auch unser Gedächtnis. Sie können ja während des Autofahrens nicht ständig auf die Karte schauen, sondern müssen auch auf den übrigen Verkehr achten. Zum kurzfristigen Erinnern der Informationen aus dem Stadtplan brauchen wir also unser Gedächtnis. Diese Gedächtnisfunktion wird von bestimmten Bereichen des Stirnlappens übernommen.

Für die Orientierung in der Umgebung sind noch zwei andere Strukturen wichtig. Zum einen ist es ein Bereich, der wegen seiner Form als Seepferdchenstruktur (Hippocampus) bezeichnet wird. Zum anderen sind es zu dieser Struktur benachbarte Hirngebiete (siehe Abbildung 31). Die Seepferdchenstruktur scheint die *kognitive Landkarte* zu repräsentieren, von der zu Beginn des Kapitels die Rede war. Eine Untersuchung mit erfahrenen Londoner Taxifahrern unterstützt eine solche Hypothese. Bei den Taxifahrern war im Gegensatz zu ganz normalen Personen der hintere Teil dieser besonderen Struktur stark vergrößert. Und je größer dieser Teil war, desto länger übten die Taxifahrer ihren Beruf aus. Die Ergebnisse ließen vermuten, dass in dem hinteren Teil der Seepferdchenstruktur die so genannte *kognitive Landkarte* gespeichert ist.

Auch die dem Seepferdchen benachbarten Gebiete scheinen an Orientierungsprozessen beteiligt zu sein. Allerdings spielen diese vor allem dann eine Rolle, wenn auffällige Landmarken das Wegefinden erleichtern. Demzufolge könnte diese Region im Gehirn für die Verarbeitung neuartiger Landmarken oder Objekte und deren Lage zueinander zuständig sein.

Zusammenfassend lässt sich also feststellen, dass die Seepferdchenstruktur beim Wegefinden eine wichtige Funktion hat. Dies trifft besonders dann zu, wenn die Person ihre Information vorwiegend aus einem Stadtplan oder einer Straßenkarte bezieht. Dagegen sind eher benachbarte Hirnregionen beteiligt, wenn sie für die Orientierung vermehrt Routen- und Landmarkeninformationen nutzt. Untersuchungen zum gedanklichen Drehen dreidimensionaler Figuren im Kernspintomographen wurden bereits ausführlich im Kapitel 3 diskutiert. Die räumliche Verarbeitung dieser Figuren findet dann zum großen Teil im Scheitellappen statt. Das ist genau der Bereich, der auch beim Orientieren von großer Bedeutung zu sein scheint.

In unserer eigenen Untersuchung sind wir nun den folgenden Fragen nachgegangen: Gibt es Bereiche in unserem Gehirn, die wir sowohl beim Orientieren in unserer Umwelt als auch beim gedanklichen Drehen von Objekten brauchen? Und welche Hirnareale haben möglicherweise eine besondere Bedeutung beim Wegefinden?

Mentales Rotieren und Navigieren – die zwei Seiten einer Medaille?

An unserer Untersuchung nahmen zehn Männer teil, genauer gesagt, gesunde rechtshändige Studenten im Alter von 19 bis 27 Jahren. Wie sich gezeigt hat, schneiden Personen aus technischen Fachrichtungen bei Aufgaben zur Raumkognition generell besser ab als Personen aus geisteswissenschaftlichen Studienrichtungen. Da die Situation im Kernspintomographen für die meisten neu und ungewohnt ist, kann das zu Unsicherheiten der Probanden führen, was die Lösung der Aufgaben beeinflusst. Deshalb haben wir uns entschieden, nur Studenten aus technischen Fachrichtungen auszuwählen. Für die Messung der neuronalen Aktivität im Hirn ist es von großer Bedeutung, dass die Aufgaben sicher gelöst werden. Des Weiteren wurden die Versuchspersonen aufgrund der Leistung im *Mentalen Rotations-Test* (dieser wird im Kapitel 8 näher erläutert) ausgewählt. Es nahmen nur Personen mit einer Punktzahl von 12 bis 18 Punkten an der Untersuchung teil. Die Höchstpunktzahl in diesem Test liegt bei 24, welche aber sehr selten jemand erreicht. Auf diese Weise wurde bei der Durchführung der Aufgaben ein etwa gleiches Leistungsniveau gewährleistet, d. h., die Versuchspersonen waren in etwa gleich gut.

Bevor das Experiment im Kernspintomographen begann, hatten die Teilnehmer der Untersuchung die Möglichkeit, sich an einem zur Verfügung gestellten Laptop mit den Aufgaben vertraut zu machen. Diese waren genauso konstruiert wie die Aufgaben, die sie später im Kernspintomographen lösen sollten. Nachdem jede Versuchsperson über die Verfahrensweise der Untersuchung aufgeklärt worden war, erfolgte die ca. einstündige Messung im Kernspintomographen.

Die Aufgabenstellung

Die Untersuchung bestand aus fünf Versuchsdurchgängen mit jeweils zwei unterschiedlichen mentalen Rotationsaufgaben und einer Navigationsaufgabe. In zwei Durchgängen wurde die Navigationsleistung und in den drei verbleibenden die Rotationsleistung getestet.

Was unsere Versuchspersonen genau zu tun hatten, möchten wir Ihnen jetzt erklären.

I. Die Navigationsaufgabe –
Orientieren durch einen virtuellen Irrgarten

Grundlage für die Navigationsaufgabe war ein virtuelles dreidimensionales Labyrinth, das wir selbst konstruiert und erstellt hatten.

Durch Tastendruck (vorwärts, rückwärts, links und rechts) konnte man sich durch das Labyrinth bewegen. Die Versuchspersonen sahen das Labyrinth eine Minute lang, so wie es auf S. 92 oben in der Abbildung 32 dargestellt ist. Jeder Teilnehmer hatte eine Minute Zeit, sich den kürzesten und schnellsten Weg von einem markierten Startpunkt bis zu einem markierten Ziel zu merken. Insgesamt lernten die Versuchspersonen zwei Wege.

Wie man sich den Weg einprägte, blieb jedem selbst überlassen. In Abbildung 32 können Sie selbst ausprobieren, wie schnell es Ihnen

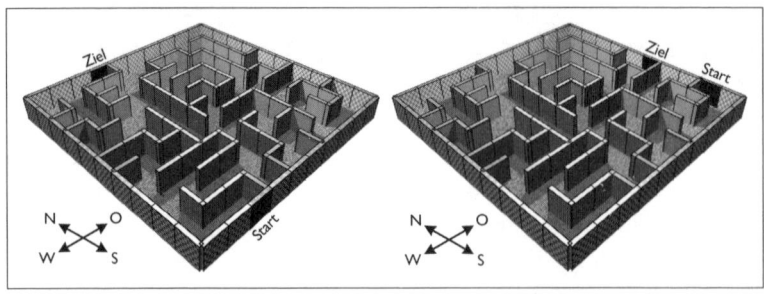

Abb. 32: Das Labyrinth in Vogelperspektive– mit zwei verschiedenen Wegen

gelingt, sich den Weg vom Startpunkt bis zum Ziel zu merken. Nach einer Minute wurde man an den Startpunkt des virtuellen Labyrinths platziert (siehe Abbildung 33) und musste nun so schnell wie möglich den zuvor gelernten Weg zum Ziel finden. Auch dafür hatten die Versuchspersonen eine Minute Zeit. Absolvierte jemand den Weg schneller, wurde er automatisch wieder an den Ausgangspunkt zurückgesetzt und lief den Weg noch einmal. In der Vogelperspektive scheint es relativ einfach, sich den Weg zu merken. Jedoch berichteten unsere Versuchspersonen, dass es erheblich schwieriger sei, den Weg dann auch durch das dreidimensionale Labyrinth zu laufen. Vergleichen Sie dies nur einmal mit einer Situation, in der Sie anhand eines Stadtplanes eine bestimmte Straße finden möchten. Das Wissen aus einer zweidimensionalen Karte in die reale Umgebung zu übertragen, erfordert ein gewisses Maß an räumlichem Vorstellungsvermögen.

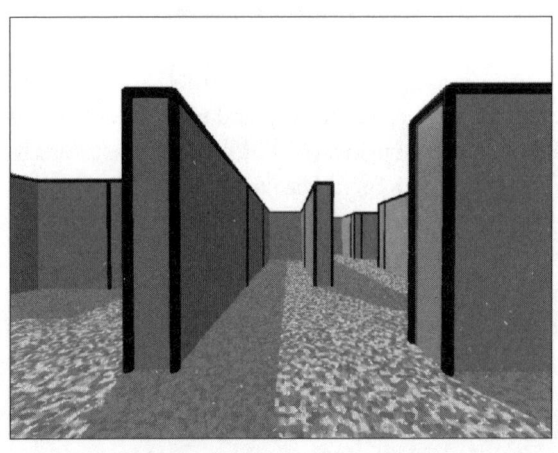

Abb. 33:
Innenansicht
des Labyrinths

2. Mentale Rotation – der richtige Dreh

Grundlage für die Aufgaben zur Rotationsfähigkeit waren die so genannten Würfelfiguren, die bereits im dritten Kapitel dargestellt wurden. In der ersten Aufgabe sollten sich die Versuchsteilnehmer innerhalb einer Minute eine solche dreidimensionale Würfelfigur merken (siehe Abbildung 34). Anschließend musste diese Würfelfigur mit einer Vergleichsfigur auf Gemeinsamkeiten überprüft werden (siehe Abbildung 35). Die entscheidende Frage war, ob sich die Vergleichsfigur durch gedankliches Drehen in die Ausgangsfigur überführen ließ oder nicht. 20 Vergleichsfiguren wurden für je drei Sekunden mit unterschiedlichem Rotationswinkel oder an der Raumachse gespiegelt präsentiert. Innerhalb dieser drei Sekunden mussten die Versuchspersonen eine Entscheidung treffen. Es erscheint Ihnen vermutlich sehr schwer, in so kurzer Zeit die richtige Wahl zu treffen. Da die Versuchspersonen aber vorher mit der Aufgabe bestens vertraut gemacht worden waren, war es ihnen möglich, eine Entscheidung innerhalb von drei Sekunden zu fällen.

Was meinen Sie? Lässt sich die Vergleichsfigur durch gedankliches Drehen in die Ausgangswürfelfigur überführen?

Die zweite Aufgabe zum gedanklichen Drehen von Würfelfiguren ähnelt der im Kapitel 3 beschriebenen Aufgabe. Den Versuchspersonen wurden Würfelpaare präsentiert, wie Sie sie in Abbildung 36 sehen können. Diese Aufgabe war etwas leichter als die vorherige, da sich unsere Testpersonen keine Extrafigur einprägen mussten. Sie sollten in drei Sekunden entscheiden, ob die beiden Figuren identisch sind oder nicht. Sie können ja selbst einmal ausprobieren, ob Sie es in der Kürze der Zeit schaffen würden.

Abb. 34: Würfelfigur

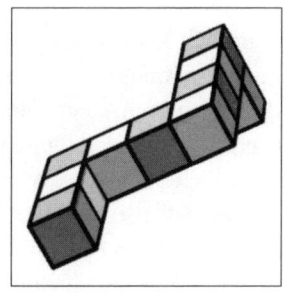

Abb. 35: Vergleichsfigur

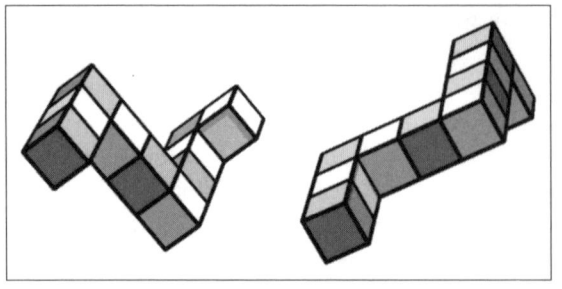

Abb. 36:
Würfelpaar
Sind die beiden
Figuren identisch?

Die Ergebnisse

Wirkt sich die Fähigkeit des gedanklichen Drehens positiv auf die Orientierungsfähigkeit in Umgebungen aus, und in welchen Gehirnregionen werden diese Prozesse sichtbar?

In unserer Untersuchung haben wir herausgefunden, dass es für das Navigieren im Labyrinth nicht unbedingt notwendig ist, mental gut drehen zu können. So waren Versuchsteilnehmer, die sehr schnell und präzise den Weg durch das Labyrinth fanden, nicht unbedingt auch beim gedanklichen Drehen der Würfelfiguren gut. Um durch den Irrgarten zu finden, schienen also andere Fähigkeiten viel wichtiger zu sein, z. B. unser räumliches Gedächtnis oder die Fähigkeit, sich zweidimensionale Bilder dreidimensional vorzustellen.

Dennoch gibt es auch Hirnregionen, in denen sowohl während des mentalen Navigierens als auch während des Drehens der Würfelfiguren ein erhöhter Blutfluss gemessen wurde. Besonders auffällig war dabei die obere hintere Hirnregion im Bereich des Scheitellappens. Wir hatten diese Struktur bereits als Verschaltungszentrum für räumliche und andere unsere Sinneswahrnehmung betreffende Informationen kennen gelernt. Diese werden derart integriert, dass Bewegungsabläufe und Handlungen räumlich koordiniert werden können. Beim Rotieren einer Figur ist es außerdem notwendig, die Figur als dreidimensionales Objekt wahrzunehmen und sich diese aus unterschiedlichen Perspektiven vorstellen zu können.

Die Verarbeitung von dreidimensionalen Informationen scheint beim Navigieren ebenfalls wichtig zu sein. Stellen Sie sich vor, Sie stehen an unterschiedlichen Stellen im Labyrinth und müssen den Weg zurückfinden. Diese Prozesse können mit dieser Gehirnaktivierung im Zusammenhang stehen. Deshalb ist es auch nachvollziehbar, dass in beiden Aufgaben ähnliche Hirnbereiche aktiv sind.

Des Weiteren zeigten auch vordere Bereiche des Stirnlappens und hintere Regionen im Hinterhauptslappen eine deutliche Aktivierung. Im Hinterhauptslappen befindet sich das visuelle Zentrum. Hier werden all die Informationen verarbeitet, die wir über die Augen wahrnehmen. Das Besondere an dieser Region ist, dass sie speziell für die Wahrnehmung der visuell-räumlichen Details zuständig ist. Angenommen, Sie würden durch dieses virtuelle Labyrinth laufen, dann würde Ihnen das Gefühl vermittelt, Sie befänden sich tatsächlich in einer dreidimensionalen Umgebung. Doch eigentlich handelt es sich nur um eine Darstellung dieses Raumes, die unser Gehirn genau so verarbeitet, dass für uns ein räumlicher Eindruck entsteht. Die zum Stirnlappen gehörenden Hirnbereiche sind für die Vorstellung und den Anstoß von Bewegungen in Abstimmung mit den räumlichen Informationen verantwortlich.

Was gibt es nun für Bereiche im Gehirn, die charakteristisch beim Orientieren sind?

Nach der Untersuchung im Kernspintomographen haben unsere Versuchspersonen zusätzlich einen Fragebogen ausgefüllt, in dem sie beschrieben haben, wie sie die Aufgaben gelöst haben. Wir haben sie also nach ihren Strategien gefragt. Für die Navigationsaufgabe haben sich nach Auswertung dieser Fragebögen zwei unterschiedliche Gruppen ergeben. Die eine Gruppe orientierte sich eher an markanten Landmarken, wie Kreuzungen, oder merkte sich den Weg in Schritten und anhand der Links-/Rechtsabbiegungen. Das bedeutet, dass diese Personen sich eher auf ihr Routenwissen verließen. Die zweite Gruppe beschrieb auch eine solche Routenstrategie, berichtete daneben aber von einem Bild in Form einer Karte, in der nicht nur dieser eine Weg gespeichert war. Diese Gruppe nutzte also sowohl Routen- als auch Überblickswissen zum Orientieren.

Interessanterweise wurde zwischen diesen beiden Strategiegruppen ein sehr klarer Unterschied hinsichtlich der Hirnaktivität sichtbar. Bei der Gruppe, die sich nicht nur auf eine Strategie verließ, fanden wir eine zusätzliche Gehirnaktivierung der linken Seepferdchenstruktur und der benachbarten Gebiete in beiden Hirnhälften (vgl. Abbildung 37).

Diese Aktivierung der Seepferdchenstruktur spricht dafür, dass

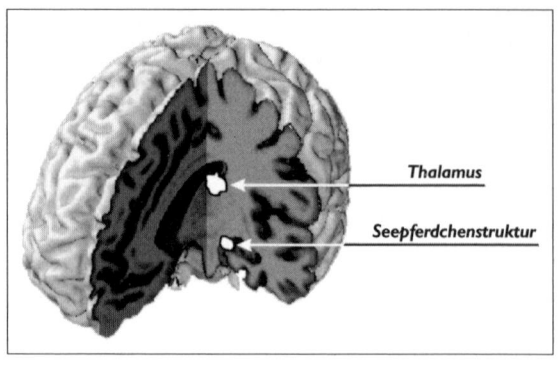

Thalamus

Seepferdchenstruktur

Abb. 37:
Aktivierungen
(weiß) beim
Navigieren

dort tatsächlich eine Art kognitive Karte mit Informationen gespeichert wurde, die über die einfach zu erinnernde Wegstrecke hinausgeht. Noch jüngere Untersuchungen zeigen, dass insbesondere die linke Seepferdchenstruktur (Hippocampus) auch am so genannten *episodischen Gedächtnis* beteiligt ist. Hier merken wir uns Episoden aus unserem Leben. In Bezug auf das Navigationsexperiment könnte dies auch auf die Erinnerung der Versuchsteilnehmer an die konkrete Situation und den konkreten Ort zu einem bestimmten Zeitpunkt im Labyrinth hinweisen. Die ihr benachbarten Strukturen scheinen deshalb eine Rolle zu spielen, weil die Versuchspersonen sich auch gemerkt haben, wann sie links oder rechts abbiegen müssen, um das Ziel zu erreichen.

Unser Fazit

Das alles zeigt uns, dass gleiche wie auch unterschiedliche Hirnstrukturen beim mentalen Drehen und Navigieren aktiviert werden.

Besonders wichtig beim Lösen der beiden Aufgaben scheinen Bereiche des Scheitellappens und des Stirnlappens zu sein. Zum einen wird hier die räumliche Dimension der Figuren bzw. die des Labyrinthes verarbeitet. Zum anderen sind wir in der Lage, uns Bewegungen in Abstimmung mit den räumlichen Informationen vorzustellen bzw. diese zu veranlassen. Dass wir während des Lösens der Aufgaben gemeinsam aktivierte Hirngebiete fanden, bedeutet jedoch nicht, dass das mentale Drehen von dreidimensionalen Figuren nützlich für das Wegefinden in jenem Irrgarten war. Eher das Gegenteil ging aus unseren Tests hervor. Die Personen, die den Weg schnell durch das Labyrinth fanden, waren nicht zwangsläufig gute Rotierer. Demzufolge scheint in unserer Labyrinthaufgabe das gedankliche Drehen nicht unbedingt notwendig zu sein, um eine gute Leistung zu zeigen. Vielleicht wäre diese Fähigkeit sehr hilfreich, wenn man die Versuchspersonen den gleichen Weg vom Ziel wieder zurück zum Ausgangspunkt gehen lassen würde. Man müsste sich den gleichen Weg also aus einer neuen Perspektive vorstellen. Dann könnten die Personen, die im mentalen Drehen von Figuren sehr gute Leistungen zeigen, im Vorteil sein.

Eine Region in unserem Gehirn scheint jedoch ganz speziell beim Orientieren und Navigieren von Bedeutung zu sein, die Seepferdchenstruktur (der Hippocampus). Hier speichern wir nämlich Informationen über eine Umgebung in Form einer kognitiven Karte und rufen diese beim Orientieren auch wieder ab. Obwohl diese Karte beinahe einer Landkarte ähnelt, gibt es den Unterschied, dass solche kognitiven Karten von einer Umgebung durchaus von Person zu Person unterschiedlich sein können. Denn Informationen werden auch aufgrund ihrer persönlichen Bedeutsamkeit bzw. eigener Erfahrungen gemerkt.

Kommen wir nun zurück zu unserer Ausgangsfrage:

Muss man die Landkarte auch im Kopf drehen können?

Aus den Ergebnissen unseres Experimentes geht hervor, dass es für das Navigieren nicht unbedingt von Nutzen ist, ein guter Rotierer zu sein. Bei uns sind auch diejenigen ans Ziel gekommen, die beim gedanklichen Drehen von dreidimensionalen Figuren eher versagten. Aber das lag wohl eher an der Konstruktion unserer Orientierungsaufgabe. Andere Fähigkeiten, wie z. B. ein gutes Gedächtnis oder die Fähigkeit, sich das Labyrinth dreidimensional vorzustellen, kamen den Versuchspersonen viel eher zugute. Diese Fähigkeiten sind unbedingt nötig, um sich in der virtuellen Welt des Labyrinths zurechtzufinden. Das Gedächtnis ist dabei eine hilfreiche Unterstützung, wenn man sich den Weg in einer Folge von Links- und Rechtsabbiegungen gemerkt hat.

Doch erinnern wir uns zurück an den Ausflug von Frank und Andreas in das Frankfurter Bürogebäude. Denken Sie dabei an unsere Erläuterungen, wie wir uns unsere räumliche Umgebung merken. Wer konnte dem ratlosen Besucher besser helfen? Frank mit seiner Überblicksstrategie «schaut» auf seine Karte im Kopf und steht dem Besucher gleich erklärend zur Seite. Andreas, unser Routenstratege, muss ein bisschen länger überlegen, da er sich nur die Abbiegungen nach links oder rechts gemerkt hat. Für den Rückweg muss er jetzt umdenken, denn wo er auf dem Hinweg links abgebogen war, heißt es nun rechts abbiegen. Dennoch kann er Franks Wegbeschreibung bestätigen und an einigen Stellen sogar gut ergänzen.

Um sich in solchen fremden Flurenlabyrinthen orientieren zu können, scheint die Fähigkeit des gedanklichen Drehens sehr hilfreich zu sein. Zum einen ist sie wichtig, um den Ausgang aus dem Gebäude wiederzufinden. Andererseits würde man wahrscheinlich ein anderes Büro in einer anderen Etage viel leichter finden, wenn man sich seine Lage in Gedanken relativ zu dem Büro, in dem man sich gerade befindet, vorstellen kann. Es scheint so, dass der Kontext bzw. die Umgebung, in dem die mentalen Rotationsfähigkeiten von Vorteil sind und andere Fähigkeiten leider versagen, eine entscheidende Rolle spielt.

Ein anderes Beispiel wäre die Orientierung in einer größeren Stadt. Angenommen, unsere Wahl fällt auf Berlin. Sie kennen sich dort nicht sehr gut aus, haben aber einen Stadtplan dabei und wollen den Tag nutzen, um auf Sightseeing-Tour zu gehen. Vor dem ersten Ziel stehen Sie schon – der Fernsehturm. Von dort aus wollen Sie andere Sehenswürdigkeiten erreichen. Der Fernsehturm ist dafür eine gute Landmarke, da er aus fast allen Richtungen gut sichtbar ist. Dennoch bleibt es Ihrer mentalen Drehfähigkeit überlassen, ob Sie zu dem nächsten Ziel auch die *richtige* Richtung einschlagen und so weiter. Im Falle völliger Orientierungslosigkeit bleibt Ihnen aber immer noch die Beschilderung oder die Möglichkeit, einen Berliner einfach nach dem richtigen Weg zu fragen.

Im folgenden Kapitel möchten wir mit Ihnen die in den vorangegangenen Kapiteln schon oft vermuteten unterschiedlichen Lösungsansätze oder Strategien bei unseren räumlichen Aufgaben genauer unter die Lupe nehmen.

7
Nicht besser oder schlechter, sondern anders: verschiedene Strategien beim räumlichen Denken

Alle Wege führen nach Rom, oder: Gleiche Leistungen können auf unterschiedliche Art erbracht werden

Raumvorstellungsleistungen – vom Drehen eines Gegenstandes in der Vorstellung bis hin zur Orientierung anhand eines Stadtplanes – können auf unterschiedliche Art erbracht werden. Dabei gibt es – wie schon in Kapitel 3 vermutet wurde – typische Unterschiede zwischen Männern und Frauen. Wir werden sehen, dass manche Tests des räumlichen Denkens für einige Frauen deswegen schwieriger sind als für Männer, weil die Vorgehensweisen, die diese Frauen bevorzugen, für die Lösung der Testaufgaben nicht optimal geeignet sind. Das muss aber nicht notwendigerweise etwas mit den räumlichen Fähigkeiten dieser Frauen im Alltag zu tun haben.

Betrachten Sie zunächst die drei Würfelpaare in Abbildung 38, die einem typischen Raumvorstellungstest entstammen. Jeder Würfel zeigt auf seinen sechs Seiten sechs unterschiedliche Muster, es kann also kein Muster auf einem Würfel zweimal vorkommen. Ihre Aufgabe ist es, für jedes Paar zu entscheiden, ob es sich um den gleichen Würfel in zwei unterschiedlichen Positionen handeln kann. Versuchen Sie außerdem, sich bei der Lösung der Aufgaben selbst genau zu beobachten: Wie gehen Sie vor?

Bei derartigen Aufgaben zeigen sich oft deutliche Unterschiede in der Vorgehensweise – sowohl zwischen verschiedenen Menschen als auch zwischen den Aufgaben, die ja unterschiedlich schwierig sind. Wir sprechen dabei von «Bearbeitungsstrategien», was nicht bedeuten soll, dass es sich immer um ein bewusst gewähltes, gezieltes Vorgehen handelt. Der Begriff der *Strategien* hat sich in der kognitiven Psychologie eingebürgert, wenn es um unterschiedliche Vorgehensweisen geht, mit denen bestimmte Ziele erreicht werden können.

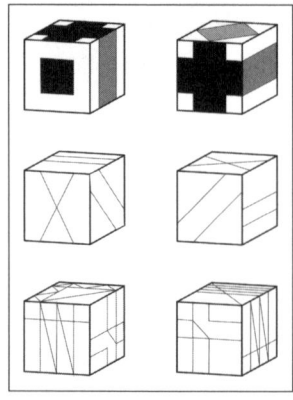

Abb. 38:
Drei Würfelvergleichsaufgaben
mit ansteigender Schwierigkeit

Man kann also eine bestimmte Strategie einsetzen, ohne es überhaupt zu merken.

Eine typische Strategiebeschreibung für das erste, einfachste Würfelpaar lautet: «Die sind gleich, das sieht man doch sofort.» Aufgrund
der einfachen Muster und der Tatsache, dass der linke Würfel nur einmal gekippt werden muss, um in die Position des rechten zu kommen,
ist die Übereinstimmung leicht zu erkennen. Seine Vorgehensweise
beim zweiten Würfelpaar hat ein Jugendlicher so beschrieben: «Ich
stelle mir einfach vor, dass ich den linken Würfel schräg nach oben
drehe, dann sieht man, dass die beiden gleich sind.» Diese Strategie,
das Drehen eines Objektes in der Vorstellung, wird als «mentale Rotation» bezeichnet. Die dritte Aufgabe ist die schwierigste. Eine Stu-
dienteilnehmerin beschrieb ihre Strategie so: «Also die Querlinie auf
diesem Würfel geht zu der Seite, und die auf dem anderen auch, o.k.
Nur ob die Schrägen in die richtige Richtung gehen, weiß ich nicht.
Sie schauen aber unten von dem anderen weg – ich glaube, sie sind
gleich.» Anstatt den Würfel in der Vorstellung zu drehen, hat sie die
Lage der einzelnen Muster auf den Würfelseiten zueinander verglichen. Die genannten Zitate stellen jeweils eine häufig angewandte
Strategie dar, es wird jedoch bei jeder Aufgabe ein breites Spektrum
unterschiedlicher Strategien eingesetzt.

Ein anderer Bereich, in dem Menschen sich in ihren Strategien
stark voneinander unterscheiden, ist jener der Orientierung bzw. der
Navigation in realen Umgebungen (vgl. auch Kapitel 9). Im vorangegangenen Kapitel berichteten wir von den verschiedenen Möglichkeiten, sich eine Karte einzuprägen. Stellen Sie sich nun vor, Sie sollen in

einer fremden Stadt mit dem Leihwagen vom Flughafen zur Ferienwohnung von Freunden fahren. Wie würden Sie vorgehen? Kreuzen Sie in der folgenden Tabelle an, wie typisch jede der genannten Strategien für Sie ist (Tabelle 1).

Tab. 1: Fragebogen zu Orientierungsstrategien

	gar nicht typisch				sehr typisch
Ich lasse mir den Weg in Form einer Abfolge von wichtigen Punkten beschreiben (z. B. «Bei der dritten Ampel links, bei der Kirche rechts»). A	1	2	3	4	5
Ich achte darauf, in welche Himmelsrichtung ich fahre. V	1	2	3	4	5
Ich merke mir auffällige Punkte (z. B. Gebäude, Denkmäler), an denen ich vorbeikomme. A	1	2	3	4	5
Ich weiß immer ungefähr, in welcher Richtung mein Ausgangspunkt liegt. V	1	2	3	4	5
Ich präge mir die Punkte ein, bei denen ich meine Richtung ändern muss. A	1	2	3	4	5
Ich stelle mir eine Landkarte der Umgebung vor, während ich fahre. V	1	2	3	4	5
Ich rufe von unterwegs meine Freunde an und lasse mir erklären, wie ich weiterfahren muss. A	1	2	3	4	5
Ich achte darauf, in welche Richtung ich mich im Verhältnis zur Sonne/zum Mond bewege. V	1	2	3	4	5

Die in der Tabelle beschriebenen Strategien lassen sich in zwei Gruppen einteilen. Einerseits gibt es Strategien, bei denen man stark sein räumliches Denken einsetzt (z. B. Nutzung von Himmelsrichtungen; Vorstellen einer Landkarte; Wissen, in welcher Richtung der Ausgangspunkt liegt). Andererseits gibt es Strategien, die mit wenig oder gar keinem räumlichen Denken auskommen. Wenn man sich beispielsweise den Weg als eine Abfolge von markanten Punkten merkt, bei denen man jeweils links oder rechts abbiegen muss, dann braucht man dazu – außer dem Wissen, wo links und rechts sind – kein räumliches Denken. Das Gleiche gilt natürlich für die Strategie, sich unterwegs per Handy den Weg sagen zu lassen. In der Tabelle sind die Strategien, die viel räumliches Denken erfordern, mit V markiert, jene, die mit wenig räumlichem Denken auskommen, mit A. Indem Sie die Summe Ihrer Ankreuzungen für die beiden Strategietypen ausrechnen, können Sie für sich auszählen, welchen Strategietyp Sie bevorzugen.

Die Strategien bei den «Würfelvergleichsaufgaben» und jene bei der Autofahrt durch die fremde Stadt haben etwas gemeinsam: Es lassen sich Strategien unterscheiden, bei denen stark mit visuell-räumlicher Vorstellung gearbeitet wird – die Würfel in der Vorstellung drehen, sich den Stadtplan vorstellen –, und solche, bei denen die räumliche Vorstellung keine so große Rolle spielt – die Muster auf den Würfeln einzeln vergleichen, sich die Fahrtstrecke als eine Abfolge von wichtigen Punkten einprägen. Diese beiden Kategorien finden sich bei den unterschiedlichsten Leistungen im Raumvorstellungsbereich immer wieder. Wir sprechen von *visualisierenden Strategien*, wenn räumliches Denken in hohem Maße eingesetzt wird. Bei diesen Strategien werden im Allgemeinen Vorstellungsbilder benutzt und in der Vorstellung verändert (z. B. wenn man die Würfel in der Vorstellung dreht oder sich die eigene Position auf einer Landkarte vorstellt). *Analytische Strategien* sind solche, bei denen räumliche Information größtenteils in nichträumlicher Form bearbeitet wird. Diese Strategien werden oft auch als verbale Strategien bezeichnet, weil die räumliche Information häufig in verbaler anstatt in räumlicher Form im Gedächtnis gespeichert wird (siehe dazu auch Kapitel 3 und 6).

In der Realität wird selten ausschließlich eine dieser beiden Strategien angewandt. Häufig gibt es Mischformen, oder eine Strategie wird zur Überprüfung der anderen eingesetzt. Es gibt auch Strategien, die zwischen den beiden Formen liegen, etwa wenn bei den Würfelvergleichen kleinere Teile des Würfels (z. B. immer nur ein Muster) in der Vorstellung gedreht werden. Ob man bei einer gegebenen Aufgabenstellung eine analytische oder visuelle Strategie anwendet, hängt nicht nur davon ab, was für ein Typ man ist, sondern auch von der Schwierigkeit der Aufgabe. Bei leichten Aufgaben (wie der ersten der drei Würfelaufgaben) wenden die meisten Menschen visualisierende Strategien an. Bei sehr schwierigen Aufgaben (wie der dritten Würfelaufgabe) benutzen viele Menschen analytische Strategien. Analytische Strategien sind also bis zu einem gewissen Grad eine «Ausweichmöglichkeit», wenn die räumliche Information oder die erforderliche Bearbeitung dieser Information zu komplex wird.

Denken Männer wirklich anders?

Was hat das alles nun mit Männern und Frauen zu tun? Ein besonders interessantes Ergebnis der Forschung zu den unterschiedlichen Strategien bei Raumvorstellungsaufgaben ist, dass Männer und Frauen die beiden Strategien unterschiedlich häufig anwenden. Wichtig ist dabei, dass es sich – wie wir im Folgenden immer wieder betonen werden – um *statistische Unterschiede* handelt. Das heißt, im Durchschnitt wenden Frauen bestimmte Strategien öfter, andere dagegen seltener an als Männer. Diese Ergebnisse gelten natürlich nicht für jede Einzelne und jeden Einzelnen von uns. Viele Frauen wenden eben auch «typisch männliche» Strategien an, und umgekehrt.

Strategien von Männern und Frauen bei Raumvorstellungstests

Unterschiedliche Strategien bei der Bearbeitung von psychologischen Tests, die Raumvorstellungsfähigkeiten messen sollen, haben schon viele Testentwickler beunruhigt. Und sie haben sich die Frage gestellt: Wenn verschiedene Personen die Aufgaben des Tests auf unterschiedliche Art lösen, misst der Test dann bei diesen Personen unterschiedliche Fähigkeiten? Tatsächlich haben Studien schon in der Frühphase der Entwicklung psychologischer Tests (im ersten Drittel des 20. Jahrhunderts) gezeigt, dass die Raumvorstellungsleistung von Personen, die analytische Strategien anwenden, stärker mit den verbalen Fähigkeiten zusammenhängt als die von Personen, die visualisieren. So könnte man für manche Raumvorstellungstests sagen, dass sie bei Männern tatsächlich etwas andere Fähigkeiten messen als bei Frauen.

In einer unserer Studien beobachteten die TeilnehmerInnen sich bei der Bearbeitung von Raumvorstellungsaufgaben selbst und kreuzten nach jeder Aufgabe in einem Fragebogen an, welche Strategien sie angewandt hatten. Hier zeigte sich, dass Männer und Frauen bei zwei verschiedenen Tests – statistisch gesehen – unterschiedliche Strategien anwandten. Der eine Test war ein Würfelvergleichstest (vgl. Abbildung 38), der zweite war der so genannte Landkartentest (vgl. Abbildung 39).

Die visualisierende Strategie beim Landkartentest besteht darin, die Landkarte oder die Ansicht der Stadt im Geiste so zu drehen, dass man

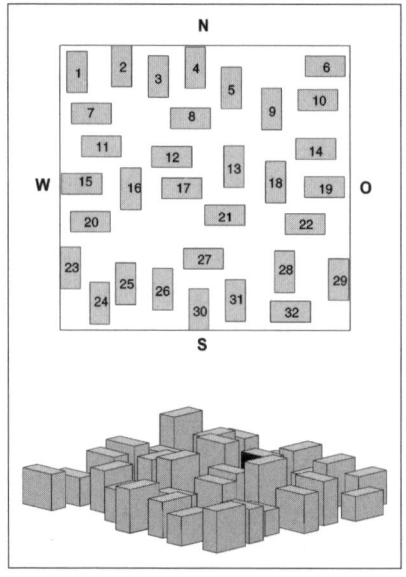

Abb. 39: Beispielaufgabe aus dem «Landkartentest». Jede Aufgabe besteht aus einem «Stadtplan» (oben) und einer Ansicht derselben Stadt (unten), wobei Plan und Ansicht zueinander verdreht sein können. Finden Sie das in der Ansicht schwarz markierte Gebäude im Plan, und geben Sie seine Nummer und die Richtung an, in der die dunkel eingefärbte Wand liegt!

die beiden in Deckung miteinander bringt. Die analytische Strategie besteht darin, sich in Landkarte und Ansicht einen markanten Punkt zu suchen und sich von diesem Punkt aus zum gesuchten Haus «hinzutasten», indem man ständig zwischen Landkarte und Ansicht hin- und herblickt.

Abbildung 40 zeigt die Häufigkeit visualisierender und analytischer Strategien beim Landkartentest und bei Würfelvergleichsaufgaben, getrennt für Männer und Frauen. Wie diese Abbildung zeigt, fanden sich tatsächlich bei beiden Testarten Geschlechtsunterschiede in der Häufigkeit, mit der analytische und visualisierende Strategien angewandt wurden. Männer wenden öfter rein visualisierende Strategien an als Frauen. Frauen verwenden öfter als Männer nur analytische oder analytische und visualisierende Strategien – darauf haben ja auch schon die Ergebnisse zur Gehirnaktivierung in Kapitel 3 hingedeutet. Auch in Kapitel 3 wurde dem aber gleich hinzugefügt, dass die Unterschiede zwischen Männern und Frauen sehr gering sind – und das zeigt sich ebenfalls deutlich in Abbildung 40.

Es gibt viel größere Unterschiede zwischen den beiden Tests als in den angewandten Strategien: Beim Würfelvergleichstest ist die Visualisierung – allein oder in Kombination mit analytischen Strategien – eindeutig die dominierende Strategie; sie wird unabhängig vom Ge-

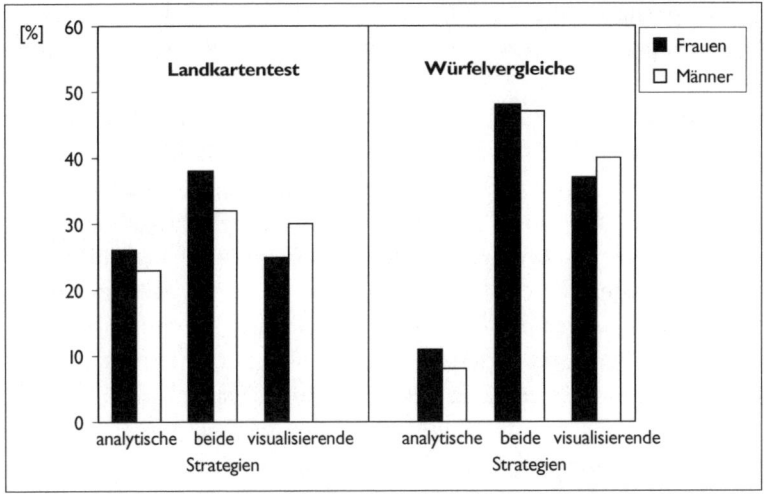

Abb. 40: Prozentsätze der Männer und Frauen, die bei zwei verschiedenen Raumvorstellungstests entweder analytische oder visualisierende Strategien oder beides verwendeten.

schlecht von fast 90 Prozent aller Studienteilnehmer angewandt. Beim Landkartentest gehen immerhin über 20 Prozent rein analytisch vor.

Strategien von Männern und Frauen bei der Orientierung und Navigation in der alltäglichen Umwelt

Die Frage, welche Strategien Menschen bei Orientierung und Navigation in realen Umgebungen verwenden, wird derzeit intensiv untersucht. Hier haben viele Studien Geschlechtsunterschiede nachgewiesen. Eine typische und vielfach variierte Methode, dies zu erfassen, besteht darin, den Studienteilnehmern Landkarten vorzulegen und sie Wege aus diesen Landkarten beschreiben zu lassen. Frauen benutzen bei ihren Wegbeschreibungen häufiger so genannte *Landmarken* (vgl. Kapitel 6), also markante Punkte, an denen man sich orientieren kann. Lisa würde Ihnen vielleicht den Weg so beschreiben: «Biegen Sie bei der Kirche links ab, und gehen Sie bis zum großen Supermarkt. Dann nehmen Sie die zweite Querstraße rechts.» Männer dagegen verwenden häufiger so genannte *euklidische Informationen*, also etwa Entfernungsschätzungen und Himmelsrichtungen. Frank würde es so sagen: «Biegen Sie nach zwei Kilometern nach Norden ab, und halten Sie sich dann östlich.» Diese Ergebnisse sind in vielen Studien gefunden worden. Gleichzeitig dürfen wir nicht vergessen, dass diese Unterschiede zwar statistisch signifikant (also mit großer Wahrscheinlichkeit nicht nur durch Zufall zustande gekommen), aber nicht groß genug sind, um wirklich für die meisten Einzelfälle zu gelten.

In anderen Studien wurden Strategiefragebögen – ähnlich dem Kurzfragebogen weiter oben (Tabelle 1) – verwendet. Männer berichteten dabei häufiger als Frauen über so genannte *Überblicksstrategien* (Benutzung von Landkarten, Himmelsrichtungen, Orientierung relativ zu bestimmten zentralen Bezugspunkten). Frauen gaben öfter als Männer an, so genannte *Routenstrategien* (verbale Beschreibungen mit Schwerpunkt auf Links-/Rechtsabbiegen und der Anzahl von Straßen, Orientierung an Landmarken) zu verwenden (vgl. auch Kapitel 6).

Ein dritter Typ von Studien untersuchte in wirklichen oder am Computer simulierten (*virtual reality*) Umgebungen, welche Informationen Männer und Frauen bei der Orientierung tatsächlich benutzen. Eine solche Studie wird in Kapitel 10 beschrieben. Lässt man Versuchspersonen beispielsweise ein Labyrinth (real oder als *virtual reality*) durchlaufen und fragt sie anschließend, in welcher Richtung der Ausgangspunkt liegt, dann schneiden Männer im Durchschnitt wesentlich besser ab als Frauen. Dies liegt daran, dass mehr Männer als Frauen sich während des Durchlaufens ständig die Richtung des Ausgangspunktes in Erinnerung rufen. Zumindest eine Studie der Wissenschaftlerin Maryann Baenninger aus dem Jahr 1997 hat jedoch gezeigt, dass Frauen bei dieser Aufgabenstellung ebenso gut wie Männer abschneiden, wenn man ihnen vorher sagt, dass sie ständig darauf achten sollen, wo der Ausgangspunkt liegt. Das spricht dafür, dass Frauen bei dieser Aufgabe nicht deshalb schlechter abschneiden als Männer, weil sie eben nicht so gut räumlich denken können, sondern deshalb, weil sie weniger Aufmerksamkeit auf die räumlichen Gegebenheiten ihrer Umgebung richten.

Geschlechtsunterschiede in Tests,
aber nicht in der Realität

Wir haben gezeigt, dass Frauen – sowohl bei Raumvorstellungstests als auch in der Realität – häufiger als Männer analytisch vorgehen und dass Männer häufiger als Frauen visualisieren. Diese Unterschiede in der Vorgehensweise bedeuten jedoch nicht, dass Frauen im räumlichen Denken «schlechter» als Männer sind. Der Bereich der alltäglichen Orientierung verdeutlicht dies: Sowohl Frauen als auch Männer finden sich im Allgemeinen sowohl in vertrauten als auch in neuen Umgebungen sehr gut zurecht. Manche benutzen dazu einen Stadtplan, andere lassen sich den Weg verbal beschreiben oder orientieren sich an der Sonne. Unsere heutige Welt ist (mit Wegweisern, Straßenschildern, hilfreichen Passanten, Stadtplänen usw.) so eingerichtet, dass alle Strategien meistens zum Ziel führen.

Anders ist es bei manchen Raumvorstellungstests. Bei den beiden Tests, die in unserer eigenen Studie aus dem Jahr 1999 verwendet wurden, lösten Frauen im Durchschnitt genauso viele Aufgaben richtig wie Männer. Es gibt jedoch viele verschiedene Raumvorstellungstests. In den meisten davon finden sich heutzutage (im Gegensatz zu früher) keine Geschlechtsunterschiede mehr. In manchen Tests aber schneiden Frauen auch heute noch im Durchschnitt schlechter ab als Männer. Die Tests, bei denen sich diese Geschlechtsunterschiede oft zeigen, weisen fast alle mindestens zwei der folgenden drei Eigenschaften auf:
• Sie sind am effizientesten durch mentale Rotation zu lösen, also durch das gedankliche Drehen von Gegenständen.
• Sie werden unter starkem Zeitdruck vorgegeben.
• Sie werden in einem Format vorgegeben, bei dem eine oder zwei richtige Lösungen aus mehreren Alternativen auszuwählen sind.

Das Paradebeispiel für diese Art von Test ist der so genannte *Mentale Rotations-Test*. Abbildung 41 zeigt eine Aufgabe aus diesem Test.

Warum schneiden Frauen bei solchen Tests schlechter ab? Tests, bei denen mentale Rotation die effizienteste Strategie ist, sind zwar durchaus auch durch andere Strategien zu lösen. Beim *Mentalen Rotations-Test* kann man sich beispielsweise eine Figur als eine Abfolge von kleinen Würfeln (nach oben, unten, links oder rechts) einprägen und dann prüfen, ob die anderen Figuren die gleiche Abfolge aufwei-

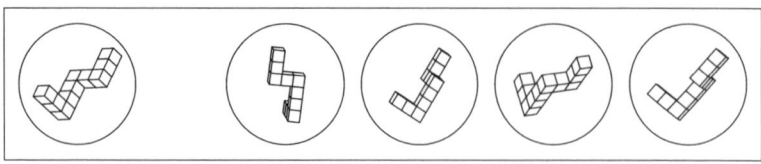

Abb. 41: Eine Aufgabe aus dem *Mentalen Rotations-Test*
Zwei der vier Figuren auf der rechten Seite sind identisch mit der Figur auf der
linken Seite. Die anderen beiden Figuren sehen nicht genauso aus: Sie sind
Spiegelbilder der linken Figur. Die Aufgabe besteht darin, die beiden identischen Figuren zu finden. Insgesamt sind 12 solcher Aufgaben in 3 Minuten zu
lösen.

sen. Diese anderen Strategien sind aber nicht unbedingt einfach und
dauern meistens länger als die mentale Rotation. Die meisten Menschen beiderlei Geschlechts verwenden daher das gedankliche Drehen.
Nun haben Frauen im Durchschnitt – weil sie diese Strategie seltener
spontan anwenden – jedoch weniger Übung mit dieser mentaler Rotation als Männer. Darüber hinaus zeigen einige Studien, dass Frauen
(wiederum im Durchschnitt) weniger Selbstvertrauen in Bezug auf
ihre räumliche Denkfähigkeit haben als Männer (vgl. Kapitel 9 und
12). Daher werden Frauen häufiger als Männer bei solchen Aufgaben
eher langsam vorgehen und die Ergebnisse ihrer gedanklichen Dre-
hungen nochmals überprüfen. Dies benachteiligt sie natürlich vor
allem dann, wenn der Test unter starkem Zeitdruck zu lösen ist, was
beim *Mentalen Rotations-Test* der Fall ist. Im Kapitel 8 wird Ihnen
dieser Test noch genauer vorgestellt.

Hinzu kommt, dass das Aufgabenformat des *Mentalen Rotations-
Tests* für diese Vorgehensweise ungünstig ist: Bei jeder Aufgabe sind
zwei «richtige» aus den vier Figuren auszuwählen. Wenn man daher
am Schluss einer Aufgabe feststellt, dass man z. B. nur eine oder
gleich drei Figuren als «richtig» eingeschätzt hat, muss man alle Figuren nochmals überprüfen. Das heißt, die Entscheidung für zwei aus
vier möglichen Figuren nimmt mehr Zeit in Anspruch als vier einzelne Entscheidungen. Menschen mit wenig Selbstvertrauen bezüglich
ihrer räumlichen Fähigkeiten – und das sind öfter Frauen als Männer
– zweifeln häufiger als andere an einzelnen Entscheidungen und fangen dann an, alle vier Figuren nochmals zu überprüfen. Dadurch
schneiden sie dann wegen des Zeitdrucks schlechter ab als andere –
was nicht bedeutet, dass sie in der Fähigkeit zur mentalen Rotation
wirklich schlechter sind: Gibt man die Aufgaben des *Mentalen Rota-*

tions-Tests ohne Zeitdruck vor, dann schneiden Frauen genauso gut oder fast so gut ab wie Männer (vgl. auch Kapitel 8).

Mit all dem wollen wir zeigen, dass Geschlechtsunterschiede in Raumvorstellungstests nicht notwendigerweise bedeuten, dass Frauen und Männer wirklich unterschiedlich gut im räumlichen Denken sind. In Tests, deren Aufgaben mit vielen verschiedenen Strategien gleich gut gelöst werden können, schneiden Männer und Frauen auch meistens gleich gut ab. Sie lösen die Aufgaben vielleicht (im Durchschnitt) auf etwas unterschiedliche Art, aber sie lösen sie gleich gut oder gleich schlecht. Nur in Tests, die ganz bestimmte Strategien verlangen, weil andere Strategien ineffizient sind oder zu lange brauchen, ist jene Gruppe naturgemäß im Vorteil, die diese Strategien besser beherrscht. Interessanterweise wird gerade der *Mentale Rotations-Test* in sehr vielen Studien verwendet, unter anderem wohl gerade weil er so starke Geschlechtsunterschiede ergibt. Wahrscheinlich wird dieser Test auch deshalb so gern eingesetzt, weil auch WissenschaftlerInnen die typischen Vorurteile zu den Fähigkeiten von Männern und Frauen haben.

Resümee und offene Fragen: Die zugrunde liegenden Ursachen bleiben unklar

Was sagen uns nun all diese Ergebnisse? Erstens: Statistisch betrachtet, unterscheiden sich Männer und Frauen darin, *wie* sie verschiedenste Leistungen des räumlichen Denkens erbringen – seien es die Aufgaben von Raumvorstellungstests oder alltägliche Orientierungsleistungen. Männer verwenden etwas häufiger als Frauen visualisierende Strategien und Frauen etwas häufiger als Männer analytische Strategien. Abbildung 42 zeigt Ihnen beispielsweise, wie Lisa und Frank eine solche Aufgabe lösen würden. Zweitens: Diese Unterschiede sind keineswegs ausgeprägt genug, um daraus Vorhersagen über das Verhalten von Einzelpersonen abzuleiten. Also sollte keinesfalls von dem von Allan und Barbara Pease beschriebenen Ehepaar ausgegangen werden, wo «Ruth während einer Autofahrt aus lauter Wut ihrem Mann Ray die Straßenkarte an den Kopf wirft». Diese Szenen mögen Ihnen zwar bekannt vorkommen, aber wie Sie anhand unserer Studien gesehen haben, darf man daraus im Gegensatz zu Allan und Barbara Pease *keineswegs* leichtfertig schließen, dass «zirka neunzig Prozent aller Frauen ein beschränktes räumliches Vorstellungsvermö-

Abb. 42: Orientierungsstrategien von Frauen und Männern. Frank würde die Figur wahrscheinlich so drehen: «Ich vergleiche die linke Figur mit der rechten und drehe sie so lange, bis sie mit der rechten übereinstimmt.» Lisa macht das anders: «Ich schaue mir erst den oberen rechten Würfel der linken Figur an und vergleiche diesen mit demselben Würfel der rechten Figur. Dann schaue ich mir den linken unteren Würfel an … und erkenne, dass beide Figuren gleich sind.»

gen haben». Drittens: Das schlechtere Abschneiden von Frauen in manchen Raumvorstellungstests lässt sich zumindest teilweise durch ihre Strategien erklären. Und das wurde von den Peases in ihrem Buch absolut vernachlässigt.

Falls Sie den Eindruck hatten, dass die hier berichteten Ergebnisse eine überzeugende und ausreichende Erklärung dafür sind, warum Frauen bei manchen Raumvorstellungstests und vielleicht auch beim Einparken schlechter abschneiden als Männer, müssen wir Ihre Freude etwas dämpfen: Eine wirklich grundlegende Erklärung des Phänomens der Geschlechtsunterschiede im räumlichen Denken bieten die Strategien nicht. Die Frage ist nur auf eine andere Ebene verlagert worden: Sie lautet jetzt nicht mehr «Warum schneiden Frauen bei vielen Raumvorstellungsaufgaben schlechter ab als Männer?», sondern «Warum wenden Frauen bei vielen Raumvorstellungsaufgaben andere Strategien an als Männer?» Auch diese Frage ist noch weitgehend ungeklärt. Insbesondere sind hier die Einflüsse von Übung und Erfahrung von Interesse. Dass Jungen nach wie vor gerade in Bezug auf raumvorstel-

110

lungsfördernde Erfahrungen anders aufwachsen als Mädchen, belegen viele Studien (vgl. dazu Kapitel 5).

Wenn man mehr Erfahrung hat, heißt das allerdings noch lange nicht, dass man automatisch die besseren Strategien (Visualisierungsstrategien) anwendet. In einer eigenen Studie haben wir die Leistung in Raumvorstellungstests und die darin angewandten Lösungsstrategien untersucht. Zusätzlich haben wir unsere Versuchspersonen gefragt, inwiefern sie bereits Erfahrungen mit Aktivitäten gemacht haben, die förderlich für das räumliche Denken sind (bestimmte Sportarten, wie Fußball oder Tennis, und Hobbys, wie mit der Modelleisenbahn spielen oder Elektronikbasteleien machen). Wir fanden einen vom Geschlecht abhängigen Zusammenhang zwischen der Anzahl, wie oft jemand bestimmte Aktivitäten ausübt, und den Strategien bei der Lösung der Aufgaben. Das heißt, dass die männlichen Befragten mit der meisten Erfahrung auch am häufigsten Visualisierungsstrategien anwandten. Bei den weiblichen Teilnehmern zeigte sich jedoch ein anderes Bild: Je mehr Erfahrungen die Frauen hatten, umso häufiger wandten sie die analytische Strategie an. Ebenso wie die Unterschiede zwischen Männern und Frauen in der Strategieanwendung waren auch diese statistischen Zusammenhänge nicht sehr stark. Aber sie sind doch interessant: Wenn die Zusammenhänge bei Frauen und Männern die gleichen wären, dann müsste Lisa mit steigender Erfahrung stärker die Visualisierungsstrategie anwenden. Aber es ist genau andersherum. Lisa bevorzugt die analytische Strategie, und das umso mehr, je mehr Erfahrung sie mit räumlichen Aktivitäten hat.

Dieses Ergebnis deutet darauf hin, dass Mädchen vielleicht aufgrund angeborener, vielleicht auch anerzogener Neigungen andere raumvorstellungsbezogene Aktivitäten (etwa andere Sportarten, andere Hobbys) als Jungen wählen. Mädchen und Jungen üben bei diesen Aktivitäten dann auf unterschiedliche Art und Weise, mit räumlicher Information umzugehen. Dadurch wird ihre Tendenz zu unterschiedlichen Strategien verstärkt. Im Kapitel 11 werden Sie z. B. erfahren, ob die Beschäftigung mit Computerspielen für unser räumliches Vorstellungsvermögen gut sein kann.

Nun aber zum *Mentalen Rotations-Test*, von dem schon so oft gesprochen wurde. Im folgenden Kapitel wollen wir Ihnen diesen Test genauer vorstellen. Woran liegt es, dass Frauen und Männer in genau diesem Test so unterschiedlich abschneiden? Inwiefern spielen dabei unterschiedliche Lösungsstrategien eine Rolle?

8
Verwenden Frauen und Männer
beim «mentalen Rotieren» unterschiedliche Tricks?

Der Mentale Rotations-Test

Die Fähigkeit, zwei- oder dreidimensionale Gegenstände und Körper vor dem geistigen Auge – also gedanklich – drehen zu können, ist eine spezifische Form des räumlichen Vorstellens und wird wissenschaftlich als «mentale Rotation» bezeichnet. Es ist dabei vollkommen gleich, was gedreht wird. Bei den zu drehenden Gegenständen kann es sich um einfache Zahlen oder Buchstaben, um ganz konkrete Gegenstände des täglichen Lebens oder um komplizierter zusammengesetzte Figuren handeln (siehe auch die Kapitel 3, 6 und 7).

Ein vielfach verwendeter Test, um die Fähigkeit zur Rotation dreidimensionaler Objekte zu erfassen, ist, wie schon mehrfach erwähnt, der so genannte *Mentale Rotations-Test* (MRT) von den Forschern Steven G. Vandenberg und Allan R. Kuse aus dem Jahr 1978. Die Wissenschaftler Michael Peters und Kollegen haben den Test 1995 überarbeitet. Diese Version wird von uns genutzt. In Abbildung 43 sehen Sie eine Aufgabe aus dem MRT. Bei diesem Test müssen etwas komplizierter zusammengesetzte, dreidimensional dargestellte Würfelfiguren gedanklich gedreht werden. Die Testpersonen sollen bei jeder der insgesamt 24 Aufgaben eine links vorgegebene Zielfigur mit den übrigen vier Figuren auf der rechten Seite (Alternativen A–D) vergleichen. Ihre Aufgabe ist es, anzukreuzen, welche der vier Figuren auf der rechten Seite mit der Zielfigur identisch sind. Bei jeder Aufgabe stimmen genau zwei der vier Figuren mit der Zielfigur überein.

   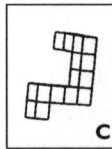 

Zielfigur   A   B   C   D

Abb. 43: Beispielaufgabe aus dem *Mentalen Rotations-Test*

Versuchen Sie einmal, die Beispielaufgabe zu lösen! Welche zwei der insgesamt vier Alternativfiguren rechts stimmen mit der Figur auf der linken Seite überein, A, B, C oder D? Vermutlich wird Ihr Gehirn auf der Suche nach den korrekten Lösungen jede der Alternativfiguren gedanklich drehen und dabei überprüfen, ob sie sich durch Drehung in die Zielfigur überführen lassen. Wenn Sie die Alternativen A und C für die richtigen Lösungen halten, hat Ihr Gehirn «richtig» rotiert. Die Figuren B und D können Sie – sosehr Sie sich auch anstrengen – nicht durch Drehung in die Zielfigur überführen. Wie Sie sehen, sind Aufgaben zur mentalen Rotation gar nicht so einfach, da die Figuren alle recht ähnlich aussehen und Ihr Gehirn ganz schön arbeiten muss. Das hat damit zu tun, dass die falschen Alternativfiguren (in diesem Fall B und D) *Spiegelungen* der Zielfigur an der vertikalen Achse sind. Beim *Mentalen Rotations-Test* kommt als zusätzliche Schwierigkeit hinzu, dass der Test *zeitbegrenzt* ist. Das bedeutet, dass die Testpersonen für die Bearbeitung der insgesamt 24 Testaufgaben nicht beliebig viel Zeit zur Verfügung haben. Die Testbearbeitung erfolgt in zwei Testhälften von je zwölf Testaufgaben. Jede Testhälfte muss von den Teilnehmern in drei Minuten bearbeitet werden. Zwischen den beiden Testungen können sich die Testpersonen zwei Minuten ausruhen.

Allerdings sind nicht alle Aufgaben genauso schwierig wie die eben genannte Beispielaufgabe. Manche Aufgaben sind etwas leichter. In der Abbildung 44 sehen Sie eine davon. Testen Sie sich wieder selbst:

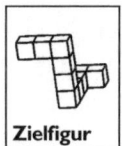 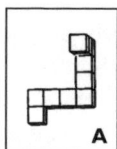  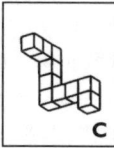 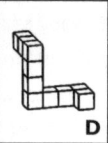

Zielfigur **A** **B** **C** **D**

Abb. 44: Eine etwas leichtere Aufgabe des *Mentalen Rotations-Tests*

Wenn Sie diesmal die Figuren B und D angekreuzt haben, haben Sie die richtige Lösung gefunden. Möglicherweise sind Sie bei dieser Aufgabe schneller auf sie gestoßen als bei der ersten Aufgabe. Das könnte daran liegen, dass Sie bei der zweiten Aufgabe durch genaues Hinsehen die Alternativen A und C von vornherein als Lösungen ausschließen konnten, da diese Figuren etwas anders zusammengesetzt sind als die Zielfigur (der, von unten gesehen, erste Würfel der Figur zeigt bei der Zielfigur zur Seite, während er bei den falschen Alternativfiguren A und C nach unten zeigt). Im Gegensatz zu der Beispielaufgabe in Abbildung 43 handelt es sich bei den falschen Alternativfiguren A und C in Abbildung 44 also *nicht* um Spiegelungen der Zielfigur, was die Lösung etwas erleichtert, da man die richtigen Lösungen auch ohne «mentale Rotation» finden kann. Im MRT sind somit nicht alle Aufgaben gleich schwer. Die Schwierigkeit der Aufgabe hängt offensichtlich auch davon ab, welche «Rotationsleistung» in die Lösung investiert werden muss. Einige Lösungen können auch durch einfaches Vergleichen *ohne* Rotation gefunden werden. Wir können also im MRT zwischen zwei Aufgabentypen unterscheiden, nämlich:

1. «echten» Rotationsaufgaben wie in Abbildung 43 dargestellt, die zur Lösung unbedingt mentale Rotation erfordern, und
2. «Vergleichsaufgaben», die ohne mentale Rotation lösbar sind (siehe Abbildung 44).

Was ist nun das Bemerkenswerte an Aufgaben zur mentalen Rotation dreidimensionaler Figuren? Bisher haben in fast allen Untersuchungen mit derartigen Tests männliche Testpersonen durchschnittlich besser abgeschnitten als weibliche. So werden von Männern im *Mentalen Rotations-Test* im Durchschnitt etwa drei bis vier Punkte mehr erzielt, was relativ viel ist.

Geschlechtsunterschiede in unserer Untersuchung

In einer Untersuchung mit insgesamt mehr als 1600 deutschen Schülerinnen und Schülern, Studentinnen und Studenten sowie anderen Freiwilligen haben wir den Geschlechtsunterschied im MRT in verschiedenen Gruppen untersucht. Dabei fanden wir heraus, dass es keine Rolle spielt, ob man Schüler, Studenten oder sonstige Personengruppen testet. Männliche Testpersonen sind weiblichen beim mentalen Rotieren im Durchschnitt stets überlegen. So können Sie in Abbildung 45 erkennen, dass der Geschlechtsunterschied in verschiedenen Gruppen gleichermaßen deutlich auftritt. Es zeigte sich auch, dass die Unterschiede zwischen den Geschlechtern ab etwa dem elften Lebensjahr in jeder Altersstufe nachgewiesen werden können – immer zum Vorteil der männlichen Teilnehmer.

Allerdings können Sie in dem Diagramm in Abbildung 45 auch erkennen, dass der Unterschied zwischen den Geschlechtern zwar deut-

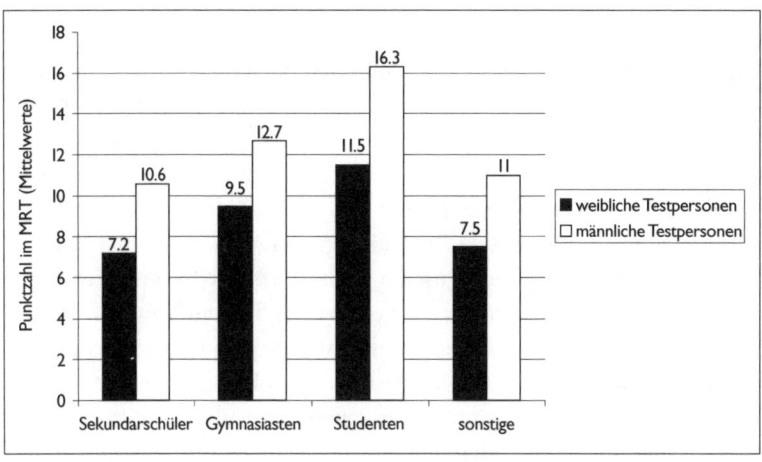

Abb. 45: Geschlechtsunterschiede im MRT in verschiedenen Gruppen

lich ist, weibliche Testpersonen im Test aber auch nicht *extrem* schlecht abschneiden. Diesen Sachverhalt möchten wir Ihnen mit Hilfe der folgenden Abbildung verdeutlichen.

In Abbildung 46 sind die Leistungen weiblicher und männlicher Testpersonen in einem so genannten *Histogramm* dargestellt. Die *schwarzen Balken* zeigen das Leistungsspektrum der weiblichen Teil-

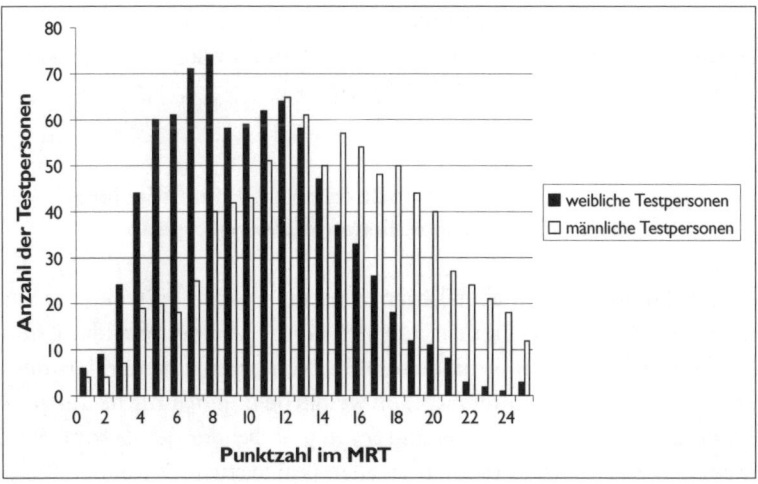

Abb. 46: Darstellung des Überschneidungsbereiches der Leistungen im MRT von Männern (weiße Balken) und Frauen (schwarze Balken)

115

nehmer, während die *weißen Balken* den Leistungsbereich der männlichen Untersuchungsteilnehmer abbilden. Sie können erkennen, dass es einen großen Überschneidungsbereich der Leistungen von männlichen und weiblichen Personen gibt. In diesem Überschneidungsbereich sind die Leistungen der beiden Geschlechtsgruppen durchaus vergleichbar. Das heißt, ein großer Teil der weiblichen Testpersonen erzielt ebenso gute mentale Rotationsleistungen wie die männlichen. So unterscheiden sich die Gruppen im Bereich durchschnittlich guter Testleistungen (zwischen 11 und 13 erreichte Testpunkte) kaum. Weiterhin sehen Sie, dass es auch weibliche Testpersonen gibt, die weit überdurchschnittliche Rotationsleistungen bis hin zur maximalen Punktzahl von 24 erbringen. Und es existieren andererseits auch nicht wenige männliche Personen, die deutlich schlechtere Leistungen zeigen als der Durchschnitt der weiblichen. Das Diagramm zeigt also deutlich, dass uns Allan und Barbara Pease zu Unrecht weismachen wollen, «*alle* Männer seien in Bezug auf räumliches Denken und Vorstellen von der Natur perfekt ausgestattet, während *alle* Frauen räumlich von natürlicher Unfähigkeit» seien. Dieses «Schwarz-Weiß-Denken» trifft nicht zu, wie Sie durch den Überschneidungsbereich der Leistungen in Abbildung 46 erkennen können. Richtig ist vielmehr, dass sich Unterschiede zugunsten männlicher Testpersonen ergeben, wenn man die *Durchschnittswerte* (Mittelwerte) beider Gruppen vergleicht. Das liegt daran, dass sich im oberen Leistungsbereich (mehr als 13 Punkte) deutlich mehr männliche Personen finden, während im Bereich schwächerer Leistungen ein höherer Prozentsatz an weiblichen Testpersonen zu verzeichnen ist.

Von «Richtiglösern», «Nichtlösern» und den «Faulen» – die fünf unterschiedlichen «Lösungstypen»

Woran könnte es nun aber liegen, dass im Durchschnitt die Frauen (bzw. Mädchen) schlechter abschneiden als die Männer (bzw. Jungen)? Zu dieser Frage finden Sie in diesem Buch eine Reihe von Erklärungsansätzen. Wir haben untersucht, ob weibliche und männliche Testpersonen unterschiedliche Tricks und Strategien bei der Bearbeitung von mentalen Rotationsaufgaben anwenden (vgl. dazu auch Kapitel 7). Da weibliche Testpersonen in dem Test durchschnittlich deutlich weniger richtige Lösungen erzielen als männliche, liegt es nun an uns zu über-

Abb. 47: Lösungs-
muster der «Richtig-
löser» (Gruppe 1).
Die Lösungsrate
beschreibt dabei
jeweils, wie viele
Prozent der Ange-
hörigen dieser
Gruppe die jeweilige
Aufgabe korrekt
gelöst haben.

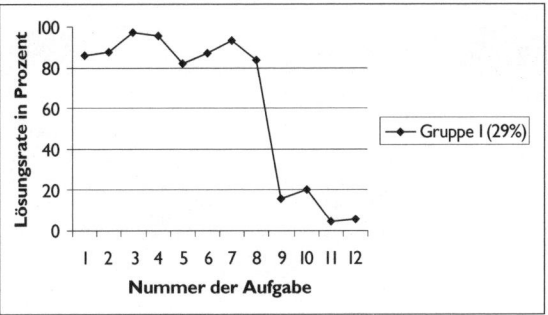

prüfen, ob Frauen (bzw. Mädchen) weniger effiziente Lösungswege bei der Testbearbeitung wählen. Dies wurde ja bereits in Kapitel 7 erwähnt. Möglicherweise sind Mädchen und Frauen bei der Bearbeitung der Aufgaben langsamer, so dass sie durch die Zeitbegrenzung des Tests weniger Aufgaben in der vorgegebenen Zeit schaffen.

Wir wendeten zur Analyse der Testergebnisse ein spezielles statistisches Verfahren an, die so genannte *latente Klassenanalyse*. Mit dieser Methode konnten wir verschiedene Personengruppen mit unterschiedlichen Bearbeitungs- und Lösungsstrategien aus unserer Stichprobe ermitteln. Wir fanden heraus, dass man anhand der Ergebnisse des *Mentalen Rotations-Tests* fünf verschiedene «Lösungstypen» unterscheiden kann. Diese fünf Gruppen weisen alle ein für sie jeweils charakteristisches Lösungsmuster auf. Das spezielle Verhalten der einzelnen Lösungsgruppen kann man sehr anschaulich in so genannten *Aufgabenprofilen* studieren (vgl. Abbildungen 47–51). In solchen Diagrammen werden die Lösungsraten von Testpersonen einer Gruppe über eine Reihe von Aufgaben hinweg dargestellt. Um das Lösungsverhalten der einzelnen Gruppen genauer studieren zu können, sehen wir uns nun die Profile einzeln an (aus Gründen der Übersichtlichkeit betrachten wir jeweils nur die 12 Testaufgaben der ersten Testhälfte, sehr ähnliche Ergebnisse zeigen sich aber auch für die restlichen Testaufgaben). In Abbildung 47 sehen Sie das Lösungsprofil von Gruppe 1.

Gruppe 1 ist die größte der fünf Teilgruppen, ihr gehören 29 % der Untersuchungsteilnehmer an. Diese Gruppe bezeichnen wir als die «Richtiglöser», da die Testpersonen in Gruppe 1 für die ersten acht Aufgaben hohe Lösungsraten (über 80 %) haben. Allerdings werden sie dann bei den letzten vier Aufgaben der ersten Testhälfte immer schwächer. Gegen Ende (Aufgabe 11 und 12) löst nur noch ein sehr

117

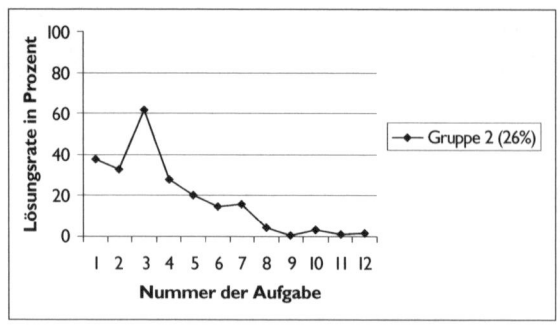

Abb. 48:
Lösungsmuster
der «Nichtkönner»
(Gruppe 2)

kleiner Prozentsatz von Personen der Gruppe 1 (etwa 4–6 %) die Aufgaben richtig. Offensichtlich können die Angehörigen dieser Gruppe die Aufgaben lösen, jedoch geht den meisten zum Schluss die Zeit aus. Vermutlich würden sie bei einer Verlängerung der Testzeit auch die letzten vier Aufgaben richtig lösen. Betrachten wir nun das Lösungsmuster der Versuchspersonen, die Gruppe 2 zugeordnet wurden (siehe Abbildung 48).

Gruppe 2 ist mit 26 % der Untersuchungsteilnehmer die zweitgrößte Untergruppe. Für die Angehörigen dieser Gruppe sieht es bei den meisten Aufgaben schlecht aus. Die meisten von ihnen haben offenbar große Schwierigkeiten, «mental zu rotieren», denn generell ist die Lösungsrate gering (unter der 40-%-Marke).

Ab Aufgabe 8 ist die Lösungsrate bei diesen «Nichtkönnern» dann fast bei null angelangt. Dies lässt uns annehmen, dass sie nicht nur mit der Zeitbegrenzung, sondern zusätzlich mit der Aufgabenschwierigkeit zu kämpfen haben. Nur Aufgabe 3 wird von mehr als der Hälfte (knapp über 60 %) der Angehörigen von Gruppe 2 richtig gelöst.

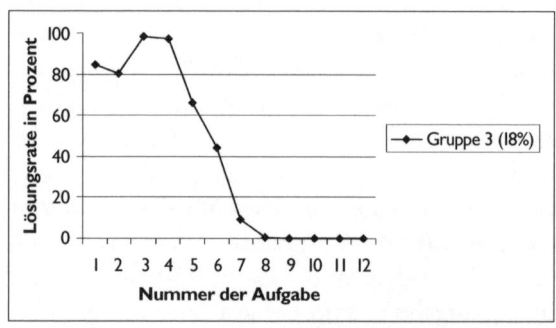

Abb. 49:
Lösungsmuster
der «langsamen
Richtiglöser»
(Gruppe 3)

118

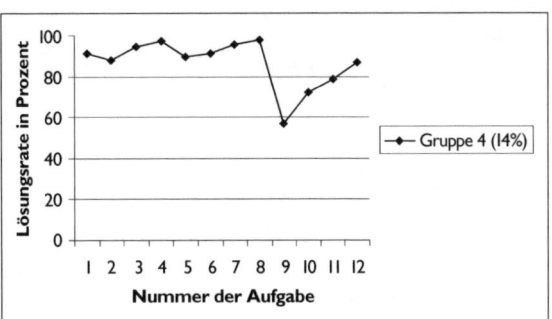

Abb. 50:
Lösungsmuster
der «schnellen
Könner»
(Gruppe 4)

Werfen wir nun einen Blick auf das Lösungsmuster in Gruppe 3 (siehe Abbildung 49).

Sie werden möglicherweise feststellen, dass das Lösungsprofil von Gruppe 3 dem Profil der «Richtiglöser» (Gruppe 1; siehe Abbildung 47) ähnelt. Der Unterschied: Die Testpersonen in Gruppe 3 haben weniger Ausdauer als die «Richtiglöser» in Gruppe 1. Die Angehörigen der Gruppe 3 lösen nämlich nur die ersten vier Aufgaben relativ sicher, danach fällt ihre Leistungskurve bis auf null ab. Sie müssen die Testbearbeitung nach Aufgabe 7 einstellen, weil die Testzeit dann abgelaufen ist. Wir können schlussfolgern, dass es sich bei den Personen in Klasse 3 um «langsame Richtiglöser» handelt. Die «langsamen Richtiglöser» können die Rotationsaufgaben durchaus richtig lösen, brauchen aber sehr viel Zeit für die Bearbeitung, so dass die meisten nur vier oder fünf Aufgaben in den drei Minuten schaffen. Anders verhält es sich mit den Testpersonen in Gruppe 4 (siehe Abbildung 50). Hierbei handelt es sich um eine sehr leistungsstarke Gruppe, was Sie an dem Verlauf der Lösungskurve über die 12 Aufgaben erkennen können.

Die Angehörigen von Gruppe 4 haben wir die «schnellen Könner» genannt, da sie bei allen Aufgaben hohe Lösungsraten (immer über 50 %, bei Aufgabe Nr. 1–8 und Nr. 12 sogar über 80 %) haben. Die Angehörigen dieser Gruppe sind offenbar in der Lage, fast alle Aufgaben richtig zu lösen. Es handelt sich damit um die Personengruppe, die es schafft, in der relativ kurzen Bearbeitungszeit von drei Minuten alle Testaufgaben zu bearbeiten.

Besonders interessant finden wir das Profil der fünften und letzten Gruppe (siehe Abbildung 51). Diese relativ kleine Gruppe (13 % der Gesamtstichprobe) zeigt eine besondere Strategie bei der Testbearbei-

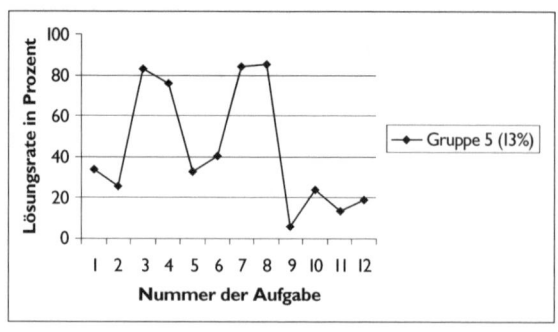

tung. Dies können Sie anhand des zickzackförmigen Verlaufes der Linie erkennen. Die Angehörigen von Gruppe 5 scheinen dabei auf den ersten Blick wahllos vorzugehen: Sie lösen einige Aufgaben recht sicher (Nr. 3, Nr. 4 sowie Nr. 7 und Nr. 8), die restlichen hingegen werden nur von einem geringen Teil richtig beantwortet. Wie können wir dieses seltsame Profil verstehen? Bei näherer Betrachtung zeigt sich, dass die vier Aufgaben, die von den meisten Teilnehmern in dieser Gruppe gelöst werden, allesamt zum Aufgabentyp der «Vergleichs-aufgaben» gehören. Kehren wir noch einmal zu Abbildung 44 zurück und erinnern uns: Bei den Vergleichsaufgaben ist es (im Gegensatz zu den «echten» Rotationsaufgaben) nicht zwingend erforderlich, die Figuren gedanklich zu drehen, um die richtige Lösung herauszufinden. Vielmehr konnten Sie bei der Aufgabe in Abbildung 44 die falschen Figuren A und C durch genaues Hinsehen auch *ohne* mentales Rotieren ausschließen. Bei den Angehörigen der fünften Gruppe scheint es sich nun um «Rotationsfaule» zu handeln. Sie mühen sich nicht mit den schwierigeren und «anstrengenden» MRT-Aufgaben ab, die mentales Drehen erfordern. Stattdessen picken sie sich ganz gezielt die vier leichteren Aufgaben 3, 4, 7 und 8 heraus. Diese werden dann von den meisten «Rotationsfaulen» auch richtig gelöst. Bei den übrigen Aufgaben ist die Lösungsrate bei ihnen dagegen niedrig (meist unter 40 %), was zeigt, dass die Angehörigen der Gruppe der «Rotations-faulen» mit «echten» Rotationsaufgaben Schwierigkeiten haben.

Verwenden Männer und Frauen
beim mentalen Rotieren unterschiedliche Tricks?

Wie können wir nun feststellen, ob weibliche und männliche Testteilnehmer unterschiedliche Lösungsansätze verfolgen? Dazu sehen wir uns an, in welchen der ermittelten Personengruppen mehr männliche und in welchen mehr weibliche Testpersonen zu finden sind. Aus Abbildung 52 können Sie entnehmen, wie sich weibliche und männliche Untersuchungsteilnehmer auf die einzelnen Gruppen verteilen. Wie Sie sehen, gibt es deutliche Geschlechtsunterschiede bei der Gruppenzusammensetzung. So sind in der Gruppe der «Richtiglöser» (Gruppe 1) männliche Personen deutlich stärker vertreten als weibliche. Dagegen befinden sich in der leistungsschwächsten Gruppe der Nichtkönner (Gruppe 2) mehr als doppelt so viele weibliche wie männliche Getestete. Auch in der Gruppe der «langsamen Richtiglöser» (Gruppe 3) sind weibliche Personen stärker vertreten. Die Gruppe der «schnellen Könner» (Gruppe 4) setzt sich dagegen wie Gruppe 1 mehrheitlich aus männlichen Personen zusammen (drei Viertel aller «schnellen Könner» sind männlichen Geschlechts). Ein

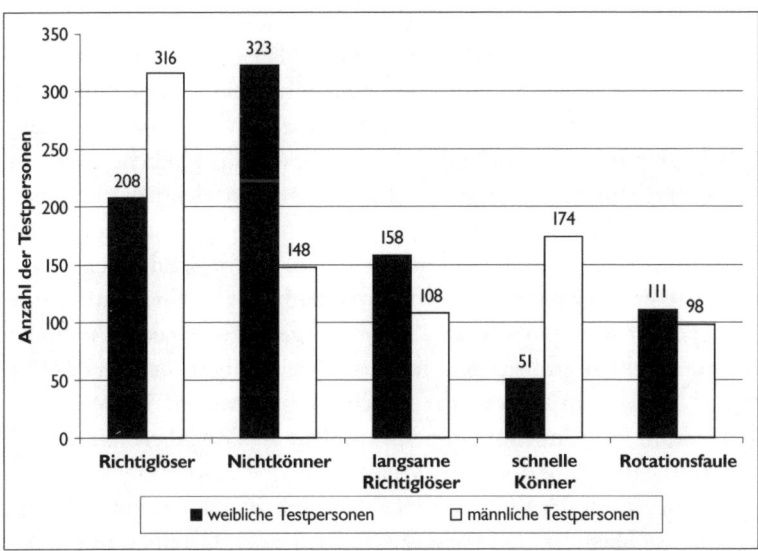

Abb. 52: Die Anzahl der männlichen und weiblichen Testpersonen in den einzelnen Gruppen

Abb. 53: Verwenden Männer und Frauen unterschiedliche Tricks beim mentalen Rotieren? Erlangen Frauen in unserem Test deshalb weniger Punkte, weil sie langsamer «rotieren»?

Sonderfall ist wieder Gruppe 5: Hier gibt es interessanterweise so gut wie keinen Unterschied. In dieser Gruppe der «Rotationsfaulen» sind weibliche und männliche Personen von der Anzahl etwa gleich stark vertreten.

Was können wir aus unseren Ergebnissen schließen?

Es ist offenkundig, dass die schwächeren Leistungen unserer weiblichen Testpersonen bei Aufgaben zum räumlichen Vorstellungsvermögen zumindest teilweise auf unterschiedliche Bearbeitungs- und Lösungsstrategien zurückzuführen sind. So sind weibliche Personen in unserer Untersuchung mit Aufgaben zur mentalen Rotation überproportional häufig in der Gruppe der «langsamen Richtiglöser» anzutreffen, welche durch richtige Lösungen, aber besondere Langsamkeit bei der Bearbeitung auffällt (Abbildung 53). So schafft diese Gruppe nur wenige Aufgaben in der vorgegebenen Zeit. Wir finden aber auch einen großen Teil unserer Testteilnehmerinnen in der leistungsschwächsten Gruppe der «Nichtkönner» wieder. Diese Gruppe hat sowohl Probleme mit der Schwierigkeit der Aufgaben als auch mit der Zeitbegrenzung des Tests. Viele männliche Testpersonen dagegen zeichnen sich durch Können *und* Schnelligkeit aus. So sind sie häufiger als weibliche in den entsprechenden beiden Gruppen mit vielen richtig gelösten Aufgaben anzutreffen («Richtiglöser», «schnelle Könner»). Die besondere Strategie, vor allem leichtere MRT-Aufgaben zu bearbeiten und zu lösen, wird interessanterweise von weiblichen und männlichen Personen gleich häufig angewendet («Rotationsfaule»). Welches Fazit können wir nun aus unseren Befunden ziehen? Ein erfreuliches Ergebnis ist, dass offensichtlich ein Teil der weiblichen Personen zur Lösung von relativ schwierigen Aufgaben zum räumlichen Vorstellungsvermögen in der Lage ist. Allerdings zeigt sich, dass diese Mädchen und Frauen offenbar deutlich mehr Zeit für die Bearbeitung und Lösung entsprechender Aufgaben benötigen als Jungen bzw. Männer. Letztgenannte haben nicht so große Schwierigkeiten, mentale Rotationsaufgaben zügig zu bearbeiten und richtig zu lösen. Dagegen gibt es eine relativ große Gruppe von weiblichen Personen, die erhebliche Schwierigkeiten bei der Bearbeitung dieser Raumvorstellungsaufgaben hat. Dabei haben diese Teilnehmerinnen sowohl Probleme mit der Schwierigkeit der Aufgaben als auch mit der begrenzten Testzeit. Während man bei den weiblichen Untersuchungsteilnehmern in der Gruppe der «langsamen Richtiglöser» (Gruppe 3) davon ausgehen kann, dass diese bei einer längeren Bearbeitungszeit (wir denken dabei an eine Verdopplung der Testzeit) deutlich mehr Aufgaben lösen könnten, ist das Problem bei der schwächsten Gruppe mit einer bloßen Erweiterung der Testzeit nicht behoben. Wir nehmen an, dass man die Angehörigen dieser leistungsschwachen Gruppe speziell trainieren müsste, um bei ihnen eine Leistungssteigerung zu erreichen.

Was bedeuten unsere Befunde für den Alltag? Wir können feststellen, dass zahlreiche Mädchen und Frauen benachteiligt werden, wenn ein zeitbegrenzter Test zur mentalen Rotation zum Beispiel in einer Studien- oder Berufseignungsuntersuchung eingesetzt und als Auswahlkriterium verwendet wird. Der Grund ist, dass ein Teil der Frauen bei der Bearbeitung solcher Aufgaben durchschnittlich nur halb so schnell ist wie die Mehrzahl der Männer. Ein noch größeres Problem stellt sich für diejenige Gruppe von weiblichen Bewerbern, die in unserer Untersuchung in die schwächste Gruppe (Gruppe 2) fiel. Hier treten vermutlich selbst dann Probleme auf, wenn die Aufgaben nicht zeitbegrenzt vorgegeben werden.

Die meisten Frauen und Männer verwenden also wirklich unterschiedliche «Tricks» beim gedanklichen Drehen von Gegenständen, wobei diejenigen der Männer in diesem Test hier eindeutig die erfolgreicheren «Tricks» sind. Wie schon im Kapitel 7 festgestellt wurde, bevorzugt die Mehrheit der Frauen und Mädchen entweder eine andere, weniger erfolgreiche Strategie und/oder benötigt deutlich mehr Zeit zum «mentalen Drehen». In einigen Untersuchungen wie der von den Forschern Bruce Goldstein und Kollegen im Jahr 1990 ist auch bereits gezeigt worden, dass der Geschlechtsunterschied durch die Wegnahme der Zeitbegrenzung des Tests zwar nicht verschwindet, so aber doch geringer wird. Erinnern Sie sich noch an Lisa und Frank im Möbelcenter aus Kapitel 3? Lisa benötigte mehr Zeit als Frank, um sich die Anordnung der Möbel nach seiner neuen Idee vorzustellen. Sie machte es halt anders als er. Dort hatten wir anhand der Untersuchungen auch gesehen, dass Frauen beim gedanklichen Drehen von Objekten manchmal etwas mehr Zeit brauchen als Männer und andere Hirnstrukturen nutzen.

Ein anderer Zugang zur Frage, woher die Geschlechtsdifferenzen im räumlichen Denken kommen, wird Ihnen im folgenden Kapitel beschrieben. Es geht um die Orientierung in realen Welten, da die im Labor, z. B. mit dem *Mentalen Rotations-Test*, gewonnenen Ergebnisse nicht ohne weiteres in den Alltag zu übertragen sind.

9
An der dritten Kreuzung links abbiegen – wie Männer und Frauen sich in der realen Welt zurechtfinden

Sabine und Andreas sind bei ihren Freunden Lisa und Frank zu einer Party eingeladen. Diese sind in einen anderen Teil der Stadt umgezogen, den Sabine und Andreas noch nicht kennen. Da Andreas noch einen Geschäftstermin hat, können sie nicht gemeinsam dorthin fahren. Wird Sabine ohne Begleitung den Weg in den fremden Stadtteil zu Lisa und Frank finden?

Dieser und ähnlichen Fragen sind wir in unserer Untersuchung nachgegangen: Zeigt sich die männliche Überlegenheit beim Orientieren im Alltag genauso wie in den Laboraufgaben, die räumliche Vorstellung messen sollen?

Orientierung im Alltag:
Gibt es Unterschiede zwischen Männern und Frauen?

Um erwachsene Untersuchungsteilnehmer und -teilnehmerinnen für eine Studie zur Orientierung im Alltag zu finden, schrieben wir einen Artikel in einem Anzeigenblatt («Wer hat Interesse, an einem Forschungsprojekt teilzunehmen, in dem es darum geht, Richtungen zu wissen und Wege zu finden?»). Es meldeten sich daraufhin rund 50 Personen, je etwa zur Hälfte Männer und Frauen, um an der Studie teilzunehmen. Die Motive für die Teilnahme an der Studie jedoch, die die Frauen und die Männer am Telefon nannten, unterschieden sich drastisch: Die Frauen folgten dem Aufruf überwiegend deshalb, weil sie Probleme sahen, sich zurechtzufinden, weil sie mit Orientierungsängsten kämpften und weil sie hofften, ihre Orientierungsfähigkeiten im Alltag durch die Teilnahme an der Studie zu verbessern. Die Männer hingegen nannten als wesentlichen Grund für ihre Teilnahme, dass sie ihre hervorragenden Fähigkeiten auf diesem Gebiet gern demonstrieren und der Wissenschaft zur Verfügung stellen wollten.

Angesichts dieser offensichtlichen Verhaltensunterschiede drängten sich folgende Fragen auf:

- Wie unterscheiden sich die Selbsteinschätzungen von Männern und Frauen, wenn es um die alltägliche Orientierung geht?
- Entsprechen die tatsächlichen Orientierungsleistungen den Selbsteinschätzungen?

Zurechtfinden in vertrauter Umgebung – eine Studie

An der hier vorgestellten Studie nahmen 31 Männer und 30 Frauen teil, davon etwa zwei Drittel in Marburg und etwa ein Drittel in Münster. Die Männer waren zwischen 18 und 61 Jahre alt, die Frauen zwischen 17 und 58 Jahre alt. Die Teilnehmerinnen und Teilnehmer wurden einzeln untersucht. Zuerst wurde ein Fragebogen ausgefüllt, in dem es neben Angaben zur Person (Alter und Wohnort etc.) um die Selbsteinschätzung der Fähigkeit ging, Wege zurückzufinden und sich zu orientieren. Anschließend wurden die Personen aufgefordert, mit einer führenden Begleitperson, mit verbundenen Augen einen Weg innerhalb des Untersuchungsgebäudes von einem bestimmten Ausgangspunkt aus zu einem fensterlosen Raum zu gehen. Dort wurde die Augenbinde abgelegt, und verschiedene Richtungsangaben (Wohnung, Norden, Westen, Hamburg, Berlin etc.) wurden erfragt, indem die Teilnehmerinnen und Teilnehmer die Richtungen mit einem Strich in einen Kreis auf das vor ihnen liegende Blatt eintragen sollten. Im nächsten Schritt wurden die Personen entlang eines festgelegten Wegs in der Innenstadt geführt. Dieser Weg verlief über 16 Kreuzungen (siehe Abbildung 54a+b).

Die Aufgabe der Untersuchungsteilnehmerinnen und -teilnehmer bestand nun darin, den Weg zurück zu finden. An zwei Stellen während des Rückweges und auch vor dem Institutsgebäude (Zeigepunkte) blieben wir stehen. Dort sollten die an der Studie teilnehmenden Erwachsenen mit ausgestrecktem Arm in Richtung verschiedener, nicht sichtbarer Ziele zeigen, beispielsweise nach Hause, zur Elisabeth- bzw. Lambertikirche, zum Bahnhof bzw. zum Schloss, nach Norden sowie zum Ausgangspunkt (nur von den Zeigepunkten unterwegs). Im Untersuchungsgebäude wurden die Freiwilligen ein zweites Mal – diesmal ohne Augenbinde – in den fensterlosen Raum geführt, den sie vorher nur mit verbundenen Augen erreicht hatten. Dort zeichneten sie noch

Abb. 54a:
Weg durch Marburg

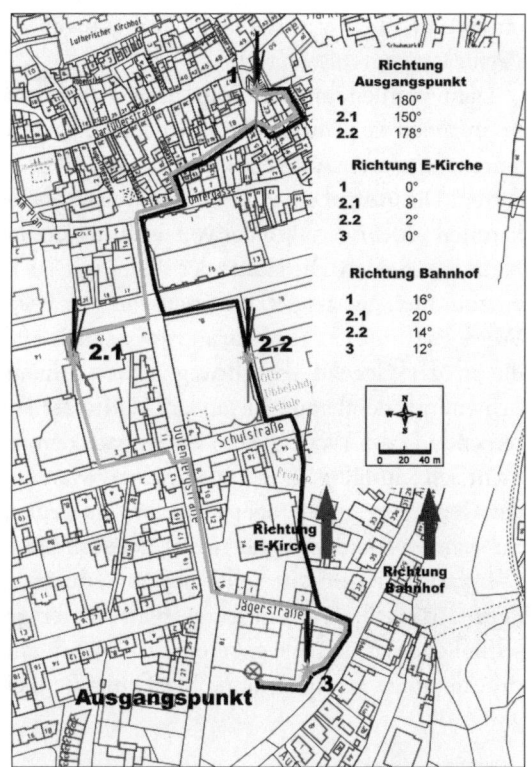

Abb. 54b:
Weg durch Münster

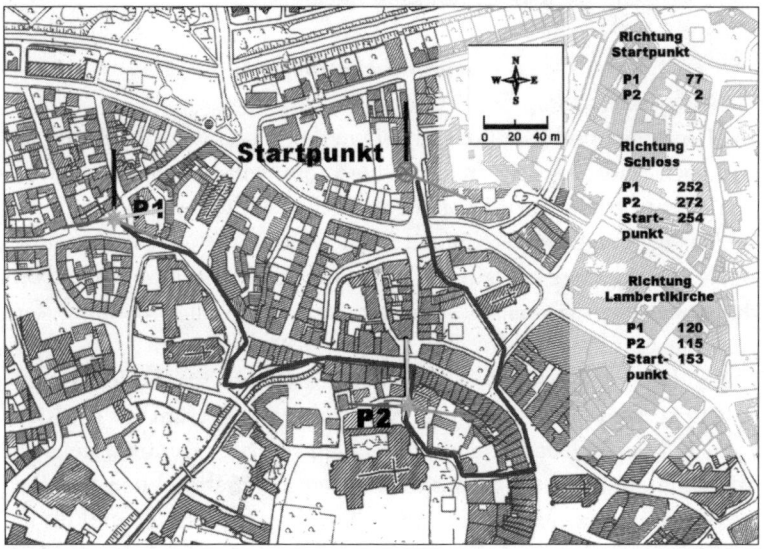

einmal die oben erwähnten Richtungsangaben in den Kreis auf dem Papier ein.

Dann wurden ihnen 28 Fotos gezeigt; 14 dieser Bilder zeigten Objekte, an denen sie während des Innenstadt-Spazierganges vorbeigegangen waren, 14 waren Abbildungen von Objekten, die nicht vorgekommen waren. Die Aufgabe der Versuchspersonen bestand nun darin, die bekannten («richtigen») Bilder von den unbekannten («falschen») Bildern zu unterscheiden. Die Hälfte der Bilder war leicht als richtig oder falsch einzuordnen. Sie zeigten sehr typische oder bekannte Objekte (z. B. den Wegweiser mit der Stadtkarte) bzw. bei den «falschen» Bildern solche, die in der Gegend schlichtweg nicht vorhanden waren (z. B. einen Schwimmbadeingang). Die andere Hälfte der Fotos bestand aus Objekten entlang des Weges. Diese waren nach dem Urteil mehrerer Berater nicht sehr auffällig, bzw. die «falschen» waren solche, die sich zwar in der Gegend befanden, aber nicht an dem gegangenen Weg vorkamen. Sie waren viel schwieriger richtig zuzuordnen.

Im nächsten Schritt sollte der Weg durch die Innenstadt frei aus dem Gedächtnis auf ein leeres Blatt Papier gezeichnet werden. Abschließend wurden alle gebeten, den Weg in einen «Blankostadtplan», d. h. in einen Stadtplan ohne Straßennamen, einzutragen.

Die Ergebnisse dieser Studie

Selbsteinschätzung

In allen Fragen – bis auf das «Wegemerken» und das «Richtungszeigen nach Hause» – zeigten sich schlechtere Selbsteinschätzungen bei den Frauen (siehe auch Kapitel 10). Recht deutlich waren die Unterschiede bei Fragen wie: «Können Sie sich gut mit einer Karte orientieren?», «Haben Sie ein gutes Gefühl für die Richtung?»(vgl. Abbildung 55) oder «Wissen Sie bei einer Wanderung die Richtung zum Ausgangspunkt?»

Bei dieser Frage «Haben Sie ein gutes Gefühl für die Richtung?» gaben 24 Männer an, ein gutes oder sehr gutes Gefühl für die Richtung zu besitzen, während nur 14 Frauen sich hier als mindestens gut einschätzten. Beachten Sie auch, dass deutlich mehr Frauen als Männer (9 vs. 3) angaben, ein schlechtes bis sehr schlechtes Gefühl für die Richtung zu haben (vgl. Abbildung 55). Die Unterschiede bei den Fra-

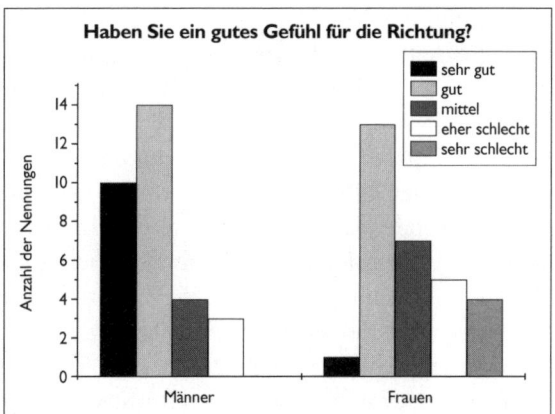

Abb. 55: Selbsteinschätzung zur Frage «Haben Sie ein gutes Gefühl für die Richtung?»

gen «Können Sie sich gut Wege merken?» oder «Wissen Sie, in welcher Richtung Ihre Wohnung liegt?» fielen dagegen geringer aus. 26 Männer, aber auch 23 Frauen erklärten, dass sie die Richtung zur Wohnung gut oder sehr gut wüssten.

Am deutlichsten fiel der Unterschied in der Selbsteinschätzung bei der Frage aus: «Haben Sie ein Gespür für Himmelsrichtungen?» Ein gutes oder sehr gutes Gespür für Himmelsrichtungen nahmen 20 Männer, aber nur 6 Frauen für sich in Anspruch. Dementsprechend gaben wieder deutlich mehr Frauen als Männer (17 vs. 4) an, ein schlechtes bzw. sehr schlechtes Gefühl für Himmelsrichtungen zu haben (vgl. Abbildung 56).

In den Auswertungen wurde deutlich, dass die Teilnehmerinnen und

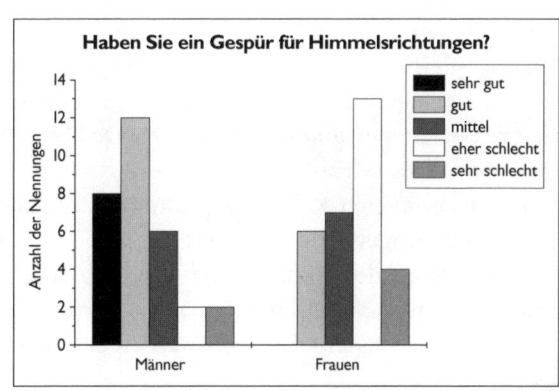

Abb. 56: Selbsteinschätzung zur Frage «Haben Sie ein Gespür für Himmelsrichtungen?»

Teilnehmer im Grunde nur ihren allgemeinen Orientierungssinn eingeschätzt hatten. Nach den jeweiligen Antworten wurde für jede Person ein individueller Gesamtwert für diese Selbsteinschätzung errechnet. Hier hatten Frauen einen deutlich niedrigeren Wert als Männer. All diese Ergebnisse konnten aufgrund der verschiedenen Motivationen, aus denen sich die Männer und die Frauen zur Teilnahme an der Studie gemeldet hatten, erwartet werden. Unklar ist dementsprechend, ob es nicht auch Frauen mit gesundem Selbstbewusstsein in Sachen Orientierungssinn gibt, die sich zu der Studie nicht gemeldet haben, oder umgekehrt Männer mit Orientierungsproblemen, die nicht motiviert waren, sich hierbei helfen zu lassen. Zu dieser Frage können Sie einige interessante Ausführungen im Kapitel 10 lesen.

Wir hatten also herausgefunden, dass sich Frauen bezüglich ihrer Orientierungsleistung schlechter einschätzen als Männer. Wie sieht es nun mit den wirklichen Leistungen aus?

Orientierungsleistungen

Interessanterweise waren in beiden Städten die Frauen und die Männer ähnlich gut in der Lage, den gegangenen Weg zurückzufinden. Da im Mittel bei mehr als 15 von 16 Abzweigungen richtig entschieden wurde, kann man sagen, dass die Leistungen von fast allen Beteiligten ausgesprochen gut waren, obwohl die meisten zumindest ein Teilstück des Weges nicht kannten. Auch beim Einzeichnen des Weges in «Blankokarten», d. h. in unbeschriftete Stadtpläne, gab es in unserer Untersuchung nur geringe Geschlechtsunterschiede zugunsten der Männer. Beim Einzeichnen von Richtungen (also z. B. Norden, Westen, Berlin etc.) in dem fensterlosen Raum waren offenbar Frauen und Männer gleichermaßen orientierungslos. Dies spricht im Übrigen gegen die Behauptung von Allan und Barbara Pease: «Die meisten Männer wissen immer und überall, wo Norden ist, auch wenn sie keine Ahnung haben, wo sie sich befinden.»

Die gezeichneten Richtungen konnten zusätzlich auf das Kartenwissen hin ausgewertet werden, d. h., inwieweit die einzelnen Richtungen zueinander stimmig und nur insgesamt verschoben eingezeichnet worden waren. Bei dieser Auswertung, wenn also nicht die Orientierung, sondern das Kartenwissen entscheidend war, ergab sich ein anderes Bild:

Hier zeigten sich die Männer klar überlegen, d. h., ihr theoretisches Landkartenwissen erwies sich an dieser Stelle als besser als das der untersuchten Frauen.

Erinnern Sie sich noch an Sabine und Andreas? Sie sind auf dem Weg zur Party von Lisa und Frank. Sabine fuhr allerdings schon eher los, da Frank noch einen Geschäftstermin hatte. Beide wurden auf dem Weg unabhängig voneinander von Passanten gefragt, wo genau sich neben einem großen Bürokomplex ein kleiner, ganz versteckter Weinladen befindet. Hier musste man also wissen, wie Objekte bzw. Gebäude zueinander stehen. Andreas hatte mit dieser Aufgabe überhaupt keine Probleme. Er konnte es den Passanten genau sagen: «Wenn Sie vor dem Bürokomplex stehen, dann drehen Sie sich um 90 Grad nach links. Dort finden Sie den Weinladen.» Somit zeigte Andreas ein besseres Kartenwissen. Auch Sabine hatte sich vorher den Stadtplan angeschaut. Obwohl sie den kleinen Weinladen kannte, konnte sie den Passanten keine genaue Antwort geben, wo genau sich dieser Weinladen in Relation zum Bürokomplex befindet.

Mit «Richtungszeigen» wurde die Fähigkeit gemessen, die gemeinhin als «Orientierungssinn» bezeichnet werden kann: wenn man auf nicht sichtbare Zielpunkte zeigt, z. B. auf das Zuhause oder die Kirche. Trotz der sehr unterschiedlichen Selbsteinschätzung der Männer und der Frauen unterschieden sie sich bei dieser Aufgabe insgesamt nicht in ihren Leistungen. Hätte man also Sabine und Andreas unterwegs gefragt, in welcher Richtung ihr Zuhause liegt, hätten beide genauso gut die Richtung anzeigen können. Wenn es aber darum geht, auf-

Abb. 57: Das Selbstbild von Frauen und Männern beim Orientieren

grund von Himmelsrichtungen den Weg zu finden, haben Männer einen Vorteil (vgl. Abbildung 57).

Auch beim Erkennen der Fotos von den Objekten, die man während des Spazierganges durch die Stadt gesehen hatte oder nicht, zeigte sich insgesamt nur ein geringer, statistisch nicht bedeutsamer Vorteil der Männer.

Zusammenhang zwischen Selbsteinschätzung und Leistung

Wie stellt sich nun der Unterschied zwischen der Selbsteinschätzung und der Zeigeleistung bei Männern und Frauen dar? Interessant war, dass sich bedeutsame Zusammenhänge zwischen Selbsteinschätzung einerseits und Landkartenwissen, Landmarkenwiedererkennen, dem Test zum Figurenfalten, dem Wegzurückfinden und der Korrektheit der Rückwegzeichnung in die Blankokarte fanden, und zwar für alle Teilnehmer, egal ob Männer oder Frauen.

Wie oben schon erwähnt, fiel das Rückwegfinden in der nicht völlig unbekannten Stadt den meisten Teilnehmerinnen und Teilnehmern recht leicht, auch wenn der Weg durch verwinkelte Gassen führte, die sie nur zum Teil kannten. Diejenigen, die diesen Weg nicht korrekt fanden, schätzten sich auch – korrekt! – als relativ schwach in ihrer Orientierungsfähigkeit ein. Die Zeigeleistungen, das eigentliche Maß für Orientierung, standen in keinem Zusammenhang mit der Selbsteinschätzung.

Woher kommt ein solches Ergebnis?

Kartenwissen und Orientierung mit Hilfe von Karten sind Kulturtechniken, die wir je nach Interesse erlernen. Ob wir Orientierungspunkte wiedererkennen und Wege zurückfinden, merken wir im Alltag durchaus. Die Orientierung «nach der Richtung» hingegen ist eine Fähigkeit, die wir zwar besitzen, aber unter normalen Umständen eher selten einsetzen. Dass Männer und Frauen sich in den verschiedenen Fähigkeiten nicht so sehr unterscheiden, wie sie selbst vermuten, hängt offenbar auch mit Folgendem zusammen: Bei vielen Menschen herrscht ein eher unspezifisches allgemeines Selbstkonzept zur Orientierung vor, in dem Kartenwissen (theoretisches Wissen aus dem Stadtplan) und Orientierungssinn (wenn man sich in der Stadt unabhängig von einer Karte zurechtfindet) miteinander vermischt werden. Interessant ist, dass trotz einer schlechteren Selbsteinschätzung die Frauen in den meisten Punkten durchaus den Männern vergleichbare Orientierungsleistungen gezeigt haben.

Gibt es Geschlechtsunterschiede bei der Orientierung bereits im Kindergartenalter?

Mittlerweile haben wir auch über 100 *Kindergartenkinder* untersucht. Bei ihnen fanden sich weder Geschlechtsunterschiede in der Selbsteinschätzung noch in der Leistung. Allerdings können uns diese Studien vielleicht einen Hinweis auf die Ursache von Leistungsunterschieden zeigen: Es fanden sich eindeutige Zusammenhänge zwischen der Eigenaktivität im Freien und den Zeigeleistungen. Je aktiver die Kinder im Freien waren, umso besser waren ihre Zeigeleistungen. Ähnliches wurde Ihnen bereits im Kapitel 5 in Bezug auf die Aktionsräume von Jungen und Mädchen berichtet.

Was kann aus den Ergebnissen gefolgert werden?

In den meisten der bisherigen Studien finden sich keine oder nur sehr geringe Unterschiede zwischen den Orientierungsleistungen von Männern und Frauen. Wenn es Unterschiede gibt, sind sie jedoch so gering, dass sie für das praktische Alltagshandeln, wie beispielsweise die Orientierung in der Stadt, vermutlich nicht von Bedeutung sind.

Kommen wir zu unserer Anfangsfrage zurück: Natürlich fand Sabine auch allein den Weg zu ihren Freunden, obwohl sie vorher sehr unsicher war. Sie war es nicht gewohnt, sich anhand des Stadtplanes allein in der Stadt zu orientieren.

Wie den Studien klar zu entnehmen ist, ist das Hauptproblem der Frauen nicht ihre Orientierungsfähigkeit, sondern die Selbsteinschätzung dieser Fähigkeit und ein geringeres Kartenvorwissen. Woran es liegt, dass Frauen sich häufig falsch einschätzen, lässt sich aufgrund der Untersuchungsdaten nicht sagen. Eventuell könnte ein Kreislauf aus negativer Selbsteinschätzung, geringerem Interesse an geographischem Wissen und mangelnder Erfahrung beim Kartenlesen dafür verantwortlich sein. In unserer Untersuchung empfanden es die teilnehmenden Frauen schon als hilfreich, überhaupt zu erfahren, dass sie sich in den eigentlichen Orientierungsleistungen nicht wesentlich von den teilnehmenden Männern unterschieden. Kartenlesen ist eine Kulturtechnik, die auch für Frauen gut erlernbar ist.

Allan und Barbara Pease fordern die männliche Welt auf: «... bestehen Sie niemals darauf, dass eine Frau eine Karte oder einen Stadtplan für Sie liest.» Nach unserer und einigen anderen Studien sollte Andreas Sabine ruhig öfter die Straßenkarte überlassen, auch wenn Sabine es sich allein nicht zutrauen würde. Sie wird sie beide anhand der Karte auf ihre Art und Weise sicher ans Ziel bringen. Denn Kartenwissen ergibt sich durch häufiges Kartenlesen von selbst. Auch das Orientierungsselbstbild der Frauen verbessert sich, wenn sie merken, dass sie wirklich alle Ziele erreichen, die sie aufsuchen wollen. Vielleicht wird im nächsten Urlaub dann Sabine anhand der Straßenkarte Andreas durch die fremde Stadt führen.

10
Orientieren sich Männer und Frauen in einer virtuellen Umgebung anders?

In diesem Kapitel wollen wir darüber berichten, wie sich Menschen in einer neuen Umgebung orientieren und welches Wissen sie über die Umgebung erwerben. Im Alltag müssen wir uns oft in neuen Umgebungen zurechtfinden, etwa wenn wir in einer fremden Stadt unterwegs sind oder auch nur in einem unbekannten Stadtteil Freunde besuchen.

In unserer Studie benutzten wir die *Virtual-Reality*-Version eines Berliner Stadtteils, die unsere Studienteilnehmer am Computer «durchlaufen» konnten (siehe Abbildung 58).

Die aus insgesamt fünfzehn Straßen bestehende virtuelle Umgebung enthält alles, was auch in einer realen Stadtumgebung zu finden ist. Es gibt sowohl eine Anzahl von Orientierungspunkten, so genannte «Landmarken», etwa eine Kirche, Lokale und verschiedene Geschäfte, wie auch weithin sichtbare Merkmale wie die Sonne und einen Berg. Diese Umweltinformationen konnten die Studienteilneh-

Abb. 58: Ein Ausschnitt aus der *Virtual-Reality*-Umgebung

mer während des Durchlaufens der virtuellen Umgebung zur Orientierung benutzen. Für die Teilnahme an der Studie suchten wir nach Männern und Frauen, die der Meinung waren, einen besonders guten oder besonders schlechten Orientierungssinn zu haben. Es interessierte uns also die Selbsteinschätzung der Personen. Insgesamt bildeten wir vier Gruppen: (1) «gute» Männer, (2) «gute» Frauen, (3) «schwache» Männer und (4) «schwache» Frauen. Es zeigte sich sehr bald, dass sich für zwei dieser vier Gruppen sehr viel leichter Männer und Frauen fanden als für die anderen beiden Gruppen. Was meinen Sie? Für welche beiden Gruppen meldeten sich nur sehr wenige Personen?

Wenn Sie sich an die Aussagen aus Kapitel 9 erinnern, haben Sie es wahrscheinlich sofort erraten: Frauen mit subjektiv gutem und Männer mit subjektiv schwachem Orientierungssinn waren sehr viel schwerer zu finden als die beiden anderen Gruppen. Trotz dieser Schwierigkeiten gelang es uns schließlich, vier gleich große und damit vergleichbare Gruppen mit je 16 Männern und Frauen zu finden.

Uns interessierte besonders, ob sich auch innerhalb der guten bzw. der schwachen Gruppen Unterschiede zwischen Männern und Frauen zeigen würden: Gehen auch Frauen, die einen sehr guten Orientierungssinn haben, in Orientierungssituationen anders vor? Erwerben sie andere Arten von Wissen als Männer, oder lassen sich die Unterschiede in der Orientierungsleistung dadurch erklären, dass «schwache» Orientierer beiderlei Geschlechts anders vorgehen als «gute»?

Nach einer kurzen Einführung in die Fortbewegung mittels der Computertastatur hatten alle Versuchsteilnehmer Zeit, die Stadt frei zu durchlaufen. Abbildung 59 zeigt den Grundriss der virtuellen Stadtumgebung; die schwarze Linie deutet beispielhaft die Strecke an, die ein Teilnehmer hierbei zurücklegte.

Als die Teilnehmer mit dem Erforschen der Umgebung fertig waren, untersuchten wir, welches Wissen sie dabei über die Umgebung erworben hatten. Außerdem füllten sie Fragebögen darüber aus, welche Strategien sie benutzt hatten, um sich in der *Virtual-Reality*-Umgebung zu orientieren. Zusätzlich erfassten wir – ebenfalls mit Fragebögen – das Interesse, die Ängstlichkeit bzw. Selbstsicherheit unserer Teilnehmer in Bezug auf Situationen, die Orientierung erfordern (vgl. auch Kapitel 12).

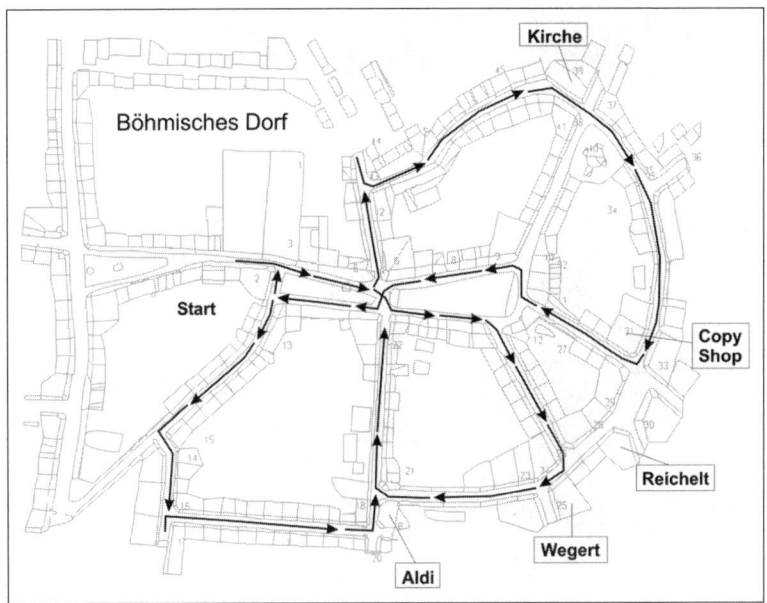

Abb. 59: Plan der virtuellen Stadt mit den Daten eines Teilnehmers, während er die Stadt durchläuft

Unterschiedliche Typen von Umgebungswissen und Orientierungsstrategien

Die meisten von uns finden sich sowohl in vertrauten als auch in neuen Umgebungen recht gut zurecht. Menschen gehen jedoch beim Kennenlernen einer neuen Umgebung unterschiedlich vor und erwerben dabei unterschiedliches Wissen über die Umgebung. Auch Frank und Andreas finden sich im Alltag auf unterschiedliche Art und Weise zurecht (siehe Abbildung 60 und Kapitel 6). Andreas (auf unserer Abbildung rechts) nutzt dabei *Landmarken-* bzw. *Routenwissen*. Er beschränkt sich auf einzelne wichtige Bezugspunkte, wie beispielsweise Gebäude, Kreuzungen oder Schilder. Wege werden dabei als Abfolge von Landmarken repräsentiert (z. B. «Ich gehe am Stadtpark vorbei zur Bäckerei, bei der Bäckerei links und dann bis zur Ampel». So findet Andreas den richtigen Weg zu seiner geliebten Sabine. Bei diesem Vorgehen spricht man daher von «Routenstrategien», die mit wenig räumlichem Denken auskommen. Frank

137

Abb. 60: Die
unterschiedlichen
«Orientierungs-
typen» Frank
und Andreas

dagegen wendet *Richtungs-* bzw. *Überblickswissen* an. Das ist Wissen über die gesamte räumliche Struktur einer Umgebung. Im Gegensatz zu Personen mit Routenwissen stellt er sich also die Umgebung in Form einer Art Landkarte vor und weiß, wie die Landmarken zueinander liegen. So kann er sein Ziel – Lisa – nicht verfehlen. Diese Strategie erfordert ein relativ hohes Maß an räumlichem Denken und wird als «Überblicksstrategie» bezeichnet.

Welche Art von Wissen man über seine Umgebung erwirbt, kann man somit durch die jeweilige Strategiewahl in hohem Maße selbst steuern. Allerdings sind das aufgebaute Wissen und die verwendeten Strategien nicht unabhängig voneinander; es gibt sozusagen Zwischentypen. In Kapitel 6 wurden Ihnen ja bereits unterschiedliche Typen von räumlichen Orientierungsstrategien vorgestellt.

In Studien, die solche Orientierungsstrategien untersuchen, werden oft Fragebögen eingesetzt, in denen die Teilnehmer angeben, wie häufig sie bestimmte Strategien benutzen. Praktisch alle veröffentlichten Studien kommen zu dem Ergebnis, dass Frauen im Vergleich zu Männern häufiger Routenstrategien anwenden und damit entsprechendes Routenwissen aufbauen, z. B.: «Ich komme zum Supermarkt, wenn ich die Brücke überquere, dann an der Kirche links abbiege und drei Straßen weiter nach rechts gehe.» Männer dagegen wenden häufiger als Frauen Überblicksstrategien an und erwerben Überblickswis-

138

sen, z. B.: «Ich gelange zum Supermarkt, indem ich mir den Weg dorthin aus der Vogelperspektive bzw. in Form einer Landkarte vorstelle und weiß, wie die Landmarken (Brücke, Kirche etc.) zueinander liegen.» In unserer Studie interessierte uns besonders, ob diese Unterschiede auch innerhalb der guten bzw. schwachen Gruppe auftreten würden. Erwarben also auch Frauen mit sehr gutem Orientierungssinn weniger Überblickswissen als Männer mit ebenso guter Orientierung? Und erwarben auch Männer mit schwachem Orientierungssinn mehr Überblickswissen als die ebenso schlecht orientierten Frauen?

Nutzen Männer wirklich effektivere Orientierungsstrategien als Frauen?

In unserer virtuellen Umgebung wurden *Routenstrategien* von keiner der Versuchspersonen verwendet, obwohl viele angaben, in realen Umgebungen solche Strategien durchaus zu nutzen. *Virtual-Reality*-Umgebungen erfordern offensichtlich andere Strategien als reale Umgebungen (vgl. auch Kapitel 9). *Überblicksstrategien* hingegen wurden auch in unserer *Virtual-Reality*-Umgebung zur Orientierung genutzt. Die folgende Tabelle mit Fragen aus unserem Strategiefragebogen gibt die Vorgehensweisen wieder, die zur «*Virtual-Reality*-Überblicksstrategie» gezählt wurden.

Die Gruppe der guten Orientierer benutzte in der virtuellen Umgebung häufiger Überblicksstrategien (67 % Männer, 65 % Frauen) als die schwachen Orientierer. Letztere haben hingegen nicht einfach eine andere Strategie häufiger angewandt, sondern sie haben alle Strategien weniger oft angewandt als die guten Orientierer. Die *Virtual-Reality*-Überblicksstrategien wurden dabei von 46 % Männern und 51 % Frauen angewandt. Diese Geschlechtsunterschiede waren in beiden Orientierungsgruppen jedoch so gering, dass sie statistisch nicht relevant waren. Interessanterweise ergaben sich also in beiden Orientierungsgruppen keine Unterschiede zwischen Männern und Frauen. Die in der Literatur immer wieder erwähnten Geschlechtsunterschiede hinsichtlich der Strategiewahl verschwinden einfach, wenn man Personen betrachtet, die entweder richtig gut im Orientieren sind oder überhaupt nicht gut.

Möglicherweise kennen Menschen, die keinen guten Orientie-

Tab. 2: Strategiefragebogen zur Erhebung der Anwendungshäufigkeit der
*«Virtual-Reality-*Überblicksstrategie»

Ich habe die Stadt systematisch erkundet.

Ich habe mich darauf konzentriert, mir die Lage der Straßen zueinander zu merken.

Als ich die virtuelle Stadt durchlaufen habe, habe ich mir gemerkt, in welcher Richtung ich mich zu meinem Ausgangspunkt befinde.

Ich habe mir gemerkt, in welcher Beziehung die Kreuzung, an der ich die Richtung ändern muss, zu anderen wichtigen Punkten liegt.

Ich habe in Gedanken das simulierte Stadtviertel von oben, aus einer Art «Vogelperspektive», betrachtet.

Ich habe oft das Gefühl gehabt zu wissen, wo sich der Startpunkt der virtuellen Stadtumgebung befindet.

Während ich die Straßen entlanggegangen bin, habe ich mir im Kopf einen Plan gemacht, wie weit ich auf den verschiedenen Straßen gegangen bin. Ich bin des Öfteren stehengeblieben (z. B. an Kreuzungen) und habe mich umgeschaut, um mir ein Bild von der Umgebung zu machen.

Ich habe mich des Öfteren gezielt in die Richtung gedreht, aus der ich gekommen bin.

rungssinn haben, nicht besonders viele Strategien und gehen daher einfach «irgendwie» vor. Sie gehen also ohne eine bestimmte Taktik los und laufen so lange herum, bis sie den gesuchten Ort finden. In unserer Untersuchung war die virtuelle Umgebung ja nicht sehr groß, daher kamen sie auch mit dieser Vorgehensweise zum Ziel. Im Alltag nutzen die Leute mit einem schlechten Orientierungsvermögen vermutlich noch andere Strategien, z. B. jemanden nach dem Weg fragen oder einen Stadtplan mitnehmen. So kommen auch sie ans Ziel. In unserer *Virtual-Reality-*Umgebung konnten diese Hilfsmittel natürlich nicht eingesetzt werden.

Ist das erworbene Landkartenwissen von Männern besser als das von Frauen?

Wie sah es nun mit dem erworbenen Wissen aus? Dass Männer und Frauen in der «guten» Gruppe gleichermaßen Orientierungsstrategien einsetzten, bedeutet noch nicht, dass sie auch gleich viel und die gleiche Art von Wissen erwarben. Wir benutzten die Anzahl erinner-

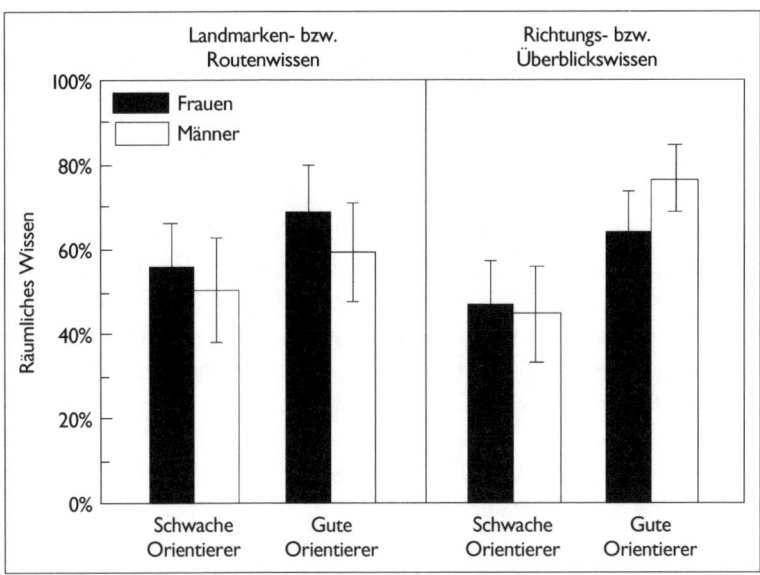

Abb. 61: Mittelwerte und Fehlerbalken (in Prozent der maximal möglichen Leistung) des räumlichen Wissens von guten und schwachen Orientierern, getrennt nach Frauen und Männern

ter und wiedererkannter Landmarken als Maß für das erworbene Landmarken- bzw. Routenwissen. Überblickswissen erfassten wir auf drei Arten: Zunächst wurden die Teilnehmer an einen Punkt in der virtuellen Umgebung gebracht und gefragt, in welcher Richtung ein anderer Punkt lag. Des Weiteren ließen wir sie eine Landkarte der virtuellen Umgebung zeichnen und angeben, wo sich dort vorgegebene Landmarken befinden. Abbildung 61 stellt die Ergebnisse zum erworbenen räumlichen Wissen dar.

Die kleinen Balken um jeden Mittelwert herum geben an, wie groß das so genannte statistische *Vertrauensintervall* ist. Da die von uns untersuchten Gruppen ja nur aus jeweils 16 Personen bestanden, können kleine Unterschiede leicht auch durch Zufall entstehen. Zwei Gruppen unterscheiden sich aus statistischer Sicht nur dann wirklich («statistisch signifikant»), wenn die beiden Balken sich nicht überlappen. Der Abbildung 61 kann demnach entnommen werden, dass sich die beiden Orientierungsgruppen nur im erworbenen Überblickswissen (rechte Hälfte der Abbildung), nicht aber im Routenwissen (linke Hälfte der Abbildung) unterscheiden. Personen, die sich hinsichtlich ihres Orientierungssinnes gut einschätzen, bauen demnach ein besseres Überblickswissen auf als «schwache» Orientierer. Die subjektive Einschätzung des eigenen Orientierungssinns spiegelt sich also durchaus auch beim Erwerb von Wissen in der virtuellen Umgebung wider (siehe auch Kapitel 9). Landmarken- bzw. Routenwissen wird dagegen sowohl von «guten» als auch von «schwachen» Orientierern aufgebaut. Das bedeutet, Landmarken spielen für beide Orientierungsgruppen eine wichtige Rolle für die Orientierung. Interessanterweise konnten die schwachen Orientierer, obwohl sie weniger Überblickswissen erworben hatten als die guten, genauso gut bestimmte Orte in der virtuellen Umgebung wiederfinden. Das zeigt, dass man sich auch mit wenig Orientierungswissen «alltagstauglich» zurechtfinden kann.

Innerhalb der beiden Orientierungsgruppen erbrachten Männer und Frauen praktisch gleiche Leistungen. «Gute» Frauen unterscheiden sich also in ihrer Orientierungsleistung nicht von «guten» Männern und «schwache» Frauen nicht von «schwachen» Männern. Es sei also auch den Frauen vergönnt, was Allan und Barbara Pease nur den Männern gestatten: dass sie im Sportstadion «… ihre Plätze verlassen, um etwas zu trinken zu holen, und dann kurze Zeit später mühelos zurückfinden». Und auch männliche Touristen können durchaus mal «… ratlos an Straßenkreuzungen stehen und ihre Stadtpläne wild in alle möglichen Richtungen drehen». Die so oft beschriebenen Geschlechtsunterschiede in den Orientierungsstrategien und im erworbenen räumlichen Wissen dürften also eher darauf zurückzuführen sein, dass in den meisten Studien Stichproben untersucht wurden, in denen sich relativ mehr «gute» Männer und mehr «schwache» Frauen befanden.

Warum wählen unterschiedliche Menschen unterschiedliche Strategien?

Zurzeit wird die Frage nach den möglichen Ursachen für die Unterschiede zwischen Menschen im Umgang mit räumlicher Information heftig diskutiert (siehe Kapitel 5). Einige Forscher wie Scott D. Moffat und Elizabeth Hampson gehen davon aus, dass die Unterschiede in der Strategiewahl zwischen Männern und Frauen angeboren sind. Andere Wissenschaftler meinen, dass die Art des Umgangs mit räumlicher

Information durch Erfahrungen in der Kindheit und Jugend erlernt wird. Aus heutiger Sicht erscheint am wahrscheinlichsten, dass beide Faktoren zusammenwirken – angeborene Fähigkeiten und Interessen werden von der Umwelt, speziell den Eltern, in unterschiedlicher Weise aufgenommen und gefördert.

Macht mir Orientieren Spaß?

Wie groß ist Ihr Interesse an Tätigkeiten, die räumliches Denken erfordern? *Kreuzen Sie in der folgenden Tabelle an, wie interessiert Sie an den folgenden Aktivitäten sind.*

Tab. 3: Macht mir Orientieren Spaß?

	interessiert mich überhaupt nicht						interessiert mich sehr
im Flugzeug aus dem Fenster schauen und versuchen festzustellen, wo ich gerade bin	1	2	3	4	5	6	7
eine neue Wohnumgebung «erforschen»	1	2	3	4	5	6	7
nach einer Wanderung auf der Landkarte den zurückgelegten Weg suchen	1	2	3	4	5	6	7
einen neuen Weg (z.B. zur Arbeit) ausprobieren, statt immer den gleichen Weg zu nehmen	1	2	3	4	5	6	7
in einer neuen, unbekannten Umgebung die Gruppe (z.B. Freunde) mit Hilfe einer Landkarte zum Zielort führen	1	2	3	4	5	6	7
Landkarten von Ländern betrachten, in denen ich schon gewesen bin	1	2	3	4	5	6	7
vor einer Reise die einzuschlagenden Routen planen	1	2	3	4	5	6	7

Die Tätigkeiten, die Sie in dieser Tabelle finden, beziehen sich speziell auf Orientierungssituationen im Alltag. Es geht dabei um Aktivitäten, die für das Alltagsleben nicht notwendig sind, mit denen sich aber Menschen, die Spaß und Interesse am räumlichen Denken haben, gerne freiwillig beschäftigen. Zählen Sie Ihre Punkte zusammen. Ein niedriger Wert (der kleinstmögliche ist 7) bedeutet, dass Sie kaum an orientierungsbezogenen Aktivitäten interessiert sind. Ein hoher Wert (der maximal mögliche ist 49) zeigt starkes Interesse. Unseren Versuchspersonen haben wir diese Fragen ebenfalls vorgelegt.

Das Ergebnis zeigt, dass die Personen, die ihren Orientierungssinn als gut einschätzen, ein höheres Interesse an alltäglichen Orientierungsaktivitäten haben als Menschen mit einem schwachen Orientierungssinn. Dabei finden sich auch hier wieder innerhalb der Gruppen keine Unterschiede zwischen Männern und Frauen. Gute weibliche Orientierer sind genauso stark an raumvorstellungsfördernden Aktivitäten interessiert wie gute männliche Orientierer. Das Gleiche gilt für die Gruppe der «schwachen» Orientierer.

Auch scheinen das Interesse an Orientierungsaktivitäten und die Wahl der Strategie relativ stark zusammenzuhängen: Personen mit einem hohen Interesse daran wandten häufiger Überblicksstrategien an. Allerdings gab es keinen Zusammenhang zwischen dem Interesse und der letztendlichen Leistung im Überblickswissen. Menschen, die sich stark für Orientierungsaktivitäten interessieren, also z. B. gerne neue Wege ausprobieren oder Routen planen, wenden oft Überblicksstrategien an. Sie erwerben aber nicht notwendigerweise auch besseres Überblickswissen als Menschen, die solche Sachen weniger interessieren.

Neben dem *Interesse* an Orientierungsaktivitäten interessierte uns auch, welche Rolle Gefühle wie *Ängstlichkeit* und *Selbstsicherheit* in räumlichen Orientierungssituationen spielen.

Ängstlichkeit bzw. Selbstsicherheit bei der räumlichen Orientierung

Wie ängstlich sind Sie, wenn Sie sich in einer fremden Umgebung zurechtfinden sollen? Beunruhigt diese Situation Sie, oder empfinden Sie sie eher als interessante Herausforderung? Auch die Selbstsicherheit unserer Studienteilnehmer in alltäglichen Orientierungssituationen haben wir mit einem Fragebogen untersucht, den Sie in der folgenden Tabelle (Tabelle 4) finden. Dabei geht es einzig und allein um die Ängstlichkeit bzw. Selbstsicherheit im Raum und nicht um die Ängstlichkeit allgemein. Kreuzen Sie an, wie stark Sie die folgenden Situationen beunruhigen.

Tab. 4: Ängstlichkeit bzw. Selbstsicherheit in räumlichen
Orientierungssituationen

	beunruhigt mich überhaupt nicht					beunruhigt mich sehr
Sie versuchen, aus einem großen Bürogebäude mit einer komplizierten Raumanordnung herauszufinden, in dem Sie vorher noch nie waren.	1	2	3	4	5	6
Sie kommen aus einem Kaufhaus, in dem Sie zum ersten Mal waren, in einer anderen Straße heraus als dort, wo Sie hineingegangen sind. Sie müssen jetzt entscheiden, in welche Richtung Sie gehen müssen, um zu einem vorgegebenen Ziel zu gelangen.	1	2	3	4	5	6
Sie sind mit dem Fahrrad unterwegs in der Stadt falsch abgebogen, haben sich verirrt und versuchen jetzt, in bekanntes Gebiet zurückzufinden.	1	2	3	4	5	6
Sie kommen in einer fremden Stadt aus der U-Bahn und wissen nicht genau, in welche Richtung Sie jetzt gehen müssen.	1	2	3	4	5	6
Sie probieren ohne Stadtplan einen neuen Weg aus, von dem Sie glauben, dass er eine Abkürzung ist.	1	2	3	4	5	6
Sie fahren mit dem Fahrrad zu einer Adresse in einen Stadtteil, in dem Sie noch nie waren.	1	2	3	4	5	6
Sie versuchen, sich in einem großen Shopping-Center zurechtzufinden.	1	2	3	4	5	6
Sie versuchen, in einem fensterlosen Raum jemandem die Richtung zu einem bestimmten Ort zu zeigen.	1	2	3	4	5	6
Sie versuchen, auf einer sehr großen Liegewiese im Freibad Ihren Platz wiederzufinden.	1	2	3	4	5	6
Sie wollen in einer fremden Stadt mit einem komplizierten U-Bahn-Netz mit der U-Bahn zu einem bestimmten Ort fahren.	1	2	3	4	5	6

Zählen Sie nun Ihre Punkte zusammen. Der maximal erreichbare
Wert liegt bei 60, der kleinstmögliche Wert bei 10. Ein hoher Wert bedeutet hier hohe Beunruhigung bzw. Ängstlichkeit, wohingegen ein
geringer Wert auf hohe Selbstsicherheit in den alltäglichen Orientierungssituationen hinweist. Ihre Punktzahl können Sie mit den von
uns erhobenen Werten in Abbildung 62 vergleichen.

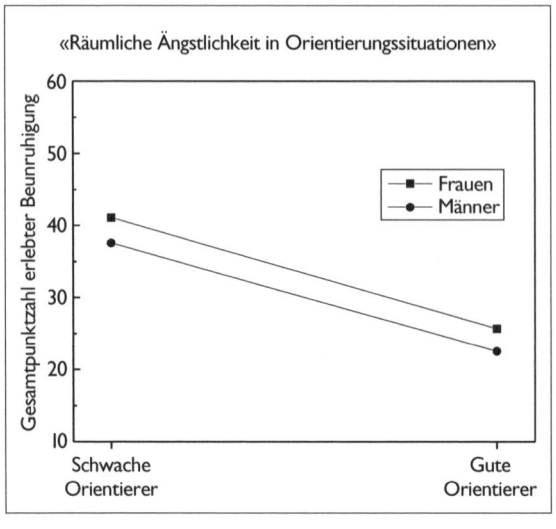

«Räumliche Ängstlichkeit in Orientierungssituationen»

Abb. 62:
Mittelwerte der
Ängstlichkeit in
räumlichen Orien-
tierungssituationen
für schwache und
gute Orientierer,
getrennt nach
Frauen und
Männern

Ihr persönliches Ergebnis wird sich wahrscheinlich nicht sehr von den wissenschaftlichen Resultaten unterscheiden, die – nicht sonderlich überraschend – zeigen, dass die schwachen Orientierer in Orientierungssituationen eher ängstlich sind, wohingegen die guten Orientierer eher selbstsicher an solche Situationen herangehen. Auch hier zeigen sich keine Geschlechtsunterschiede. Frauen erweisen sich als «schwache» wie auch als «gute» Orientierer in Orientierungssituationen nicht ängstlicher als Männer.

Bei den angewandten Strategien zeigten sich ebenfalls die erwarteten Zusammenhänge: Menschen, die in Orientierungssituationen selbstsicherer sind, wenden eher Überblicksstrategien an. Menschen, die in solchen Situationen ängstlicher sind, haben keine eindeutige Strategie und finden ihr Ziel eher durch Suchen. Hier fanden sich diese Zusammenhangsmuster nicht nur in Bezug auf Strategien, sondern auch in Bezug auf das erworbene Wissen: Ängstliche Menschen erwarben weniger Überblickswissen als selbstsichere. Unklar bleibt allerdings, ob die Ängstlichkeit die Strategien bzw. die Leistung beeinflusst oder umgekehrt: Es könnte sein, dass die Ängstlichkeit dazu führt, dass man sich weniger gezielt und systematisch mit seiner Umgebung beschäftigt. Es könnte aber auch umgekehrt sein, dass Menschen nämlich erst dann ängstlich werden, wenn sie erlebt haben, dass es ihnen schwer fällt, sich in Orientierungssituationen zurechtzufinden. Diese Frage können wir mit unserer Studie nicht klären. Einen tieferen Einblick gibt das Kapitel 12, welches sich speziell mit der emotionalen Komponente «Ängstlichkeit» in räumlichen Orientierungssituationen beschäftigt.

Das Geschlecht: doch nicht so ausschlaggebend?

Welche Rolle spielt das Geschlecht bei der Orientierung nun wirklich? Lassen Sie uns die Ergebnisse unserer Studie zusammenfassen. Eine Stadtumgebung im Computer diente uns als räumliche Orientierungssituation (siehe auch Kapitel 9). Als Studienteilnehmer wurden gezielt Personen gesucht, die angaben, einen sehr guten oder einen sehr schwachen Orientierungssinn zu haben. Die Ergebnisse dieser Studie bestätigen, was zuvor schon zu vermuten war: nämlich dass die Selbsteinschätzung hinsichtlich des eigenen Orientierungssinns mit den tatsächlichen Orientierungsleistungen zusammenhängt. Personen, die sich hinsichtlich ihres Orientierungssinnes gut einschätzen, finden sich tatsächlich sehr schnell in neuen Umgebungen zurecht. Hingegen erreichen diejenigen, die sich als eher schwache Orientierer einschätzen, auch entsprechend schwache Leistungen und bauen praktisch kein Wissen darüber auf, wie Plätze oder Objekte zueinander liegen.

Aber welche Rolle spielt dabei nun das Geschlecht? Fast alle bisherigen Untersuchungen fanden Unterschiede zwischen Männern und Frauen, was die Orientierungsstrategien und das dabei erworbene Wissen angeht. Unsere Studie zeigt nun aber, dass diese Unterschiede verschwinden, wenn man «Extremgruppen» betrachtet, also Menschen beiderlei Geschlechts mit besonders gutem bzw. besonders schwachem Orientierungssinn. Männer und Frauen mit gutem Orientierungssinn wenden bei der Orientierung die gleichen Strategien an und erwerben die gleiche Art von Wissen. Ebenso gibt es keine Unterschiede zwischen Männern und Frauen mit schwachem Orientierungssinn. Der Unterschied unserer Ergebnisse zu den meisten Studien besteht also darin, dass es relativ viele Männer gibt, die einen guten Orientierungssinn haben, und relativ viele Frauen, die einen schwachen Orientierungssinn haben.

Wie wird man zu einer Frau mit gutem Orientierungssinn? Unsere Daten legen nahe, dass Interesse und Ängstlichkeit hier eine große Rolle spielen (vgl. auch Kapitel 12). Frauen, die Angst vor Orientie-

147

rungssituationen haben, nutzen vielleicht weniger Möglichkeiten, den Umgang mit solchen Situationen zu üben. Oft lassen sie sich von anderen Menschen (Männern?) helfen, anstatt auf ihre eigene Orientierungsfähigkeit zu vertrauen. Das mag auch darauf zurückzuführen sein, dass sie wenig Interesse an derartigen Situationen haben – es sind meistens Männer, die nach einer Wanderung eifrig den zurückgelegten Weg auf der Landkarte verfolgen. Ob dieses Interesse nun angeboren ist oder in der Kindheit erlernt wird – Studien zeigen, dass Jungen sich nach wie vor früher weiter von zu Hause entfernen dürfen als Mädchen (vgl. Kapitel 5 und 12) –, ist wohl nur sehr schwer festzustellen. Am wahrscheinlichsten ist ein Zusammenwirken beider Faktoren. Vielleicht haben Jungen schon früh ein angeborenes stärkeres Interesse an den räumlichen Eigenschaften ihrer Umwelt. Und diese wird dann eventuell durch Eltern und Erzieher auch stärker gefördert als bei Mädchen.

11
Wozu Computerspiele gut sein können

Sabine mag Computerspiele. Stundenlang sitzt sie manchmal am Computer und spielt ihr Lieblingsspiel. Dabei muss sie ihre Figuren durch verschiedene Irrgärten führen. Regelmäßig versucht sie, ihre Freundin Lisa zu einem gemeinsamen Spiel zu überreden. Lisa aber hasst Computerspiele eigentlich. Gelangweilt sitzt sie vor dem PC (siehe Abbildung 63). «Ich bin einfach nicht gut im Computerspielen», sagt sie. «Können Computerspiele überhaupt zu irgendetwas gut sein?» In diesem Kapitel wollen wir versuchen, Lisas Frage zu beantworten.

Eine kleine Einführung in die Welt der Computerspiele

Spielt man das Computerspiel *Tetris*, muss man unterschiedlich geformte Figuren, die von oben herabfallen, so drehen und anordnen, dass sie möglichst lückenlose Reihen ergeben (vgl. Abbildung 64).

Abb. 63: Sabine und Lisa beim Computerspielen

149

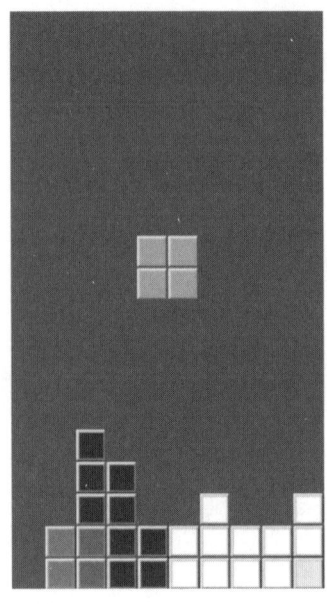

Abb. 64: Computerspiel *Tetris*

Jeweils vollständige Reihen verschwinden und geben Punkte. Man muss sich also vorstellen können, wie die Figuren aussehen, wenn man sie um die eigene Achse dreht und in das komplexe Feld aus bereits platzierten Figuren einordnet. In manchen Abenteuerspielen oder Rollenspielen (z. B. *Diablo, Might and Magic*) sind komplexe Irrgärten zu entwirren. Wiederum andere Spiele verlangen, dass man sich in labyrinthartigen Welten zurechtfindet. Oder man steuert in Simulationsspielen wie z. B. Flugsimulatoren ein imaginäres Flugzeug und muss Hindernissen frühzeitig ausweichen. Alle diese Beispiele – das Drehen von Figuren, das Zurechtfinden in einer virtuellen Umgebung oder das Ausweichen von Hindernissen in einem dreidimensionalen Raum – haben etwas gemeinsam: Es erfolgt eine aktive Interaktion mit dynamischen graphischen Animationen. Die typischen Anforderungen solcher Aufgaben liegen bei der schnellen bildhaften Erfassung und der vorstellungsgebundenen Vorwegnahme und Manipulation von Spielsituationen. Viele Kinder werden durch Computerspiele am PC oder Videospiele an der Konsole in die Welt der Computertechnologie eingeführt.

Was haben Computerspiele
mit dem räumlichen Vorstellungsvermögen zu tun?

Gibt es einen Zusammenhang zwischen dem Spielen von Computerspielen und dem räumlichen Vorstellungsvermögen? Dieser Frage sind wir in unserer Untersuchung an insgesamt 771 Studenten verschiedener Fachrichtungen aus Deutschland und Kanada nachgegangen. Uns interessierte dabei, ob Computerspiele in beiden Ländern einen ähnlichen Einfluss auf das räumliche Denken haben. Um das räumliche Vorstellungsvermögen zu erfassen, haben wir zum einen den *Mentalen Rotations-Test* verwendet. Bei diesem Test sollen die Versuchsteilnehmer verschiedene dreidimensional dargestellte Würfelfiguren gedanklich drehen (siehe auch Kapitel 8). Zum anderen haben wir den Test *Schnitte* verwendet. Bei diesem Test soll man geometrische Figuren (z. B. eine Kugel oder eine Pyramide) gedanklich mit einer Ebene schneiden. Diese Ebene können Sie sich als eine Art Messer vorstellen, welches z. B. einen runden Kuchen in der Mitte durchschneidet. Übrig bleiben würden dann zwei Kuchenhälften, die wie Halbkreise aussehen. Und darum geht es auch in diesem Test. Nachdem man im Geiste eine geometrische Figur mit einer Ebene oder

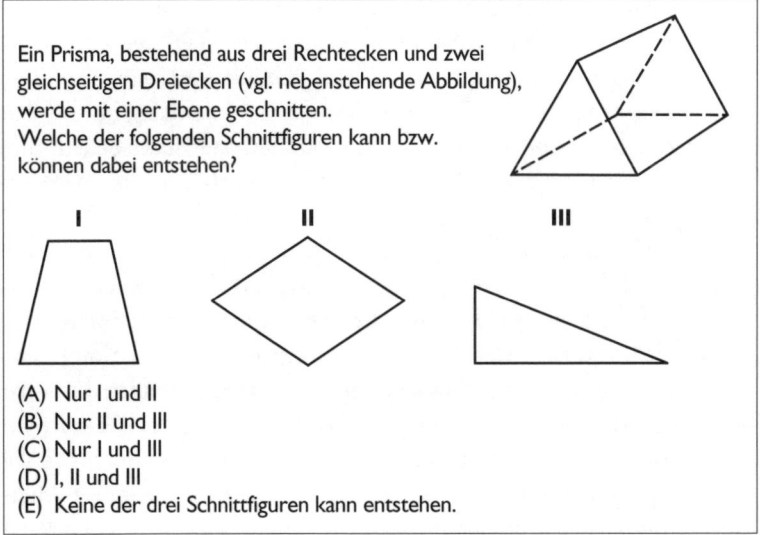

Ein Prisma, bestehend aus drei Rechtecken und zwei gleichseitigen Dreiecken (vgl. nebenstehende Abbildung), werde mit einer Ebene geschnitten.
Welche der folgenden Schnittfiguren kann bzw. können dabei entstehen?

I   II   III

(A) Nur I und II
(B) Nur II und III
(C) Nur I und III
(D) I, II und III
(E) Keine der drei Schnittfiguren kann entstehen.

Abb. 65: Beispielaufgabe des Tests *Schnitte*. Nur eine der fünf möglichen Antworten ist richtig.

einer anderen Figur geschnitten hat, soll man sich vorstellen, welche Schnittfiguren dabei entstehen können. Eine Beispielaufgabe sehen Sie in der Abbildung 65. Die Lösung finden Sie wie immer im Anhang.

Gar nicht so leicht, oder? Nicht umsonst misst der Test *Schnitte* das räumliche Vorstellungsvermögen im oberen Leistungsbereich. Das heißt, dass der Test ziemlich schwierig ist und im Durchschnitt die Hälfte aller Versuchsteilnehmer (z. B. Schüler und Schülerinnen der zwölften Klasse) von insgesamt 17 Aufgaben nur vier richtig löst. Und es gibt kaum jemanden, der für alle 17 Aufgaben die richtige Lösung findet.

Was kam nun in unserer Untersuchung heraus? Offenbar gibt es einen Zusammenhang zwischen den Ergebnissen im *Mentalen Rotations-Test* und der Erfahrung mit Computerspielen. Um zu erfahren, wie es mit der Computerspielerfahrung unserer Versuchspersonen aussieht, haben wir ihnen einen Fragebogen vorgelegt (siehe Tabelle 5). Hier sollten sie ankreuzen, ob sie verschiedene Computerspiele spielen. Je häufiger die Versuchsteilnehmer Erfahrungen mit Computerspielen gesammelt hatten, umso wahrscheinlicher war es auch, dass sie eine hohe Punktzahl im *Mentalen Rotations-Test* erreichten. Besonders relevant für eine gute Leistung in diesem Test scheinen Strategiespiele (z. B. *Siedler, Alpha*) zu sein. Dies galt sowohl für die Männer als auch für die Frauen aus Deutschland und Kanada. Daneben ließ sich ebenfalls ein Zusammenhang zwischen Computerspielen und dem Test *Schnitte* beobachten. Allerdings war dieser Zusammenhang nur bei den deutschen Frauen und den kanadischen Männern statistisch bedeutsam. Förderlich für eine gute Leistung im Test *Schnitte* scheinen dagegen Abenteuerspiele (z. B. *Kings Quest, Myst*) zu sein.

Erfahrung mit bestimmten Computerspielen geht also mit einem guten räumlichen Vorstellungsvermögen einher. Aber können wir unsere räumlichen Fähigkeiten durch Computerspiele auch trainieren? In der Tat haben verschiedene Untersuchungen gezeigt, dass Computerspiele in dieser Hinsicht durchaus einen positiven Nutzen mit sich bringen. So stellten die Forscher Lynn Okagaki und Peter A. Frensch im Jahr 1994 in einem Experiment fest, dass die Versuchsteilnehmer, die *Tetris* gespielt hatten, weniger Zeit für den uns bereits bekannten *Mentalen Rotations-Test* brauchten. In einer Untersuchung von den Wissenschaftlern Richard de Lisi und Diane M. Cammarano im Jahr 1996 wurde ebenfalls der *Mentale Rotations-Test* durchgeführt. Danach sollte die eine Hälfte der Versuchspersonen das Computerspiel *Block out* spielen. Die andere Hälfte spielte *Solitaire* am Computer. Dies ist ein Kartenspiel und erfordert nicht das geistige Drehen von dreidimensionalen Figuren, wie dies bei dem Spiel *Block out* der Fall ist. Nachdem die Teilnehmer eine gewisse Zeit dieses Computerspiel gespielt hatten, wurde der *Mentale Rotations-Test* erneut durchgeführt. Jetzt schnitten die *Block-out*-Spieler deutlich besser ab als die *Solitaire*-Spieler. Das Spielen von *Block out* hatte also die räumlichen Fähigkeiten der Versuchsteilnehmer verbessert, die für eine gute Leistung im *Mentalen Rotations-Test* wichtig sind. Interessanterweise hatte auch das Computerspiel *Solitaire* einen positiven Einfluss, allerdings nur auf die Versuchsteilnehmerinnen. Während bei der ersten Testung mit dem *Mentalen Rotations-Test* noch die männlichen *Solitaire*-Spieler ein besseres Ergebnis als die Frauen erzielten, waren bei der zweiten Testung die weiblichen *Solitaire*-Spieler nach dem Computerspielen genauso gut wie die männlichen. Frauen scheinen also ganz besonders von Computerspielen zu profitieren. Möglicherweise liegt das daran, dass die weiblichen Teilnehmerinnen vorher einfach seltener Computerspiele gespielt hatten als die männlichen (Näheres dazu können Sie im folgenden Abschnitt lesen). Es könnte aber auch sein, dass sich durch positive Spielerfahrungen das Vertrauen in die eigenen Fähigkeiten bei der Lösung von Raumvorstellungsaufgaben verbessert. Dies würde sich dann positiv auf die Testleistung auswirken. In den Kapiteln 9 und 10 hatten wir ja bereits davon berichtet, dass eine positive Selbsteinschätzung und -erfahrung mit guten räumlichen Leistungen im Zusammenhang stehen kann.

Nachdem sich also gezeigt hat, dass Computerspiele einen positiven Einfluss auf das räumliche Vorstellungsvermögen haben können, stellt sich nun die Frage, wer denn eigentlich häufiger Computerspiele spielt – Männer oder Frauen?

Wer spielt häufiger Computerspiele: Männer oder Frauen?

In unserer Untersuchung wurde auch gefragt, wie oft man sich mit Computerspielen beschäftigt. Hier zeigte sich, dass die Männer insgesamt häufiger Computerspiele spielen als die Frauen. Dies traf sowohl für die deutschen als auch für die kanadischen Versuchspersonen zu. Weibliche Studierende gaben dagegen öfter an, nie Computerspiele zu spielen. Interessanterweise spielen die kanadischen Studenten häufiger Computerspiele als die deutschen. Allerdings zeigten sich auch hier bezüglich der Computerspielerfahrung klare Geschlechtsunterschiede zugunsten der Männer. So gaben in beiden Ländern die Frauen im Vergleich zu den Männern viermal so häufig an, noch nie ein Computerspiel gespielt zu haben.

Des Weiteren sollten die Versuchsteilnehmer beantworten, wie häufig sie die folgenden acht Computerspieltypen spielen (siehe Tabelle 5). Wie schaut es denn bei Ihnen aus – wo würden Sie Ihre Kreuze setzen?

Tab. 5: Wie oft spielen Sie die folgenden Computerspiele?

	Sehr oft	Oft	Gelegent-lich	Selten	Nie
1. Abenteuerspiele (z. B. *Kings Quest, Myst*)	O	O	O	O	O
2. Actionspiele (z. B. *Quake, Doom*)	O	O	O	O	O
3. Sportspiele (z. B. *Fifa, NHL*)	O	O	O	O	O
4. Rollenspiele (z. B. *Betrayal of Antara, Ultima*)	O	O	O	O	O
5. Denk- und Logikspiele (z. B. *Schach*)	O	O	O	O	O
6. Spiele wie *Tetris* und Labyrinthspiele (z. B. *Block out, PacMan*)	O	O	O	O	O
7. Strategiespiele (z. B. *Siedler, Alpha*)	O	O	O	O	O
8. Fahrzeugsimulatoren (z. B. *RedBaron, Motocross Madness*)	O	O	O	O	O

Bei den männlichen Versuchsteilnehmern zeigten sich Actionspiele als die am häufigsten (Deutschland) bzw. am zweithäufigsten (Kanada) gespielten. Deutsche Männer gaben weiterhin an, sich häufig mit Strategiespielen zu beschäftigen, kanadische Männer bevorzugten Sportspiele. Weibliche Versuchsteilnehmer aus beiden Ländern nannten dagegen an erster Stelle *Tetris* und Labyrinthspiele, gefolgt von Denk- und Logikspielen.

Insgesamt wiesen also auch hier wieder die Männer einen größeren Erfahrungsschatz mit Computerspielen auf. Mit fast allen acht Spieltypen hatten die männlichen Versuchsteilnehmer insgesamt mehr Erfahrung. Nur bei Spielen wie *Tetris* und Labyrinthspielen wiesen die deutschen Versuchsteilnehmerinnen einen ähnlich hohen Level an Erfahrung auf. Die kanadischen Frauen spielten sogar häufiger *Tetris* und Labyrinthspiele als die Männer.

«Wie gut bin ich in Computerspielen?» – schätzen sich Männer und Frauen unterschiedlich ein?

Schließlich sollten die Versuchsteilnehmer auch noch einschätzen, wie gut sie im Vergleich zu ihren Geschlechtsgenossen Computerspiele spielen können. Dabei konnten sie zwischen folgenden Antwortalternativen auswählen: Ich spiele Computerspiele «besser als andere», «genauso gut wie andere» oder «schlechter als andere» Männer bzw. Frauen. Wie hätten Sie denn darauf geantwortet? Wenn Sie männlichen Geschlechts sind, dann hätten Sie möglicherweise, wie die Hälfte der deutschen und kanadischen Männer, mit «genauso gut wie andere» geantwortet. Wenn Sie weiblichen Geschlechts sind, hätten Sie vielleicht, wie ca. 60 Prozent der Frauen aus beiden Ländern, ebenfalls mit «genauso gut wie andere» geantwortet. Scheint es hier also keinen Geschlechtsunterschied zu geben? Doch, den gibt es, denn ein Drittel der deutschen Männer und über 40 Prozent der kanadischen Männer glaubten, besser als andere Männer Computerspiele zu spielen. Im Vergleich dazu meinten gerade mal 4 Prozent der deutschen Frauen und 9 Prozent der kanadischen Frauen, hier besser zu sein als ihre Geschlechtsgenossinnen. Das bedeutet, dass Männer im Durchschnitt ihre Computerspielfähigkeiten als besonders gut einschätzen. Frauen tun das nicht. Sie besitzen also ein schlechteres *fähigkeitsbezogenes Selbstkonzept* im Hinblick auf Computerspiele. Abbildung 66 zeigt diesen Unterschied zwischen den Geschlechtern.

Was können wir aus diesen Ergebnissen schließen?

Ganz klar gibt es einen Zusammenhang zwischen der Erfahrung mit bestimmten Computerspielen und der Leistung in Tests zum räumlichen Vorstellungsvermögen. Wer viel am Computer spielt, schneidet

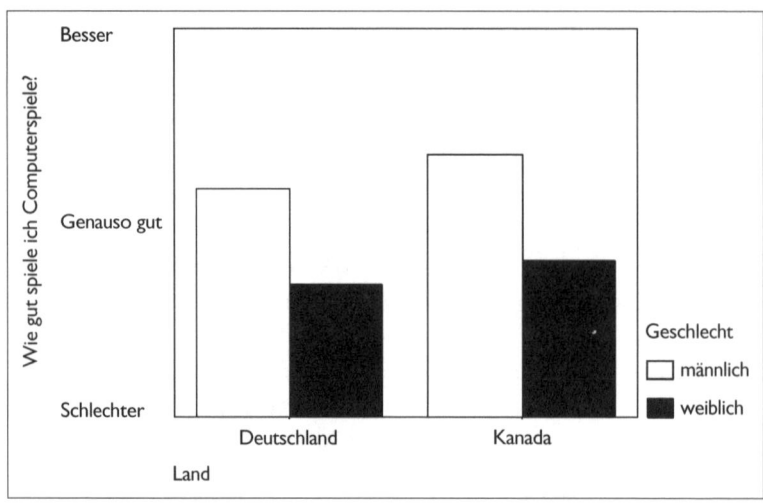

Abb. 66: «Wie gut spiele ich Computerspiele im Vergleich zu meinen Geschlechtsgenossen?» Ergebnisse aus Deutschland und Kanada

oft gut in solchen Tests ab. Auch lassen sich die räumlichen Fähigkeiten mit Computerspielen gezielt trainieren. Davon scheinen besonders Frauen zu profitieren. Wer sich also viel mit Computerspielen beschäftigt, ist bei räumlichen Aufgaben im Vorteil. Allerdings bedeutet dies nicht, dass wir Ihnen prinzipiell empfehlen, häufiger Computerspiele zu spielen. Wir meinen vielmehr, dass hier ein gesundes Mittelmaß angebracht wäre. Außerdem sind es ja auch nur bestimmte Computerspiele, die Ihr räumliches Denken fördern können. Bei Spielen, die Gewalt und Kriege verherrlichen, ist natürlich weiterhin Vorsicht geboten.

Wir haben auch gesehen, dass Männer häufiger Computerspiele spielen als Frauen. Des Weiteren gibt es einen Unterschied zwischen den Geschlechtern, was die Art der Computerspiele betrifft, die sie bevorzugen. Jungen und Männer spielen beispielsweise viel häufiger Actionspiele. Kein Wunder, gelten diese doch als besonders männlich. Aber Männer sind nicht nur vertrauter im Umgang mit Computerspielen, sondern glauben auch, besonders gut darin zu sein. Im Gegensatz dazu schätzen sich Frauen als nicht besonders erfolgreich im Computerspielen ein. Dies kann dazu führen, dass Frauen und Mädchen schon von vornherein nicht motiviert sind, sich mit Computerspielen zu beschäftigen.

Kommen wir auf Lisas Frage am Anfang des Kapitels zurück. Bestimmte Computerspiele können für das Training des räumlichen Denkens gut sein. Vielleicht findet Lisa ja ein Computerspiel, das ihr Spaß macht und auch noch ihr räumliches Denken trainiert. Und wer weiß – vielleicht parkt sie dadurch auch besser in die nächste Parklücke ein.

12
Angst im Raum – Schicksal oder Erfahrung?

Andreas und Sabine gehen am Wochenende gemeinsam spazieren. Ihr Ziel ist eine kleine versteckte Waldschänke. Sie haben gehört, dass man dort sehr gut zu Mittag essen kann. Auf ihrem Weg dorthin kommen sie an eine Kreuzung mit einem Wegweiser, der in alle Himmelsrichtungen zeigt. Alle möglichen Orte sind dort angezeigt, nur nicht die Waldschänke. «Ach du Schreck, wo geht es denn nun lang?», fragt Andreas, und Schweißperlen treten ihm auf die Stirn. Er hatte doch den Vorschlag gemacht, zur Waldschänke zu gehen, und wollte Sabine dorthin führen. Und nun sah er schon wieder voller Angst, dass er überhaupt keine Ahnung hatte, wo es langging. Schon als kleiner Junge hatte er sich im Wald öfter verlaufen, weil er sich dort nicht an markanten Punkten (wie dem Kirchturm) orientieren konnte. Anhand von Himmelsrichtungen konnte er sich nie besonders gut zurechtfinden. Sabine aber steht am Wegweiser und zeigt lächelnd in eine Richtung (siehe Abbildung 67): «Dort geht es zur Waldschänke.» Ob sie damit richtig liegt?

In diesem Kapitel soll es um die *Erfahrungswelten* gehen, in denen Kinder und Jugendliche erste Strategien des räumlichen Lernens erwerben. Wo spielen *Sicherheit und Angst* eine Rolle in der räumlichen Orientierung? Wie beeinflusst der Komplex aus Erfahrung, Motivation und Emotion zunächst die *räumlichen Strategien* und darauf aufbauend die *räumlichen Leistungen*, zunächst im Kindes- und Jugendalter und später als Erwachsene? Wie erklärt die Hirnforschung die *Variabilität dieser Lernprozesse*?

Die Geschlechterforschung, bis heute vorwiegend eine Erforschung von Geschlechterunterschieden, betrachtet zumeist nur die Leistungen im räumlichen Denken. Können Männer besser mental Objekte im Raum drehen, können sich Frauen genauer an Landmarken erinnern, können Männer besser Himmelsrichtungen und Übersichtskarten nutzen? Werden solche Unterschiede im Geschlechtervergleich immer wieder zitiert, so sind evolutionsbiologische Erklärungen als Ursache schnell zur Hand. Der männliche Jäger habe Fähigkeiten zur

weiträumigen Orientierung, die weibliche Sammlerin zur Landmarkenerkennung erworben (siehe Kapitel 5). Doch so einfach lässt sich der Rückschluss auf vorprogrammierte biologische Differenzen nicht ziehen. Denn dabei wird zu wenig nach dem «Wie» des räumlichen Lernens in der heutigen Welt gefragt. Unsere moderne Welt brüstet sich zwar mit einem Gleichheitsanspruch für alle Menschen und damit auch für beide Geschlechter. Nach wie vor ist sie aber in geschlechterstereotype Räume eingeteilt, sei es am Arbeitsplatz, in der Schule, in der Öffentlichkeit oder auch zu Hause. So müssen wir wesentlich genauer fragen: Erklären die *Erfahrungen* von Mädchen und Jungen, Frauen und Männern in unserer zweigeschlechtlich konstruierten, modernen Welt möglicherweise die Unterschiede in Strategien und Leistungen bei der Raumorientierung? Damit erhält das soziale Geschlecht – der wissenschaftliche Fachbegriff dafür ist *Gender* – Eingang in unsere Fragestellung. Denn damit werden all jene Geschlechteraspekte des Verhaltens beschrieben, inklusive der Zuschreibungen und Rollenerwartungen, die sozial oder kulturell hergestellt werden.

Erfahrung, Angst, Strategie und Leistung – das Netzwerk der räumlichen Orientierung

Wir orientieren uns in unserer Umgebung anhand bestimmter räumlicher Merkmale wie *Landmarken* (z. B. Gebäuden, Telefonzellen), *Wegen* und *Kreuzungen, Richtungen, Entfernungen, Abgrenzungen* (z. B. Bahnlinien) und *Distrikten* (z. B. Stadtteilen). Landmarken dienen als Orientierungspunkte. So genannte *egozentrische Richtungen* kennzeichnen, ob ich meinen Körper nach rechts oder links drehe, *Wegrichtungen* hingegen, in welche Richtung mein Weg abzweigt. *Zielrichtungen* zeigen direkt und mit linearem Winkel auf ein Ziel und entsprechen nicht unbedingt dem tatsächlichen Wegverlauf. Zielrichtungen sind wichtig, um Abkürzungen zu finden, ebenso wie Himmelsrichtungen. Entfernungen können metrisch («300 Meter bis zur Haltestelle») oder zeitlich («zum Bahnhof 5 Minuten zu Fuß») sein.

Diese Aufzählung soll noch einmal daran erinnern, dass wir während des Orientierungsprozesses ein ganzes Set von räumlichen Merkmalen in unterschiedlichsten Kombinationen speichern und dann wieder abrufen können. Wenn ich mir bevorzugt Landmarken und Richtungswechsel im Wegverlauf merke, dann sprechen wir von *Wegwissen* bzw. *Landmarken-* und *Routenwissen*. Darüber wurde ja bereits in Kapitel 6, 9 und 10 berichtet. Konzentriere ich mich hingegen auf direkte Zielrichtungen oder Himmelsrichtungen, so nennen wir dies *Übersichtswissen* bzw. *Überblickswissen*. Nicht vergessen dürfen wir die *Exploration*, bei der ich meine Umgebung ohne bestimmtes Ziel erkunde, also z. B. planlos durch eine fremde Stadt gehe und diese erforsche.

Wie kann man sich aber nun diesen komplexen Orientierungsprozess vorstellen? Heute gehen wir von einem interaktiven Modell der Raumorientierung aus. Denn nur so kann man der Vielzahl der Kombinationsmöglichkeiten und der Abhängigkeit von unterschiedlichen Erfahrungen und Orientierungssituationen am besten gerecht werden. Ein ganz wichtiger Punkt ist, dass unsere Raumvorstellung *dynamisch* ist, d. h., sie kann sich ständig verändern. Wir haben also keine starre innere Raumkarte. Denn jede Information, die wir aufnehmen und verarbeiten, verändert unsere Raumvorstellung. Rauminformationen können wir in erster Linie aus unserem eigenen Navigationsverhalten erwerben, aber auch aus Karten, Beschreibungen, Bildern oder sogar aus

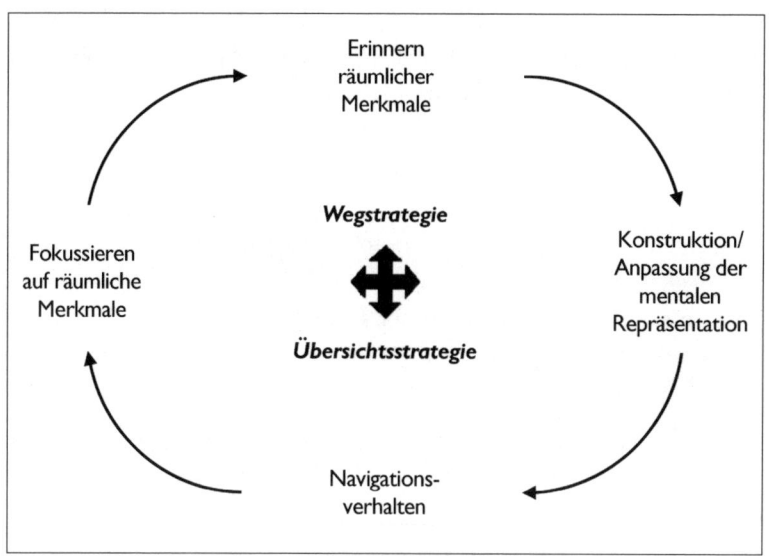

Abb. 68: Unser Raumwissen ist dynamisch.

Romanen. Unser Raumwissen, dass wir durch unsere Erfahrungen erwerben und das dadurch immer komplexer wird, entsteht aus der Integration von Landmarken innerhalb eines zunächst einfachen, dann vernetzten Wegsystems, in das gleichzeitig Übersichtswissen eingebaut wird. Die Abbildung 68 macht diesen Sachverhalt deutlich.

Wichtig ist, dass wir nicht nur passiv räumliche Informationen empfangen, sondern uns diese aktiv aus der Umwelt suchen. Aus dieser Information konstruieren wir uns dann eine mentale Repräsentation, also ein geistiges Abbild der Umwelt. Diese *Raumkarte* in unseren Köpfen – nicht zu verwechseln mit einer herkömmlichen Landkarte – bildet die Grundlage für unser weiteres Navigationsverhalten. Dann werden erneut bestimmte Informationen ausgewählt und in das schon bestehende Muster, unser geistiges Abbild der Umwelt, eingearbeitet. Es wird also auf schon vorhandenem Wissen weiteres aufgebaut. Dies kann wiederum zu Veränderungen im Verhalten führen und so weiter. Unsere Raumkarte dient also im Wechsel immer als dynamisches Abbild unserer Umwelt und als dynamischer Aktionsplan für unsere weiteren Handlungen.

So könnten die dynamischen Raumkarten in den Köpfen von Andreas und Frank folgendermaßen aussehen. Andreas beachtet bei der

Orientierung vornehmlich Landmarken in der Umgebung. Er entwickelt daraus ein geistiges Abbild der Umwelt und sucht beim weiteren Orientieren gezielt nach Landmarken, die dann wieder seine Vorstellung in Richtung einer Landmarkenkarte erweitern, und so weiter. Wenn ich Andreas nach einer Wegbeschreibung frage, könnte die Antwort so aussehen:

«Gehe nach dem Ausgang die steile Straße hinunter und an der Ampel links. Du kommst an einem großen Baum vorbei, und dann siehst du vor dir ein Hotel. Daran gehst du vorbei, und an der nächsten Ampel überquerst du die Straße, gehst links und nach einem kurzen Stück findest du den Bahnhof.»

Frank würde seine innere Raumkarte dagegen stärker an Himmelsrichtungen und Entfernungen ausrichten und denselben Weg wie folgt beschreiben:

«Vom Ausgang halte dich nach Norden und nach 50 Metern links die Straße hinunter. An der nächsten Kreuzung wieder links und geradeaus bis zum Hotel. Gehe weiter nach Süden, überquere die Straße, und nach 30 Metern liegt rechter Hand der Bahnhof.»

Beide Beschreibungen führen zum Ziel, es werden aber unterschiedliche Raummerkmale kombiniert. In der ersten, sequenziellen *Wegstrategie* ist die Abfolge von Landmarken und Richtungswechseln wichtig. Die zweite *Übersichtsstrategie* bezieht sich stärker auf direkte Zielrichtungen, die auch Abkürzungen erlauben, und auf Himmelsrichtungen. Raumstrategien bestimmen dann auch die *Leistungen*, wenn ein bestimmtes Raumwissen abgefragt wird. Denn wer seine innere Karte auf Landmarken aufbaut, wird später auch genauer Landmarken angeben können, und Gleiches gilt umgekehrt auch für Richtungen. Allerdings bleibt zu beachten, dass häufig nicht nur die eine oder nur die andere Strategie, sondern Kombinationen von beiden genutzt werden.

Wie wir bereits in den Kapiteln 9 und 10 erfahren haben, gibt es verschiedene individuelle Strategien zur Lösung räumlicher Aufgaben. Manchmal hängt es auch von der Situation ab, ob ich mich für die eine oder andere Strategie entscheide, z. B. davon, ob ich mich in einer Umgebung auskenne oder nicht. In Ihrer Heimatstadt werden Sie sicher ohne größere Probleme einen Stau umfahren, da Sie meistens wissen, ob Ihr Ziel (z. B. der Supermarkt) im Süden oder im Norden liegt. Sie nutzen also beim Orientieren Ihr Überblickswissen. Bei dieser Strategie führt ein kleiner Fehler zu großen Abweichungen. Falls Sie sich also beim Umfahren des Staus doch irren sollten, dann würden Sie vielleicht anstatt nach Süden zum Supermarkt aus Versehen in Richtung Osten fahren. Da Sie sich aber in Ihrer Heimatstadt auskennen, werden Sie doch wieder zurückfinden. In einer fremden Stadt würden Sie sich wahrscheinlich mit dieser Strategie wirklich verfahren und dann unsicher werden. Dort verlassen Sie sich wahrscheinlich eher auf eine sichere Strategie und merken sich die Landmarken (Kirche, Tankstelle o. ä.), die auf dem Weg auftauchen.

Wie sieht es nun mit dem Geschlecht und den Strategien aus? Wir haben eine Reihe von Untersuchungen mit Kindern, Jugendlichen und Erwachsenen durchgeführt, die zeigen, wie beim Orientierungslernen in unterschiedlicher Umgebung Erfahrung, Sicherheitsgefühle oder Orientierungsängstlichkeit zusammenkommen und so unterschiedliche Bevorzugungen von Strategien beeinflussen. Wie wir schon in vorangegangenen Kapiteln erfahren haben, bevorzugen Frauen beim Orientieren eher die Wegstrategie, Männer dagegen die Übersichtsstrategie. Schon bei Kindern ab 9 Jahren sind solche Unterschiede tendenziell zu finden. In einer eigenen Studie fanden wir, dass 9- bis 13-jährige Mädchen kleinere Gebiete in der Nachbarschaft ohne Erwachsene erkundeten (bzw. erkunden durften!) als gleichaltrige Jungen. Die Mädchen nutzten seltener verschiedene Wege zu einem Ziel, und ihr Orientierungsraum war dementsprechend weniger verzweigt. Außerdem unternahmen deutlich mehr Jungen (33,3 %) als Mädchen (6,5 %) Streifzüge in der Umgebung. Solche quantitativ und qualitativ unterschiedlichen Erfahrungen beeinflussen dann die Strategiepräferenzen. Kinder mit größeren und vernetzteren Erkundungsräumen zeichneten Karten mit mehr verbindenden Wegen und mehr Richtungsangaben, Kinder mit weniger Erfahrung bevorzugten dagegen Landmarken.

Mädchen und Frauen haben, vielleicht auch aufgrund der gängigen Vorurteile, weniger Erfahrung beim Orientieren (vgl. Kapitel 5). Da meistens *er* Auto fährt und es sowieso viel besser zu können glaubt, überlässt *sie* ihm auch meistens das Steuer. Da das Mädchen vor möglichen Übergriffen geschützt werden muss, darf es nicht alleine in der Gegend herumstreifen. Mit diesen Erfahrungen entwickeln sich Angst und/oder Selbstvertrauen in die eigenen Fähigkeiten. Untersuchungen zeigten: Im Vergleich zu vielen Männern und Jungen hatten mehr Frauen und Mädchen Angst, wenn sie sich orientieren mussten. Sie hatten sozusagen mehr «Angst im Raum». Viele Männer waren selbstbewusster in Bezug auf ihre räumlichen Fähigkeiten – allerdings waren ihre Leistungen nicht besser als die der Frauen. Der Bezug zum Geschlecht gilt aber nicht für alle Personen, eher gilt: Personen, die beim Orientieren ängstlicher waren, schätzten nicht nur ihre Übersichts- und Wegfindefähigkeit schlechter ein, auch ihre Strategien wurden von der Angst bzw. dem Selbstvertrauen beeinflusst. Für Kinder, Jugendliche und Erwachsenen galt gleichermaßen: Beim Orientieren bevorzugten ängstlichere Personen eine Landmarken- gegenüber einer Richtungsstrategie. Interessanterweise wirkte sich die Angst dann auch auf die räumlichen Leistungen aus. Kinder mit hoher Orientierungsangst machten größere Winkelfehler, d. h., sie hatten größere Abweichungen beim Anzeigen einer direkten Zielrichtung als weniger ängstliche. Ängstlichere Erwachsene machten größere Fehler beim Richtungszeigen auf nicht sichtbare Landmarken und gaben Richtungswechsel im Wegverlauf häufiger falsch an. Weiterhin setzten wir in einer Untersuchung einen Teil der Versuchsteilnehmerinnen und -teilnehmer durch einen hohen Lärmpegel experimentell unter Stress. Das Übersichtswissen (nicht jedoch das Wegwissen) wurde dann schlechter erlernt, als wenn ein Labyrinth bei Entspannungsmusik erkundet werden sollte.

Insgesamt wird deutlich, dass eine Einteilung in orientierungserfahrene und -unerfahrene Personen bzw. in orientierungssichere und -ängstliche Personen die Geschlechtergrenzen bezüglich der bevorzugten Strategie verschwimmen lässt. Ängstliche Jungen oder Männer benutzen prinzipiell ebenfalls Landmarken. Dagegen nutzen erkundungserfahrene Mädchen und Frauen ebenfalls gerne Übersichtsstrategien (siehe auch Kapitel 10). Der Faktor «Geschlecht» wird also erst durch unsere Umwelterfahrungen bedeutsam.

Weil das Zurechtfinden in fremden Umgebungen bzw. Räumen Unsicherheit und Angst auslösen kann, ist es wichtig zu fragen, wie denn der öffentliche Raum von Mädchen und Frauen eingeschätzt wird. Er ist für sie auch oft ein «Angst-Raum». So geben 75 % aller Frauen an, Angst zu haben, wenn sie abends und nachts allein unterwegs sind. Wir wissen alle, dass Eltern die Bewegungsräume ihrer Töchter einschränken. Dadurch reduzieren sich die Bewegungsfreiheiten und der Handlungsraum von Frauen und Mädchen. Sie können sich dann nicht unbeschwert in einer Umgebung bewegen und sich diese merken. Diskutiert wird allerdings auch, inwieweit diese Angst durch die Gesellschaft noch verstärkt wird. Es ist nicht unbedingt realistisch, dass für Mädchen und Frauen in bestimmten öffentlichen Räumen wirklich eine Gefahr besteht. Bekanntlich finden die meisten gewalttätigen Übergriffe in privaten Räumen statt. Doch wie oft hat sich beispielsweise Lisa schon den Satz anhören müssen: «Dort sollte eine Frau nachts niemals allein langgehen!» Die Angst-Räume in der Öffentlichkeit werden durch solche Diskussionen teilweise auch erst geschaffen oder zumindest aufrechterhalten. Die gesellschaftlichen Bedingungen und Vorurteile können also von mehr oder weniger berechtigter «Angst im Raum» über Unerfahrenheit bis zum Ausschluss von Frauen aus der Öffentlichkeit führen.

Räumliches Lernen mit einem plastischen Gehirn

Ebenso wie unser Gehirn unser Verhalten und unsere Lernstrategien beeinflusst, kann sich wiederum unser Lernen und Verhalten auf unsere Gehirnfunktionen auswirken. Wie bereits in Kapitel 2 erwähnt, ist unser Gehirn veränderlich. Man spricht auch von der *Plastizität des Gehirns*. Das bedeutet, dass es sich in seinen Strukturen und Aktivierungen an unsere Lebenserfahrungen anpasst. Nervennetzwerke «erlernen» durch wiederholte Verarbeitung eine bestimmte Wirklichkeit und spiegeln diese dann in ihrer biologischen Struktur wider. Häufig und gleichzeitig genutzte Verbindungen werden stabilisiert, wenig genutzte abgebaut. Nicht umsonst gibt es das Sprichwort: *Wer rastet, der rostet.* Im Laufe unseres Lernens bilden sich zunehmend komplexere Netzwerke im Gehirn aus, die speziell an bestimmten Denkprozessen beteiligt sind. Solche erfahrungsbedingten Netzwerke werden aktiviert, während man über etwas Bestimmtes nachdenkt, etwas plant, eine Entscheidung trifft und so weiter. Ein sehr verständliches Buch zur Hirnplastizität und der Einschreibung von Erfahrung in unsere Körper hat Joachim Bauer 2002 geschrieben. So lässt sich die dynamische und erfahrungsbedingte Entwicklung der inneren Raumkarte, wie wir sie in Abbildung 68 vorgestellt haben, auch in bestimmten Netzwerken im Gehirn aufzeigen. Die beteiligten Hirnareale, der rechte Schläfenlappen und die Hippocampus-Formation (Seepferdchenstruktur), wurden ja bereits in Kapitel 6 vorgestellt.

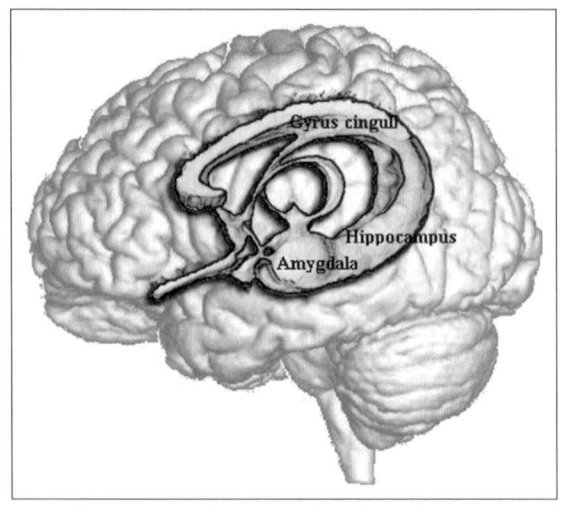

Abb. 69:
Das Limbische
System mit seinen
Strukturen: Gyrus
cinguli, Amygdala
(Mandelkern) und
Hippocampus (See-
pferdchenstruktur)

Auch die Gefühle und die Motivation spielen eine Rolle, wenn man
sich etwas merken will. Sie werden im Gehirn in Schaltkreisen zwischen der Hirnrinde und dem *Limbischen System*, einem Komplex
aus Hirnrinden- und Zwischenhirnstrukturen, verarbeitet (siehe Abbildung 69). Gefühle und Motivationen können das Lernen erschwe-
ren, z. B. wenn wir gestresst sind, oder fördern, z. B. wenn wir eine Be-
lohnung erwarten. Auf diese Weise beteiligen sie sich also an der
Ausbildung von Lernstrategien und an Leistungen. Tierversuche haben gezeigt, dass sich diese Auswirkungen von Gefühlen und Motivationen in den Netzwerken des Gehirns beim Lernen aufzeigen lassen. Dies gilt prinzipiell auch für den Menschen. Denn sicher hat jeder
von Ihnen schon einmal die Erfahrung gemacht, in einer beängstigen-
den Prüfungssituation plötzlich nichts mehr zu wissen, also ein «Brett
vor dem Kopf» zu haben.

Wer beim Orientieren ängstlich und unsicher ist, also «Angst im
Raum» hat, baut anscheinend im Gehirn andere Netzwerke auf, um
sich den Weg zu merken bzw. sein geistiges Abbild der Umgebung mit
neuen Informationen anzureichern. Denn im Gehirn sind die Funk-
tionsbereiche für die Gefühle und das Gedächtnis stark miteinander
verknüpft. Wenn also das Gefühl «Angst» beim Orientieren sehr
stark ist, kann es das Einspeichern von neuen Landmarken fördern, da
diese mehr Sicherheit in der Orientierung bringen, und das Übersichtswissen vernachlässigen. Wer sich dann in einer fremden Umge-

bung zurechtfinden muss und Probleme hat, den richtigen Weg zu finden, erlebt wieder diese Unsicherheit und Angst und greift erneut auf Landmarken als Gedächtnisinhalte und die entsprechenden Netzwerke zurück. Der Kreis schließt sich. Solche gefühlsmäßig-erfahrungsbedingten Veränderungen sind im Gehirn durchaus messbar.

Der Einfluss von Angst oder Selbstsicherheit speziell auf die räumlichen Nervennetzwerke ist allerdings bis heute nicht untersucht. Auch Untersuchungen zur Nutzung von bestimmten Hirnarealen für Landmarkenstrategien (eher bei Frauen?) gegenüber Richtungsstrategien (eher bei Männern?) sind bis heute noch spärlich und zeigen erhebliche Widersprüche. Hinzu kommt: Wir können gar keine so eindeutigen Geschlechterunterschiede feststellen, weder im Verhalten noch in der Aktivierung des Gehirns. Daher möchten wir zum Abschluss noch einen Schritt weiter gehen und «Geschlechter-Erfahrungen» (*Gender*) mit «Geschlechter-Gehirnen» (*Sex*) zusammenführen.

Der Einbezug des Körpers
in die Diskussion um *Sex* und *Gender*

Unser bisheriger Streifzug durch das Netzwerk «Erfahrung/Angst/ Strategie/Leistung» hat unterschiedliche Orientierungserfahrungen und Orientierungsräume von Mädchen und Jungen, von Frauen und Männern in unserer heutigen Welt aufgezeigt. Diese nehmen Einfluss auf Gehirn und Verhalten, und auf ihrer Grundlage erfolgt der weitere Wissenserwerb. Wir haben gesehen, dass unser Raumwissen dynamisch ist und dass Angst dessen Aufbau beeinflusst. Aufgrund verschiedener Erfahrungen mit der Umgebungserkundung bildet sich schon im Kindesalter Selbstvertrauen bzw. Angst im Raum heraus. Des Weiteren haben wir gesehen, dass wir bei Angst und Unerfahrenheit eher Landmarken- und Routenwissen erwerben als Übersichtswissen.

Alle Menschen besitzen von Haus aus (a priori) ein breites Spektrum an Strategien des Wahrnehmens, Denkens oder Handelns. Sie entwickeln daraus verschieden stark ausgeprägte Verhaltenspräferenzen in unterschiedlichen Umweltsituationen, die sich prinzipiell ändern können.

Erinnern wir uns an den Spaziergang von Andreas und Sabine im Wald. An der Kreuzung wusste Andreas nicht mehr weiter, und ohne

Landmarken stieg sein altbekanntes Gefühl der Angst in solchen Situationen wieder in ihm hoch. Im Gegensatz dazu kennt er sich aber – aufgrund von Übung und Erfahrung – in seiner Heimatstadt gut aus. Seit zehn Jahren lebt er dort und ist mit seiner bevorzugten Strategie, sich anhand von Routen und Landmarken zu orientieren, sehr sicher und erfolgreich. Das hatten wir ja bereits im Kapitel 9 gesehen. Allerdings wird jeder von uns, wie Andreas und Sabine auch, durch sein äußeres soziales Umfeld in seiner Verhaltensentwicklung beeinflusst. Bestimmte Verhaltensweisen werden als geschlechtstypisch durch positive gesellschaftliche Anerkennung bestärkt, andere werden «bestraft». Jungen werden gelobt, wenn sie eigenständig neue Umgebungen erkundet haben, Mädchen dürfen dies häufig erst gar nicht. Dadurch lernen wir bestimmte Handlungen durchzuführen und andere zu unterlassen.

Wir haben aufgezeigt, dass diese ausgeführten Handlungen den Aufbau und die Funktion unseres Gehirns beeinflussen. Sie verkörpern sich gewissermaßen im Laufe unseres Lebens in unserem Gehirn. Diesen Prozess nennen wir *Embodiment*. Es ist also keineswegs so, dass wir nur sagen können: Unser Gehirn und unser biologischer Körper ist Ursache unseres Handelns, unserer Strategien und unserer Fähigkeiten. Vielmehr ist dieses biologische, körperliche Material des Gehirns auch Resultat unserer Strategien und Handlungen. Damit werden aber auch all jene Argumente fraglich, die Geschlechterunterschiede als gegeben und durch die Evolution festgelegt hinstellen, nur weil sie sich im Gehirn zeigen. Denn wenn wir das Gehirn eines Erwachsenen betrachten, wissen wir nicht, was Ursache und was Resultat war und ist. Solange die Gesellschaft, in der wir unsere Erfahrungen machen, immer noch Handlungsmöglichkeiten und Handlungsfreiheiten vom Geschlecht abhängig macht, also zweigeschlechtlich konstruiert ist, sind auch unsere Erfahrungen geschlechtlich, und zwar sozial geschlechtlich, d. h. *gegendered*. Wir können in diesem System angepasst leben oder versuchen, es aufzubrechen. Immer aber wird sich unser Tun oder Lassen in unseren Körper und unsere Körperwahrnehmung einprägen.

So ist z. B. der öffentliche Raum noch immer vorwiegend Spielwiese von Jungen und Männern. Frauen dagegen haben es eher schwer, sich dort einzubringen und selbst das Steuer in die Hand zu nehmen. Dies kann für sie zu Einschränkungen ihrer individuellen Handlungsfreiheit führen. Dabei ist es doch gerade für Mädchen und Frauen ebenso wie für Jungen und Männer besonders wichtig, dass ihnen ein weit reichendes Repertoire an Lernmöglichkeiten zur Verfügung steht.

Ziel muss es also sein, die realen und subjektiven Handlungsmöglichkeiten so zu erweitern, dass allen Menschen unabhängig vom Geschlecht, der Hautfarbe, dem Alter oder einer Behinderung alle Möglichkeiten offen stehen. Sabine und und ihre Freundin Lisa sollten also die gleichen Möglichkeiten wie Andreas und sein Freund Frank haben, ihre eigenen Strategien zu finden, auszubauen und damit akzeptiert zu werden. Die beiden Frauen sollten sich, wann immer sie möchten, ans Steuer setzen oder die Straßenkarte selbst lesen können. Egal, mit welcher Strategie sie diese Dinge meistern, sie sollten dabei von Andreas und Frank auf jeden Fall akzeptiert werden. Genauso sollte Frank akzeptieren, dass Andreas sich manchmal im Wald nicht zurechtfindet. Und Sabine sollte akzeptieren, dass Lisa manchmal gar keine Lust hat, alleine in den Wald zu gehen. Andererseits können alle vier voneinander lernen und sich gegenseitig neue Möglichkeiten zum räumlichen Orientieren eröffnen.

Nach unseren Studien ist es also gerade nicht so, wie Allan und Barbara Pease behaupten, dass «eine Frau niemals eine Straßenkarte in die Hand nehmen sollte» und «Männer immer wissen, wo Norden ist». Wir alle finden uns auf ganz unterschiedliche Arten und Weisen in der Umwelt zurecht, die zudem noch permanent verändert werden können. Allerdings drängen uns die gesellschaftlichen Vorurteile oft genug in die «alten», von den Peases so propagierten Rollen zurück. Das können und sollten wir ändern!

13
Warum Frauen glauben, sie könnten nicht einparken, und Männer ihnen Recht geben – ein Resümee

Wie die in diesem Buch vorgestellten und viele andere wissenschaftliche Studien zeigen, gibt es Unterschiede im räumlichen Denken zwischen Frauen und Männern. Deshalb könnte der Satz: «Warum Frauen glauben, sie könnten nicht einparken – und Männer ihnen Recht geben» die einfache Antwort «Weil es so ist!» provozieren. Wenn wir das Phänomen aber einmal genauer betrachten, merken wir, dass alles nicht ganz so einfach ist, wie Allan und Barbara Pease uns glauben machen wollen.

Nicht alle Frauen sind nämlich «räumlich beschränkte quasselnde Sammlerinnen» und nicht alle Männer «schwerhörige, sehschwache, sich aber hervorragend orientierende Jäger». So findet man bei den Leistungen in Raumvorstellungstests und bei der räumlichen Orientierung zwar eine Überlegenheit der Männer (zumindest im Durchschnitt). Es gibt aber sehr wohl Frauen mit exzellenten räumlichen Fähigkeiten und ebenso Männer mit sehr schlechten. Zumindest diesem gar nicht so geringen Prozentsatz an Personen wird man mit einer solchen Aussage also nicht gerecht. So finden sich diejenigen Frauen, die – wenn auch nur zufällig – einen Partner gefunden haben, der schlechter einparken kann als sie (denn Gegensätze ziehen sich ja bekanntlich an), oder die beim Aufsuchen des Museums in der neuen Stadt den Ton angeben, ganz sicher darin nicht wieder. Ganz ähnlich geht es den männlichen Singles oder Hausmännern, die regelmäßig die Butter im Kühlschrank finden und Woche für Woche ihren Einkauf im Supermarkt erledigen (sonst könnten sie ja nicht überleben).

Erinnern wir uns an Lisa und Frank: Selbst im Urlaub bestätigen sie die gängigen Rollenklischees: *Er* fährt das Auto und parkt es ein, was tadellos klappt; *sie* widmet sich lieber dem Einkaufen, *er* den Computerzeitschriften. Beide haben in dem von ihnen bevorzugten Bereich mehr Erfahrung und können es deshalb auch besser. Denn selten sieht man Frauen das Familienauto fahren und die Ehemänner daneben sitzen. Beim Kauf eines Neuwagens beispielsweise übergibt der Autohändler in der Regel *ihm* die Schlüssel, während *sie* einen Blumenstrauß erhält, der mit dem Autofahren ja nur wenig zu tun hat. Und ganz üble Vertreter der Männerzunft antworten dann vielleicht sogar auf die Frage des Mercedes- oder BMW-Händlers, wem er denn den Schlüssel übergeben solle, mit: «Natürlich mir, meine Frau darf mir höchstens das Garagentor öffnen.» Aber Spaß bei Seite. Hat die Tatsache, dass es oft Streit zwischen Männern und Frauen gibt, wenn's ums Kartenlesen und Wegefinden geht, wirklich mit dem «schlechteren» Orientierungsvermögen von Frauen zu tun, wie die Peases es postulieren? Und kann man das Problem wirklich dadurch beheben, dass man solche Situationen einfach meidet und jedem Geschlecht weiterhin seinen eigenen Bereich lässt? Wir finden: *nein!*

Außer aus mangelnder Übung schneiden Lisa und Sabine nämlich auch deshalb in Raumvorstellungstests schlechter ab als Frank und Andreas, weil sie sich dabei einfach weniger zutrauen. Und das hat wiederum damit zu tun, dass man/frau sich auch unbewusst an den gängigen Geschlechterrollenklischees orientiert und sein/ihr Selbstbild danach ausrichtet. Nicht ohne Grund melden sich – wie wir gesehen haben – zu wissenschaftlichen Untersuchungen vorrangig Frauen, die gerne ihre vermeintlich schlechten Orientierungsfähigkeiten verbessern wollen und ihre Orientierungsängste betonen. Die teilnehmenden Männern hingegen wollen meistens ihre hervorragenden Orientierungsleistungen unter Beweis und der Forschung großzügig zur Verfügung stellen. Dies ist ja auch nur allzu verständlich, denn wer von Ihnen, liebe Damen, würde gerne bei einem Einparkwettbewerb mitmachen, und wer von Ihnen, liebe Herren, freiwillig an einem Wettkampf im Babywickeln teilnehmen – wenn es so etwas gäbe? Folge dieser klischeebedingten Interessens- und Verhaltensunterschiede sind die vermeintlichen Unterschiede in den Fähigkeiten von Männern und Frauen, die wir im menschlichen Miteinander nur allzu oft erleben oder zu erleben glauben.

Auf der Suche nach Erklärungen für diese weiblichen und männlichen «Schwächen» ist es natürlich verlockend, «einfache» biologische Ursachen, wie den kleinen Unterschied in unserem Gehirn, zu finden. Aber so einfach scheint das nicht zu sein. So wissen wir zwar heute, dass Männer *im Durchschnitt* auch bei gleicher Körpergröße noch geringfügig schwerere Gehirne haben als Frauen. Wenn also Frank und Lisa gleich groß wären (was bei Paaren eher selten der Fall ist, meistens ist der Mann größer), wäre Lisas Gehirn ein wenig kleiner als Franks. Allerdings – und das haben wir auch gelernt – dürfen sich Männer wie Frank und Andreas deshalb nicht der Hoffnung hingeben, dass größere Gehirne auch unweigerlich zu einer Überlegenheit im Verhalten wie etwa einem besseren Einparkvermögen führen. Viel hilft hier nicht unbedingt viel.

Beim gedanklichen Drehen nutzen Frauen jedenfalls ähnliche Gehirnstrukturen wie Männer – alles andere ist eher eine Frage der Strategie. Das heißt, auch Sabine und Lisa haben Bereiche in ihrem Hirn, die aktiv sind, wenn sie räumliche Aufgaben lösen, und auch Andreas und Frank verfügen über entsprechende «Sprachareale». Daher sind schlechtere Leistungen z. B. in Aufgaben zum räumlichen Denken, Orientieren oder bei verbalen Aufgaben natürlich auch keineswegs die Folge des «Nichtvorhandenseins» einer bestimmten Gehirnregion.

Fraglich bleibt, ob beim gedanklichen Drehen und beim Sichorientieren genau die gleichen Gehirnbereiche aktiv sind – es scheint nicht so zu sein. Dafür, dass sich Frank und Lisa nach ihrem Einkaufsbummel auch wirklich am verabredeten Ort treffen oder dass Andreas in einem unbekannten Bürogebäude das Zimmer 207 findet, ist nämlich eine Hirnstruktur verantwortlich, die beim gedanklichen Drehen eher keine Rolle spielt. Wenn Sie, lieber Leser, also hervorragend in unseren Aufgaben zum gedanklichen Drehen abgeschnitten haben und Ihre Partnerin Ihnen weit unterlegen war, dürfen Sie sich trotzdem ab und zu in neuen und alten Umgebungen verlaufen und dann von Ihrer Frau wieder auf den richtigen Weg führen lassen.

Sind es denn dann wenigstens die Hormone, werden Sie fragen, die dazu führen, dass sich Männer und Frauen in Situationen wie beim Möbelkauf einfach nicht verstehen? Und sollten Lisa und Frank nicht immer nur dann ein Möbelhaus aufsuchen, wenn Lisa hohe Konzentrationen an Testosteron im Blut hat? Auch hier ein definitives *Nein*! Denn die Leistungsunterschiede im Zusammenhang mit unterschiedlichen Hormonspiegeln sind oft nur sehr klein und deshalb kaum alltagsrelevant. Eine Hormonpille macht uns noch nicht zum Schachweltmeister, sie hat aber wahrscheinlich einen Einfluss darauf, wie man/frau an bestimmte Aufgaben herangeht.

Ebenso wie die Hormone haben natürlich auch andere biologische Faktoren einen Einfluss auf unsere räumlichen Fähigkeiten. Lisa, Sabine und alle anderen Frauen brauchen den Kopf nicht hängen zu lassen, weil ihre Vorfahrinnen beim Sammeln von Beeren nicht gelernt haben, gedanklich zu drehen, während ihre Männer beim Fangen von

Bären ihr räumliches Orientierungsvermögen trainierten. Evolutionsbiologische Einflüsse auf unser Denken und Handeln sind zwar vermutlich vorhanden, aber da gibt es noch eine ganze Reihe anderer Faktoren. Sie können und sollten Ihr «Schicksal» lieber selbst in die Hand nehmen und sich beispielsweise, wenn Sie es mögen, mit technischen Dingen beschäftigen oder versuchen, Begeisterung für Computerspiele oder Fußball zu entwickeln auch wenn eine «typische» Frau das eigentlich nicht macht – oder? Dass diese Strategie erfolgreich sein kann, hat die Weltmeisterschaft der deutschen Frauenfußballerinnen im Herbst des letzten Jahres bewiesen.

Aber es müssen natürlich nicht unbedingt diese «männlichen» Hobbys sein, die die Frauen übernehmen sollten. Wichtig ist, dass jeder und jede von uns, egal, ob Junge oder Mädchen, Mann oder Frau, seine/ihre ganz persönliche Strategie findet, sich in dieser Welt zurechtzufinden. Allan und Barbara Pease schreiben in ihrem Buch: «Frauen haben nicht versagt – sie haben nur darin versagt, so zu sein wie die Männer.» Und sie fragen, ob denn «Erfolg und Nicht-Erfolg ausschließlich an den Leistungen der Männer gemessen werden sollen». Wir gehen weiter und sagen: Der «männliche» Maßstab ist nicht das Maß aller Dinge, weder für Frauen noch für Männer, und jeder von uns sollte den für ihn/sie optimalen Maßstab finden. Wenn sich z.B. Lisa die Möbel besser Stück für Stück im Kopf dreht, um sich die neue Einrichtung ihres Wohnzimmers vorzustellen, dann sollte sie es auch so tun. Sie sollte nicht versuchen, unbedingt Franks Strategie, gleichzeitig alle Möbelstücke zu drehen, zu übernehmen. Genauso sollte sich Andreas nicht schlechter fühlen, wenn er sich lieber an Landmarken und Routen orientiert, was ja eigentlich Frauen bevorzugen. Wenn dies für ihn die «optimale» Strategie ist, dann sollte er dabei bleiben. Nicht jeder Mann muss unbedingt die «männliche» Übersichtsstrategie des sich Sichorientierens an Himmelsrichtungen mögen und nutzen.

Nicht wegzudenken aus unserem Alltag sind aber auch die Einflüsse der Erziehung, Umwelt und Gesellschaft auf uns. Es ist keineswegs so, dass Frauen sich damit zufrieden geben sollten, wie Allan und Barbara Pease behaupten, «dass sie eben nicht die biologischen Anlagen haben, um in Bereiche vorzudringen, die einem Männergehirn von Natur aus viel besser liegen». An vielen Stellen in unserem Buch haben wir gezeigt, dass die allbekannten vermeintlichen Unterschiede viel kleiner sind, als wir alle denken, dass individuelle und Strategieunterschiede viel größer und viele unserer räumlichen Fähigkeiten auch trainierbar sind. Nehmen Sie z. B. die Computerspiele, insbesondere die Abenteuer- und Strategiespiele. Frauen und Männer, die sie mögen und spielen, trainieren damit auch ihre räumlichen Vorstellungsfähigkeiten. Wobei wir hier nachdrücklich jede Art von gewaltverherrlichenden Computerspielen ausschließen!

Erfolge bei den Computerspielen können auch die Selbsteinschätzung in Bezug auf die räumlichen Fähigkeiten stärken. Dies ist, wie wir gesehen haben, gerade für Frauen wichtig, da sie sich z. B. beim räumlichen Orientieren schlechter einschätzen, als sie eigentlich sind.

Andere Faktoren, wie die «Angst im Raum», also die Angst, sich in der Stadt zu verlaufen, beeinflussen unsere Leistungen aber auch. Die gewählte Strategie scheint z. B. stärker von der Selbsteinschätzung des eigenen Orientierungssinns abzuhängen als davon, ob man ein «guter Orientierer/eine gute Orientiererin» ist, oder gar vom Geschlecht. Die Geschlechtergrenzen verschwinden nämlich, wenn man orientierungserfahrene mit darin unerfahrenen Personen und orientierungssichere mit diesbezüglich ängstlichen vergleicht. Egal, ob Frau oder Mann, orientierungsängstliche Personen schätzen ihre Fähigkeiten, sich zurechtzufinden, schlechter ein und orientieren sich lieber an markanten Punkten. Im Orientieren sichere Personen dagegen nutzen eher so genannte Überblicksstrategien. Nicht vergessen sollten wir auch: Frauen wenden ja nur *im Durchschnitt* häufiger die weniger erfolgreichen Orientierungsstrategien an und Männer die erfolgreicheren.

Wir haben auch gesehen, dass die Orientierungsstrategie oft in Abhängigkeit von der jeweiligen Situation gewählt wird. Vielleicht geht es Ihnen auch so, dass Sie sich in einer unbekannten Stadt lieber anhand der Post oder dem Bahnhof orientieren als an Himmelsrichtungen. Die Orientierung an diesen Landmarken ist in unbekannten Gegenden einfach sicherer. Sich an Himmelsrichtungen zu orientieren, ist wiederum nützlich, wenn Sie beispielsweise in Ihrer wohlbekannten Heimatstadt schnell einen Stau umfahren wollen. Sie kennen die grobe Richtung und können sich daher in verzweigten Nebenstraßen schnell orientieren.

Dennoch kann es nicht schaden und für ihr Orientierungsvermögen durchaus förderlich sein, wenn Lisa nicht immer den altbekannten Weg zur Arbeit oder zum Einkaufen geht oder fährt, sondern auch mal einen anderen – etwa eine Abkürzung oder gar einen Umweg. Sie trainiert einfach damit ihre räumliche Orientierungsfähigkeit.

Ein Lichtblick für orientierungslose Männer und Frauen ist allerdings die Tatsache, dass unsere Umwelt heutzutage viele Orientie-

Abb. 70: Können Frauen wirklich nicht einparken?

rungshilfen wie Stadtpläne, Hinweisschilder oder Navigationssysteme zur Verfügung stellt. So werden sich auch diejenigen Frauen und Männer, die meinen, sie hätten einen schlechten Orientierungssinn, im Alltag gut zurechtfinden. Sollten Sie, liebe Leserin, und Sie, lieber Leser, zu dieser Spezies gehören, unternehmen Sie trotzdem auch mal alleine eine Reise. Wenn Sie in Begleitung Ihres Partners/Ihrer Partnerin sind, dann nehmen Sie doch einmal die Initiative in die Hand und wagen es ruhig, anhand eines Stadtplans selbst das gerade neu eröffnete Kino zu finden. Überprüfen Sie, ob Sie sich wirklich so schlecht orientieren können, wie Sie vermuten. Finden Sie Ihre eigene Strategie, Ihren eigenen Stil in solchen Situationen! Die Erfahrung, es alleine geschafft zu haben, und das dadurch erworbene Orientierungswissen werden Ihr Vertrauen in die eigenen Fähigkeiten stärken und damit auch Ihre zukünftigen Leistungen verbessern.

Wenn Sie ein Mann sind, der nicht so besonders gut einparkt – dann ist dies ganz normal. Aber seien Sie geduldig, wenn Ihre Frau oder Freundin sich die Einrichtung Ihrer neuen gemeinsamen Wohnung nicht sofort anhand Ihres Berichtes vorstellen kann. Sie benötigt einfach mehr Zeit, weil sie es wahrscheinlich anders macht. Und wundern Sie sich nicht, wenn Ihnen eine Frau beim Einparken etwas vormacht. Auch dies ist ganz normal! Blenden Sie die gängigen und gern propagierten «Geschlechterrollenklischees» und Vorurteile ab und zu mal aus, und schauen Sie hin, wie's wirklich ist!

175

Lösungen zu den einzelnen Aufgaben

1. Geschlechtsunterschiede im räumlichen Denken – gibt es sie wirklich?
Abb. 1:   Der linke Würfel ist auf dem rechten Bild von hinten zu sehen.
            (Mit freundlicher Genehmigung des Verlages für Psychologie, Dr.
            C. J. Hogrefe, Göttingen, entnommen aus dem Test «Schlauch-
            figuren» von Heinrich Stumpf und Ernst Fay. Bezugsquelle: Test-
            zentrale, Robert-Bosch-Breite 25, D-37079 Göttingen, Tel.: +49-
            551-50688-14, -15; Fax: +49-551-50688-24;
            E-mail: testzentrale@hogrefe.de)
Abb. 2:   Der erste Würfel von links kann aus dem Grundriss gefaltet wer-
            den.

3. Warum denkst du nur so verdreht?
Abb. 9:   gleich
Abb. 11:   A) gleich   B) verschieden
Abb. 14:   A) gleich   B) verschieden
Abb. 15:   A) verschieden   B) gleich
Abb. 16:   A) verschieden   B) gleich

4. Wie Sexualhormone unser Denken beeinflussen
Abb. 21a: Mentaler Rotationstest: a und b sind identisch sowie c und d
            Papierfalten: c – Versteckte Figuren: a
Abb. 21b: Wahrnehmungsgeschwindigkeit: d

6. Muss man die Landkarte auch im Kopf drehen können?
Abb. 34/35: Die Vergleichsfigur lässt sich durch gedankliches Drehen nicht in
            die Ausgangswürfelfigur überführen.
Abb. 36:   Die beiden Figuren sind nicht identisch.

7. Nicht besser oder schlechter, sondern anders: verschiedene Strategien beim
räumlichen Denken
Abb. 39:   27N
Abb. 41:   die erste und die vierte Figur

8. Verwenden Frauen und Männer beim «mentalen Rotieren»
unterschiedliche Tricks?
Abb. 43:   A, C
Abb. 44:   B, D

11. Wozu Computerspiele gut sein können
Abb. 65:   C, nur die Schnittfiguren I und III können entstehen.

Literatur

1. Geschlechtsunterschiede im räumlichen Denken – gibt es sie wirklich?

Alyman, C. & Peters, M. (1993). Performance of male and female children, adolescents and adults on spatial tasks that involve everyday objects and settings. *Canadian Journal of Experimental Psychology, 47,* 730–747.

Baenninger, M. & Newcombe, N. (1989). The role of experience in spatial test performance: a meta-analysis. *Sex Roles, 20,* 327–344.

Bennett, G. K., Seashore, H. G. & Wesman, A. G. (1959). *Differential aptitude tests* (3rd ed). New York: Psychological Corporation.

Berry, J. W. (1966). Temne and Eskimo perceptual skills. *International Journal of Psychology, 1,* 207–229.

Binet, A. & Simon, T. (1905). Sur la necessité d'établir un diagnostic scientifique des états inférieurs de l'intelligence. *Année Psychologique, 11,* 163–190.

Bock, R. D. & Kolakowski, D. D. (1973). Further evidence of sex-linked major gene influence on human spatial visualizing ability. *American Journal of Human Genetics, 25,* 1–14.

Connor, J. M., Serbin, L. S. & Schackman, M. (1977). Sex differences in children's response to training on a visual-spatial test. *Developmental Psychology, 13,* 293–294.

Downs, R. M. & Stea, D. (1982). *Kognitive Karten: Die Welt in unseren Köpfen.* New York: Harper & Row.

Feingold, A. (1988). Cognitive gender differences are disappearing. *American Psychologist, 43,* 95–103.

Goldstein, D., Haldane, D. & Mitchell, C. (1990). Sex differences in visual-spatial ability: the role of performance factors. *Memory & Cognition, 18,* 546–550.

Goldstein, J. H. (1994). Sex differences in toy play and use of video games. In: J. H. Goldstein (Ed.), *Toys, play, and child development* (pp. 110–129). Cambridge: Cambridge University Press.

Johnson, E. S. & Meade, A. C. (1987). Developmental patterns of spatial ability: an early sex difference. *Child Development, 58,* 725–740.

Kerns, K. A. & Berenbaum, S. A. (1991). Sex differences in spatial ability in children. *Behavior Genetics, 21,* 383–396.

Kitchin, R. M. (1994). Cognitive maps: what are they and why to study them? *Journal of Environmental Psychology, 14,* 1–19.

Linn, M. C. & Peterson, A. C. (1985). Emergence and characterization of sex-differences in spatial ability: a meta-analysis. *Child Development, 56,* 1479–1498.

Maccoby, E. E. & Jacklin, C. N. (Eds.) (1974). *The psychology of sex-differences.* Stanford: Stanford University Press.

Maier, P. H. (1996). Geschlechtsspezifische Differenzen im räumlichen Vorstellungsvermögen. *Psychologie in Erziehung und Unterricht, 43,* 245–265.

Masters, M. S. & Sanders, B. (1993). Is the gender difference in mental rotation disappearing? *Behavior Genetics, 23,* 337–341.

McGee, M. G. (1979). Human spatial abilities: Psychometric studies and environmental, genetic, hormonal, and neurological influences. *Psychological Bulletin, 86,* 899–918.

Munroe, R. L. & Munroe, R. H. (1971). Effect of environmental experience on spatial ability in an East African Society. *Journal of Social Psychology, 83,* 15–22.

Peters, M., Laeng, B., Latham, K., Jackson, M., Zaiyouna, R. & Richardson, C. (1995). A redrawn Vandenberg and Kuse Mental Rotation Test: different versions and factors that affect performance. *Brain and Cognition, 28,* 39–58.

Quaiser-Pohl, C. (1998). *Die Fähigkeit zur räumlichen Vorstellung – Zur Bedeutung kognitiver und motivationaler Faktoren für geschlechtsspezifische Unterschiede.* Münster: Waxmann.

Quaiser-Pohl, C. & Lehmann, W. (2002). Girls' spatial abilities – Charting the contributions of experience and attitudes in different academic groups. *British Journal of Educational Psychology, 72,* 245–260.

Rosenthal, R. & Rubin, D. B. (1982). Further meta-analytic procedures for assessing cognitive gender differences. *Journal of Educational Psychology, 74,* 708–712.

Sharps, M. J., Welton, A. & Price, J. L. (1993). Gender and task in the determination of spatial cognitive performance. *Psychology of Women Quarterly, 17,* 71–83.

Signorella, M. L., Jamison, W. & Krupa, M. H. (1989). Predicting spatial performance from gender-stereotyping in activity preference and in self-concept. *Developmental Psychology, 25,* 89–95.

Stumpf, H. & Fay, E. (1983). *Schlauchfiguren. Ein Test zur Beurteilung des räumlichen Vorstellungsvermögens.* Göttingen: Hogrefe.

Stumpf, H. & Klieme, E. (1989). Sex related differences in spatial ability: More evidence for convergence. *Perceptual and Motor Skills, 69,* 915–921.

Vandenberg, S. G. & Kuse, A. R. (1978). Mental rotations. A group test of three-dimensional spatial visualization. *Perceptual and Motor Skills, 47,* 599–604.

Voyer, D., Voyer, S. & Bryden, M. P. (1995). Magnitude of sex differences in spatial abilities: A meta-analysis and consideration of critical variables. *Psychological Bulletin, 117,* 250–270.

Webley, P. (1981). Sex differences in home range and cognitive maps in eight year old children. *Journal of Environmental Psychology, 1,* 293–302.

2. Größere Gehirne –
bessere Leistungen?

Aboitiz, F., Scheibel, A. B., Fisher, R. S. & Zaidel, E. (1992). Fiber composition of the human corpus callosum. *Brain Research, 598,* 143–153.

Allen, J. S., Damasio, H., Grabowski, T. J., Bruss, J. & Zhang, W. (2003). Sexual dimorphism and asymmetries in the gray-white composition of the human cerebrum. *Neuroimage, 18,* 880–894.

Amunts, K., Jäncke, L., Mohlberg, H., Steinmetz, H. & Zilles, K. (2000). Interhemispheric asymmetry of the human motor cortex related to handedness and gender. *Neuropsychologia, 38,* 304–312.

Ankney, C. D. (1992). Sex differences in relative brain size: the mismeasure of woman, too? *Intelligence, 16,* 329–336.

Blatter, D. D., Bigler, E. D., Gale, S. D., Johnson, S. C., Anderson, C. V., Burnett, B. M., Parker, N., Kurth, S. & Horn, S. D. (1995). Quantitative volumetric analysis of brain MR: normative database spanning 5 decades of life. *American Journal of Neuroradiology, 16,* 241–251.

Clarke, S., Kraftsik, R., Van der Loos, H. & Innocenti, G. M. (1989). Forms and measures of adult and developing human corpus callosum: is there sexual dimorphism? *Journal of Comparative Neurology, 280,* 213–230.

Davatzikos, C. & Resnick, S. M. (1998). Sex differences in anatomic measures of interhemispheric connectivity: correlations with cognition in women but not men. *Cerebral Cortex, 8,* 635–640.

DeLacoste-Utamsing, C. & Holloway, R. L. (1982). Sexual dimorphism in the human corpus callosum. *Science, 216,* 1431–1432.

Denenberg, V. H., Kertesz, A. & Cowell, P. E. (1991). A factor analysis of the human's corpus callosum. *Brain Research, 548,* 126–132.

Good, C. D., Johnsrude, I., Ashburner, J., Henson, R. N., Friston, K. J. & Frackowiak, R. S. (2001). Cerebral asymmetry and the effects of sex and handedness on brain structure: a voxel-based morphometric analysis of 465 normal adult human brains. *Neuroimage, 14,* 685–700.

Gur, R. C., Turetsky, B. I., Matsui, M., Yan, M., Bilker, W., Hughett, P. & Gur, R. E. (1999). Sex differences in brain gray and white matter in healthy young adults: correlations with cognitive performance. *Journal of Neuroscience, 19,* 4065–4072.

Hines, M., Chiu, L., McAdams, L. A., Bentler, P. M. & Lipcamon, J. (1992). Cognition and the corpus callosum: verbal fluency, visuospatial ability, and language lateralization related to midsagittal surface areas of callosal subregions. *Behavioral Neuroscience, 106,* 3–14.

Hiscock, M., Perachio, N. & Inch, R. (2001). Is there a sex difference in human laterality? IV. An exhaustive survey of dual-task interference studies from six neuropsychology journals. *Journal of Clinical and Experimental Neuropsychology, 23,* 137–148.

Jäncke, L., Schlaug, G., Huang, Y. & Steinmetz, H. (1994). Asymmetry of the planum parietale. *Neuroreport, 5,* 1161–1163.

Johnson, E. S. & Meade, A. C. (1987). Developmental patterns of spatial ability: an early sex difference. *Child Development, 58,* 725–740.

Johnson, S. C., Farnworth, T., Pinkston, J. B., Bigler, E. D. & Blatter, D. D. (1994). Corpus callosum surface area across the human adult life span: effect of age and gender. *Brain Research Bulletin, 35,* 373–377.

Kulynych, J. J., Vladar, K., Jones, D. W. & Weinberger, D. R. (1994). Gender differences in the normal lateralization of the supratemporal cortex: MRI surface-rendering morphometry of Heschl's gyrus and the planum temporale. *Cerebral Cortex, 4,* 107–118.

Levy, J. (1976). Cerebral lateralization and spatial ability. *Behavior Genetics, 6,* 171–188.

Linn, M. C. & Petersen, A. C. (1985). Emergence and characterization of sex differences in spatial ability: A meta-analysis. *Child Development, 56,* 1479–1498.

Lüders E., Rex, D. E., Narr, K. L., Woods, R. P., Jäncke, L., Thompson, P. M., Mazziotta, J. C. & Toga, A. W. (2003). Relationships between sulcal asymmetries and corpus callosum size: gender and handedness effects. *Cerebral Cortex, 13,* 1084–1093.

Lüders, E., Steinmetz, H., Jäncke, L. (2002). Brain size and grey matter volume in the healthy human brain. *Neuroreport, 13,* 2371–2374.

Nopoulos, P., Flaum, M., O'Leary, D. & Andreasen, N. C. (2000). Sexual dimorphism in the human brain: evaluation of tissue volume, tissue composition and surface anatomy using magnetic resonance imaging. *Psychiatry Research, 98,* 1–13.

Pakkenberg, B. & Gundersen, H. J. (1997). Neocortical neuron number in humans: effect of sex and age. *Journal of Comparative Neurology, 384,* 312–320.

Rabinowicz, T., Dean, D. E., Petetot, J. McD-C. (1999). Gender differences in the human cerebral cortex: more neurons in males; more processes in females. *Journal of Child Neurology, 14,* 98–107.

Salat, D., Ward, A., Kaye, J. A. & Janowsky, J. S. (1997). Sex differences in the corpus callosum with aging. *Neurobiology of Aging, 18,* 191–197.

Schlaepfer, T. E., Harris, G. J., Tien, A. Y., Peng, L., Lee, S. & Pearlson, G. D. (1995). Structural differences in the cerebral cortex of healthy female and male subjects: a magnetic resonance imaging study. *Psychiatry Research, 61,* 129–135.

Steinmetz H., Staiger, J. F., Schlaug, G., Huang, Y. & Jäncke, L. (1995). Corpus callosum and brain volume in women and men. *Neuroreport, 6,* 1002–1004.

Wickett, J. C., Vernon, P. A. & Lee, D. H. (1994). In vivo brain size, head perimeter, and intelligence in a sample of healthy adult females. *Personality and Individual Differences, 16,* 831–838.

Wickett, J. C., Vernon, P. A. & Lee, D. H. (1996). General intelligence and brain volume in a sample of healthy adult male siblings. *International Journal of Psychology, 31,* 238–239.

Witelson, S. F., Glezer, I. I. & Kigar, D. L. (1995). Women have greater density of neurons in posterior temporal cortex. *Journal of Neuroscience, 15,* 3418–3428.

3. Warum denkst du nur so verdreht?
Arbeiten männliche und weibliche Hirne
wirklich so verschieden?

Dietrich, T., Krings, T., Neulen, J., Willmes, K., Erberich, S., Thron, A. & Sturm, W. (2001). Effects of blood estrogen level on cortical activation patterns during cognitive activation as measured by functional MRI. *Neuroimage, 13,* 425–432.

Jordan, K., Heinze, H.-J., Lutz, K., Kanowski, M. & Jäncke, L. (2001). Cortical activations during the mental rotation of different visual objects. *Neuroimage, 13,* 143–152.

Jordan, K., Wüstenberg, T., Heinze, H.-J., Peters, M. & Jäncke, L. (2002). Women and men exhibit different cortical activation patterns during mental rotation tasks. *Neuropsychologia, 40,* 2397–2408.

Ogawa, S., Lee, T. M., Kay, A. R. & Tank, D. W. (1990). Brain magnetic resonance imaging with contrast dependent on blood oxygenation. *Proceedings of the National Academy of Sciences of the United States of America, 87,* 9868–9872.

Shepard, R. N. & Metzler, J. (1971). Mental rotation of three-dimensional objects. *Science, 171,* 701–703.

Tagaris, G. A., Kim, S. G., Strupp, J. P., Andersen, P., Ugurbil, K. & Georgopoulos, A. P. (1996). Quantitative relations between parietal activation and performance in mental rotation. *Neuroreport, 7,* 773–776.

Thomsen, T., Hugdahl, K., Ersland, L., Barndon, R., Lundervold, A., Smievoll, A. I., Roscher, B. E. & Sundberg, H. (2000). Functional magnetic resonance imaging (fMRI) study of sex differences in a mental rotation task. *Medical Science Monitor, 6,* 1186–1196.

Unterrainer, J., Wranek, U., Staffen, W., Gruber, T. & Ladurner, G. (2000). Lateralized cognitive visuospatial processing: is it primarily gender-related or due to quality of performance? A HMPAON-SPECT study. *Neuropsychobiology, 41,* 95–101.

Weiss, E., Siedentopf, C. M., Hofer, A., Deisenhammer, E. A., Hoptman, M. J., Kremser, C. et al. (2003). Sex differences in brain activation pattern during a visuospatial cognitive task: a functional magnetic resonance imaging study in healthy volunteers. *Neuroscience Letters, 344,* 169–172.

4. Wie Sexualhormone unser Denken beeinflussen

Epting, L. K. & Overman, W. H. (1998). Sex-sensitive tasks in men and women: A search of performance fluctuations across the menstrual cycle. *Behavioral Neuroscience, 112,* 1304–1317.

Gouchie, C. & Kimura, D. (1991). The relationship between testosterone levels and cognitive ability patterns. *Psychoneuroendocrinology, 16,* 323–334.

Grimshaw, G. M., Sitarenios, G. & Finegan, J.-A. K. (1995). Mental rotation at 7 years: relations with prenatal testosterone levels and spatial play experiences. *Brain and Cognition, 29,* 85–100.

Halpern, D. F. (2000). *Sex differences in cognitive abilities* (3rd ed.). Mahwah, NJ: Lawrence Erlbaum.

Hampson, E., Rovet, J. F. & Altmann, D. (1998). Spatial reasoning in children with congenital adrenal hyperplasia due to 21-hydroxylase deficiency. *Developmental Neuropsychology, 14,* 299–320.

Hausmann, M., Slabbekoorn, D., Van Goozen, S. H. M., Cohen-Kettenis, P. T. & Güntürkün, O. (2000). Sex hormones affect spatial abilities during the menstrual cycle. *Behavioral Neuroscience, 114,* 1245–1250.

Hier, D. B. & Crawley, W. F. (1982). Spatial ability in androgen-deficient men. *New England Journal of Medicine, 306,* 1202–1205.

Jacklin, C. N., Wilcox, K. T. & Maccoby, E. E. (1988). Neonatal sex-steroid hormones and cognitive abilities at six years. *Developmental Psychobiology, 21,* 567–574.

Janowski, J. S., Oviatt, S. K. & Orwoll, E. S. (1994). Testosterone influences spatial cognition in older men. *Behavioral Neuroscience, 108,* 325–332.

Kimura, D. (1999). *Sex and cognition.* Cambridge, MA: MIT Press.

Kimura, D. & Hampson, E. (1994). Cognitive pattern in men and women is influenced by fluctuations in sex hormones. *Current Directions in Psychological Science, 3,* 57–61.

Resnick, S. M., Berenbaum, S. A., Gottesmann, I. I. & Bouchard, T. J. (1986). Early hormonal influences on cognitive functioning in congenital adrenal hyperplasia. *Developmental Psychology, 22,* 191–198.

Van Goozen, S. H. M., Cohen-Kettenis, P. T., Gooren, L. J. G., Frijda, N. H. & Van de Poll, N. E. (1995). Gender differences in behaviour: Activating effects of cross-sex hormones. *Psychoneuroendocrinology, 20,* 343–363.

5. Jungen fahren selbst – Mädchen lassen sich fahren
Alles eine Folge der Evolution?

Berg, M. A. & Medrich, E. A. (1980). Children in four neighbourhoods: The physical environment and its effects on play and play patterns. *Environment and Behavior, 12,* 320–348.

Bussey, K. & Bandura, A. (1999). Social cognitive theory of gender development and differentiation. *Psychological Review, 106,* 676–713.

Eals, M. & Silverman, I. (1994). The hunter-gatherer theory of spatial sex differences: Proximate factors mediating the female advantage in recall of objects arrays. *Ethology and Sociobiology, 15,* 95–105.

Elschenbroich, D. (2002). *Weltwissen der Siebenjährigen.* München: Kunstmann.

Fuhrer, U. & Quaiser-Pohl, C. (1999). Wie sich Kinder und Jugendliche ihre

Lebensumwelt aneignen – Aktionsräume in einer ländlichen Kleinstadt. *Psychologie in Erziehung und Unterricht, 46,* 96–109.

Hart, R. (1987). Sex differences in the use of outdoor space. In: B. Sprung (Ed.), *Perspectives on non-sexist early childhood education.* New York: Teachers College Press.

Lytton, H. & Romney, D. M. (1991). Parents' differential socialization of boys and girls. *Psychological Bulletin, 109,* 267–296.

Muchow, M. & Muchow, H. (1935). *Der Lebensraum des Großstadtkindes.* Hamburg: Riegel.

Nissen, U. (1990). Räume für Mädchen?! In: U. Preuss-Lausitz, T. Rülcker, & H. Zeiher (Hrsg.), *Selbständigkeit für Kinder – die große Freiheit?* (S. 148–160). Weinheim: Beltz.

Pfister, G. (1993). Spiel- und Bewegungserfahrungen von Mädchen. In: A. Flade & B. Kustor-Hüttl (Hrsg.), *Mädchen in der Stadtplanung. Bolzplätze – und was sonst?* (S. 41–70). Weinheim: Deutscher Studienverlag.

Quaiser-Pohl, C. (2001). Zum Einfluss des Wohnviertels auf die Raumvorstellung und die kognitiven Landkarten von 7- bis 12-Jährigen. *Psychologie in Erziehung und Unterricht, 48,* 280–297.

Quaiser-Pohl, C., Lehmann, W. & Eid, M. (2003). The relationship between spatial abilities and representations of large-scale space in children: a structural-equation-modelling analysis. *Personality and Individual Differences, in press.*

Van Vliet, W. (1983). Exploring the fourth environment: An examination of the home range of city and suburban teenagers. *Environment and Behavior, 15,* 567–588.

Webley, P. (1981). Sex differences in home range and cognitive maps in eight-year-old children. *Journal of Environmental Psychology, 1,* 293–302.

6. Muss man die Landkarte auch im Kopf drehen können?

Burgess, N., Maguire, E. A. & O'Keefe, J. (2002). The human hippocampus and spatial and episodic memory. *Neuron, 35,* 625–641.

Corbetta, M., Akbudak, E., Conturo, T. E., Snyder, A. Z., Ollinger, J. M., Drury, H. A., Linenweber, M. R., Petersen, S. E., Raichle, M. E., Van Essen, D. C. & Shulman, G. L. (1998). A common network of functional areas for attention and eye movements. *Neuron, 21,* 761–773.

Jordan, K., Schadow, J., Wüstenberg, T., Heinze, H.-J. & Jäncke, L. (2003). Different cortical activations for subjects using allocentric or egocentric strategies in a virtual navigation task. *Neuroreport, in press.*

Maguire, E. M., Gadian, D. G., Johnsrude, I. S., Good, C. D., Ashburner, J., Frackowiak, R. S. J. & Frith, Ch. D. (2000). Navigation-related structural change in the hippocampi of taxi drivers. *Proceedings of the National Academy of Science, 97,* 4398–4403.

Malinowski, J. C. (2001). Mental rotation and real-world wayfinding. *Perceptual and Motor Skills, 92,* 19–30.

Mellet, E., Briscogne, S., Tzourio-Mazoyer, N., Ghaem, O., Petit, L., Zago, L., Etard, O., Berthoz, A., Mazoyer, B. & Denis, M. (2000). Neural correlates of topographic mental exploration: the impact of route versus survey perspective learning. *Neuroimage, 12,* 588–600.

Moffat, S. & Hampson, E. (1998). Navigation in a virtual maze: sex differences and correlation with psychometric measures of spatial abilities in humans. *Evolution and Human Behavior, 19,* 73–87.

Peters, M., Chisholm, P. & Laeng, B. (1995). Spatial ability, student gender, and academic performance. *Journal of Engineering Education, 84,* 69–73.

Quaiser-Pohl, C. & Lehmann, W. (2002). Girls' spatial abilities – Charting the contributions of experience and attitudes in different academic groups. *British Journal of Educational Psychology, 72,* 245–260.

Schadow, J. (2002). *Kortikale Korrelate der mentalen Rotation und Navigation.* Unveröffentlichte Diplomarbeit, Institut für Psychologie, Universität Magdeburg.

Shepard, R. N. & Metzler, J. (1971). Mental rotation of three-dimensional objects. *Science, 171,* 701–703.

Siegel, A. W. & White, Sh. H. (1975). The development of spatial representations of large-scale environments. In: H. W. Reese (Ed.), *Advances in child development and behavior,* Vol. 10 (pp. 9–55). New York: Academic Press.

Silverman, I., Choi, J., Mackewn, A., Fisher, M., Moro, J. & Olshansky, E. (2000). Evolved mechanisms underlying wayfinding: Further studies on the huntergatherer theory of spatial sex differences. *Evolution and Human Behavior, 21,* 201–213.

Smith, E. E., Jonides, J. & Koeppe, R. A. (1996). Dissociation verbal and spatial working memory using PET. *Cerebral Cortex, 6,* 11–20.

Tolman, E. C. (1948). Cognitive maps in rats and men. *Psychological Review, 55,* 189–208.

7. Nicht besser oder schlechter, sondern anders: verschiedene Strategien beim räumlichen Denken

Baenninger, M. (1997). *Sex-related differences in the development of spatial ability: The efficacy of training.* Paper presented at the meeting of the Society for Research on Child Development, Washington, DC, April 1997.

Galea, L. A. & Kimura, D. (1993). Sex differences in route-learning. *Personality and Individual Differences, 14,* 53–65.

Glück, J. (1999). *Spatial Strategies – Kognitive Strategien bei räumlichen Leistungen.* Unveröffentlichte Dissertation, Universität Wien.

Goldstein, D., Haldane, D. & Mitchell, C. (1990). Sex differences in visual-spatial ability: the role of performance factors. *Memory & Cognition, 18,* 546–550.

Lawton, C. A. (1994). Gender differences in wayfinding strategies: relationship to spatial ability and anxiety. *Sex Roles, 30,* 765–779.

Lawton, C. A. (1996). Strategies for indoor wayfinding: the role of orientation. *Journal of Environmental Psychology, 16,* 137–145.

Lawton, C. A. & Morrin, K. A. (1999). Gender differences in pointing accuracy in computer-simulated 3D mazes. *Sex Roles, 40,* 73–92.

Linn, M. C. & Petersen, A. C. (1985). Emergence and characterization of sex differences in spatial ability: A meta-analysis. *Child Development, 56,* 1479–1498.

Miller, L. K. & Santoni, V. (1986). Sex differences in spatial abilities: strategic and experiential correlates. *Acta Psychologica, 62,* 225–235.

Peters, M., Laeng, B., Latham, K., Jackson, M., Zaiyouna, R. & Richardson, C. (1995). A redrawn Vandenberg and Kuse Mental Rotation Test: different versions and factors that affect performance. *Brain and Cognition, 28,* 39–58.

Vandenberg, S. G. & Kuse, A. R. (1978). Mental rotations. A group test of three-dimensional spatial visualization. *Perceptual and Motor Skills, 47,* 599–604.

8. Verwenden Frauen und Männer beim «mentalen Rotieren» unterschiedliche Tricks?

Peters, M., Laeng, B., Latham, K., Jackson, M., Zaiyouna, R. & Richardson, C. (1995). A redrawn Vandenberg and Kuse Mental Rotation Test: different versions and factors that affect performance. *Brain and Cognition, 28,* 39–58.

Vandenberg, S. G. & Kuse, A. R. (1978). Mental rotations. A group test of three-dimensional spatial visualization. *Perceptual and Motor Skills, 47,* 599–604.

9. An der dritten Kreuzung links abbiegen – wie Männer und Frauen sich in der realen Welt zurechtfinden

Galea, L. A. & Kimura, D. (1993). Sex differences in route-learning. *Personality and Individual Differences, 14,* 53–65.

Lawton, C. A., Charleston, St. I. & Zieles, A. S. (1996). Individual and gender-related differences in indoor wayfinding. *Environment and Behavior, 28,* 204–219.

Matthews, M. H. (1985). Young children's representations of the urban environment: a comparison of techniques. *Journal of Environmental Psychology, 5,* 261–278.

Matthews, M. H. (1992). *Making sense of place. Children's understanding of large-scale environments.* Savage, Maryland: Barnes & Noble Books.

Rosen, M. (1995). Gender differences in structure, means and variances of hierarchically ordered ability dimensions. *Learning and Instruction, 5,* 37–62.

Self, C. M., Gopal, S., Golledge, R. G. & Fenstermaker, S. (1992). Gender-related differences in spatial abilities. *Progress in Human Geography, 16,* 315–342.

Ward, S. L., Newcombe, N. & Overton, W. F. (1986). Turn left at the church, or three miles north. A study of direction giving and sex differences. *Environment and Behavior, 18,* 192–213.

10. Orientieren sich Männer und Frauen in einer virtuellen Umgebung anders?

Allen, G. L. & Willenborg, L. J. (1998). The need for controlled information processing in the visual acquisition of route knowledge. *Journal of Environmental Psychology, 18,* 419–427.

Appleyard, D. (1970). Styles and methods of structuring a city. *Environment and Behavior, 2,* 100–117.

Beatty, W. W. & Duncan, D. (1990). Relationship between performance on the Everyday Spatial Activities Test and on objective measures of spatial behavior in men and women. *Bulletin of the Psychonomic Society, 28,* 228–230.

Galea, L. A. & Kimura, D. (1993). Sex differences in route-learning. *Personality and Individual Differences, 14,* 53–65.

Gärling, T., Lindberg, E., Carreiras, M. & Böök, A. (1986). Reference systems in cognitive maps. *Journal of Environmental Psychology, 6,* 1–18.

Glück, J. (1999). *Spatial Strategies – Kognitive Strategien bei räumlichen Leistungen.* Unveröffentlichte Dissertation, Universität Wien.

Golledge, R. G., Ruggles, A. J., Pellegrino, J. W. & Gale, N. D. (1993). Integrating route knowledge in an unfamiliar neighborhood. Along and across route experiments. *Journal of Environmental Psychology, 13,* 293–307.

Hirtle, S. C. & Hudson, J. (1991). Acquisition of spatial knowledge for route. *Journal of Environmental Psychology, 11,* 335–345.

Lawton, C. A. (1994). Gender differences in wayfinding strategies: relationship to spatial ability and anxiety. *Sex Roles, 30,* 765–779.

Lawton, C. A. (1996). Strategies for indoor wayfinding: the role of orientation. *Journal of Environmental Psychology, 16,* 137–145.

Miller, L. K. & Santoni, V. (1986). Sex differences in spatial abilities: strategic and experiential correlates. *Acta Psychologica, 62,* 225–235.

Moffat, S. & Hampson, E. (1996). A curvilinear relationship between testosterone and spatial cognition in humans: Possible influence of hand preference. *Psychoneuroendocrinology, 21,* 323–337.

Montello, D. C. & Pick, H. L. (1993). Integrating knowledge of vertically aligned large-scale spaces. *Environment & Behavior, 25,* 457–484.

Newcombe, N. & Baenninger, M. A. (1989). Biological change and cognitive ability in adolescence. In: G. Adams, R. Montemayor & T. Gullotta (Eds.), *Advances in adolescent development, 1,* 168–191. Newbury Park, CA: Sage.

Olson, D. & Eliot, J. (1986). Relationships between experiences, processing style, and sex related differences in performance on spatial tests. *Perceptual and Motor Skills, 62,* 447–460.

Schmitz, S. (1997). Gender-related strategies in environmental development: effects of anxiety on wayfinding in and representation of a three-dimensional maze. *Journal of Environmental Psychology, 17,* 215–228.

Sherry, D. F. & Hampson, E. (1997). Evolution and the hormonal control of sexually-dimorphic spatial abilities in humans. *Trends in Cognitive Sciences, 1,* 50–56.

Sholl, M. J. (1992). Landmarks, places, environments: Multiple mind-brain systems for spatial orientation. *Geoforum, 23,* 151–164.

Waber, D. P. (1976). Sex differences in cognition: A function of maturation rate? *Science, 192,* 572–573.

11. Wozu Computerspiele gut sein können

De Lisi, R. & Cammarano, D. M. (1996). Computer experience and gender differences in undergraduate mental rotation performance. *Computers in Human Behavior, 12,* 351–361.

Fay, E. & Quaiser-Pohl, C. (1999). *Schnitte – Ein Test zur Erfassung des räumlichen Vorstellungsvermögens.* Frankfurt/M.: Swets Test Services.

Okagaki, L. & Frensch, P. A. (1994). Effects of video game playing on measures of spatial performance: gender effects in late adolescence. *Journal of Applied Developmental Psychology, 15,* 33–58.

Peters, M., Laeng, B., Latham, K., Jackson, M., Zaiyouna, R. & Richardson, C. (1995). A redrawn Vandenberg and Kuse Mental Rotation Test: different versions and factors that affect performance. *Brain and Cognition, 28,* 39–58.

Rönicke, J. (2003). *Gender Differences in Spatial Abilities: Contribution of Academic Program and Computer Game Experience in Cross-Cultural Perspective.* Unpublished Master Thesis, Otto-von-Guericke-University Magdeburg.

12. Angst im Raum – Schicksal oder Erfahrung?

Anooshian, L. J. (1996). Diversity within spatial cognition: Strategies underlying spatial knowledge. *Environment and Behavior, 28,* 471–493.

Bauer, J. (2002). *Das Gedächtnis des Körpers. Wie Beziehungen und Lebensstile unsere Gene steuern.* Frankfurt: Eichborn.

Golledge, R. G. (1987). Environmental cognition. In: D. Stokols & I. Altman (Hrsg.), *Handbook of Environmental Psychology, Vol. 1* (pp. 131–174). New York: Wiley.

Kitchin, R. M. (1996). Increasing the integrity of cognitive mapping research: Appraising conceptual schemata of environmental-behaviour interaction. *Progress in Human Geography, 20,* 56–84.

Kutschinske, K. & Meier, V. (2000). «... sich diesen Raum zu nehmen und sich freizulaufen». Angsträume als Ausdruck von Geschlechterkonstruktionen. *Geographica Helvetica, 2,* 138–145.

Lawton, C. A. (1994). Gender differences in wayfinding strategies: relationship to spatial ability and anxiety. *Sex Roles, 30,* 765–779.

Lawton, C. A. (1996). Strategies for indoor wayfinding: the role of orientation. *Journal of Environmental Psychology, 16,* 137–145.

Lawton, C. A. (2001). Gender and regional differences in spatial referents used in direction giving. *Sex Roles, 44,* 321–337.

LeDoux, J. E. (1992). Brain mechanisms of emotion and emotional learning. *Current Opinion in Neurobiology, 2,* 191–197.

Maguire, E. M., Frackowiak, R. S. J. & Frith, Ch. D. (1997). Recalling routes around London: Activation of the right hippocampus in taxi drivers. *The Journal of Neuroscience, 17,* 7103–7110.

Maguire, E. M., Gadian, D. G., Johnsrude, I. S., Good, C. D., Ashburner, J., Frackowiak, R. S. J. & Frith, Ch. D. (2000). Navigation-related structural change in the hippocampi of taxi drivers. *Proceedings of the National Academy of Science, 97,* 4398–4403.

Matthews, M. H. (1987). Gender, home range and environmental cognition. *Transactions of the Institute of British Geographers, 12,* 43–56.

Miller, L. K. & Santoni, V. (1986). Sex differences in spatial abilities: strategic and experiential correlates. *Acta Psychologica, 62,* 225–235.

Neidhardt, E. & Schmitz, S. (2001). Entwicklung von Strategien und Kompetenzen in der räumlichen Orientierung und in der Raumkognition: Einflüsse von Geschlecht, Alter, Erfahrung und Motivation. *Psychologie in Erziehung und Unterricht, 48,* 262–279.

Nikoleyczik, K. (2001). *Auswirkungen von Stress auf das Orientierungsverhalten des Menschen.* Unveröffentlichte Diplomarbeit, FB Biologie, Universität Marburg.

Nikoleyczik, K. & Schmitz, S. (2001). *Geschlechterunterschiede in der Raumorientierung und -kognition des Menschen: Strategie, Leistung und Motivation.* Poster auf der 6. Tagung der Fachgruppe Differentielle Psychologie der DGPs in Leipzig.

Schmitz, S. (1997). Gender-related strategies in environmental development: effects of anxiety on wayfinding in and representation of a three-dimensional maze. *Journal of Environmental Psychology, 17,* 215–228.

Schmitz, S. (1998). Geschlechterdifferenzen im Zentralen Nervensystem zwischen Determination und Dynamik. In: B. Schinzel & E. Schletz (Hrsg.), *Geschlechterdifferenzen im Zentralen Nervensystem und ihre graphische Repräsentation und Wissensdarstellung,* IIG-Berichte 1/99 (S. 26–43). Universität Freiburg.

Schmitz, S. (1999a). Gender differences in the acquisition of environmental knowledge related to wayfinding behavior, spatial anxiety and self-estimated environmental competencies. *Sex Roles, 41,* 71–93.

Schmitz, S. (1999b). *Wer weiß wohin? Orientierungsstrategien beim Menschen und ihre Hintergründe.* Egelsbach: Verlag Hänsel-Hohenhausen.

Schmitz, S. & Michel, C. (2003). Gender – Space – Borders. Dialogue between natural and cultural science. In: M. Rossini & E. Zemp Stutz (Eds.), *Gender Matters – Gender Talks: Gender Studies at the Interface of Biology, Medicine, the Social Sciences and the Humanities* (in press). Basel: Karger.

Steck, S. D. & Mallot, H. A. (2000). The Role of Global and Local Landmarks in Virtual Environment Navigation. *Presence: Teleoperators and Virtual Environments, 9,* 69–83.

Wucherpfennig, C. (1998). *Angsträume von Frauen in Marburg in der Stadt und der Universität.* Unveröffentlichte Diplomarbeit, FB Biologie, Universität Marburg.

Literatur zum Weiterlesen

Golledge, R. G. (Ed.). (1999). *Wayfinding behavior: Cognitive mapping and other spatial processes*. Baltimore: Johns Hopkins University Press.

Golombok, S. & Fivush, R. (1994). *Gender development*. Cambridge: Cambridge University Press.

Halpern, D. F. (2000). *Sex differences in cognitive abilities* (3rd ed.). Hillsdale, NJ: Lawrence Erlbaum.

Haug, M., Whalen, R. E., Aron, C. & Olsen, K. L. (Eds.) (1993). *The development of sex differences and similarities in behavior*. Boston: Kluwer.

Helfrich, H. (Hrsg.). (2001). *Patriarchat der Vernunft – Matriarchat des Gefühls? Geschlechterdifferenzen im Denken und Fühlen*. Münster: Daedalus Verlag.

Kasten, H. (1996). *Weiblich – männlich. Geschlechtsrollen und ihre Entwicklung*. Berlin: Springer.

Kimura, D. (1992). Weibliches und männliches Gehirn. *Spektrum der Wissenschaft, November 1992*, 104–113.

Kimura, D. (1999). *Sex and Cognition*. Boston: MIT-Press.

Maier, P. H. (1999). *Räumliches Vorstellungsvermögen. Ein theoretischer Abriß des Phänomens räumliches Vorstellungsvermögen*. Donauwörth: Auer.

Nissen, U. (1998). *Kindheit, Geschlecht und Raum*. Weinheim: Juventa.

Pinel, J. P. J. (1992). *Biopsychologie*. Berlin: Spektrum.

Quaiser-Pohl, C. (1997). *Die Fähigkeit zur räumlichen Vorstellung – Zur Bedeutung kognitiver und motivationaler Faktoren für geschlechtsspezifische Unterschiede*. Münster: Waxmann.

Die Autorinnen und Mitwirkenden

Die Autorinnen

Claudia Quaiser-Pohl, PD Dr. phil. habil. (Kapitel 1, 5, 11 und 13): geb. 1965 in Göttingen, ist Psychologin und hat an den Universitäten Marburg und Bonn Psychologie und Medizin studiert. An der Heinrich-Heine-Universität Düsseldorf hat sie 1995 promoviert und sich 2003 an der Otto-von-Guericke-Universität Magdeburg habilitiert. Ihre Arbeitsschwerpunkte liegen in der Entwicklungs- und Pädagogischen Psychologie, speziell bei den soziokulturellen Einflüssen auf die Entwicklung und die Geschlechtsunterschiede im räumlichen Denken, bei der Diagnostik der Raumvorstellungsfähigkeit sowie in der Familien- und Umweltpsychologie. Sie hat zwei Söhne (5 Monate und 7 Jahre) und ist seit 1996 wissenschaftliche Assistentin, seit 2003 Privatdozentin am Institut für Psychologie I der Otto-von-Guericke-Universität Magdeburg.

Kirsten Jordan, Dr. rer. nat. (Kapitel 1, 3 und 13): geb. 1963 in Leipzig, ist Biologin und hat an der Karl-Marx-Universität Leipzig mit den Schwerpunkten Neurobiologie und Immunologie studiert. 1995 hat sie an der Martin-Luther-Universität Halle-Wittenberg promoviert. Ihre Arbeitsschwerpunkte liegen im Bereich der neurowissenschaftlichen Grundlagenforschung (kortikale Kartierung räumlicher Informationsverarbeitung mit fMRI) unter besonderer Berücksichtigung von Geschlechtsunterschieden und hormonellen Einflüssen sowie plastischen Veränderungen nach Training. Sie hat zwei Söhne (11 und 14 Jahre) und ist seit 1997 wissenschaftliche Assistentin am Institut für Psychologie II der Otto-von-Guericke-Universität Magdeburg.

An diesem Buch haben mitgewirkt

Michelle Brehm, Dr. (Kapitel 10): geb. 1956 in Lörrach, ist Mathematikerin und Psychologin und hat an der Albert-Ludwigs-Universität Freiburg Mathematik und Physik und an der Freien Universität Berlin Psychologie studiert. 1992 hat sie an der TU Berlin promoviert. Sie hat einen Sohn (16 Jahre) und eine Tochter (13 Jahre). Ihre Arbeitsschwerpunkte liegen im Bereich Klinische Neuropsychologie, Klinische Psychologie und Methoden (Feature Pattern Analysis). Sie ist seit 1996 wissenschaftliche Assistentin im Arbeitsbereich Sozialpsychologie und Forschungsmethoden der Psychologie der FU Berlin. Seit 1999 ist sie als Verhaltenstherapeutin approbiert.

Michael Eid, Prof. Dr. (Kapitel 8): geb. 1963 in Ludwigshafen am Rhein, hat in Mannheim und Trier Psychologie studiert und in Trier sowohl promoviert (1994) als auch habilitiert (1999). Er hat an den Universitäten Trier, Kiel, Mainz, Magdeburg, Koblenz-Landau und der University of Illinois at Urbana-Champaign (USA) geforscht und gelehrt und ist derzeit Ordinarius für Psychologie an der Universität Genf (Schweiz). Seine Forschungsgebiete liegen im Bereich der Veränderungsmessung, der multimethodalen Diagnostik, der Wohlbefindensforschung und der Hautkrebsprävention. Er hat einen Sohn (5 Jahre) und eine Tochter (3 Jahre) und kann deutlich schlechter einparken als seine Frau (zumindest denkt er das, und seine Frau gibt ihm Recht).

Sylvia Fitting, Dipl.-Psych. (Kapitel 7 und 10): geb. 1979 in Rostock, ist Psychologin und hat an der Freien Universität Berlin studiert. Sie beschäftigt sich mit Orientierungsstrategien in virtuellen Umgebungen. Zurzeit arbeitet sie als Postgraduate Research Fellow an der University of South Carolina in Columbia.

Christian Geiser, Dipl.-Psych. (Kapitel 8): geb. 1978 in Hamburg, ist Psychologe und hat an der Otto-von-Guericke-Universität Magdeburg studiert. Er beschäftigt sich mit testtheoretischen Fragen bei Aufgaben zur mentalen Rotation. Zurzeit arbeitet er am Psychologischen Institut der Universität Koblenz-Landau.

Judith Glück, Ao. Prof. Dr. (Kapitel 7 und 10): geb. 1969 in München, ist Psychologin und hat an der Universität Wien studiert, promoviert (1999) und habilitiert (2001). Ihre Forschungsschwerpunkte liegen im Bereich der Raumvorstellungsforschung (Strategien, Geschlechtsunterschiede, Trainingsstudien, Entwicklung im Kindesalter), der Entwicklungspsychologie der Lebensspanne (Autobiographisches Gedächtnis, Weisheit, Entwicklungstheorien) und der Statistischen Methoden (Längsschnittanalysen, Item-Response-Modelle). Sie hat einen Sohn (1 Jahr) und ist seit März 2003 außerordentliche Professorin am Institut für Psychologie der Universität Wien im Arbeitsbereich Entwicklungspsychologie.

Markus Hausmann, Dr. rer. nat. (Kapitel 4): geb. 1968 in Bottrop, ist Psychologe und hat an der Ruhr-Universität Bochum studiert und promoviert (2000). Seit Ende 2002 ist er als wissenschaftlicher Assistent am Institut für Kognitive Neurowissenschaft in der Abteilung Biopsychologie der Ruhr-Universität Bochum beschäftigt. Seine Forschungsgebiete sind u. a. geschlechtsspezifische und hormonbedingte Einflüsse auf Kognitionen und die funktionelle Hirnorganisation.

Wolfgang Lehmann, PD Dr. phil. habil. (Kapitel 8): geb. 1945 in Neundorf, ist Psychologe und Lehrer für Mathematik und Physik. Er studierte an der Martin-Luther-Universität Halle und promovierte (1984) und habilitierte sich (2002) an der Otto-von-Guericke-Universität Magdeburg. Er beschäftigt sich mit der räumlichen Vorstellungsfähigkeit und mathematischer Begabung sowie mit Fragen der Auswahl mathematisch begabter Kinder für Spezialgymnasien. Seit 2002 ist er als Privatdozent am Institut für Psychologie der Universität Magdeburg tätig. Er hat eine Tochter.

Eileen Lüders, Dipl.-Psych. (Kapitel 2): geb. 1977 in Stendal, ist Psychologin und hat an der Otto-von-Guericke-Universität Magdeburg studiert. Sie untersucht hirnmorphologische Geschlechtsunterschiede. Seit 2002 ist sie wissenschaftliche Mitarbeiterin an der Johann-Wolfgang-von-Goethe-Universität

Frankfurt. Zurzeit arbeitet sie als Postgraduate Research Fellow an der University of California in Los Angeles (USA).

Eva Neidhardt, Dr. phil. (Kapitel 9): geb. 1960 in Neuwied/Rhein, hat Psychologie und Mathematik studiert. Sie studierte in Bonn, Paris und Heidelberg, wo sie 1993 promovierte. Sie hat einen Sohn (16 Jahre) und eine Tochter (13 Jahre). Ihre Arbeitsschwerpunkte liegen im Bereich der Entwicklung von Raumkognition. Zurzeit ist sie wissenschaftliche Mitarbeiterin an der Universität Lüneburg.

Katrin Nikoleyczik, Dipl.-Biol. (Kapitel 12): geb. 1974 in Hannover, ist Biologin und hat in Marburg und Aberdeen (Schottland) mit Hauptfach Zoologie studiert. Sie untersucht geschlechtsspezifische Strategien bei der Navigation im Internet. Seit 2002 arbeitet sie als wissenschaftliche Mitarbeiterin am Institut für Informatik und Gesellschaft der Universität Freiburg im Projekt GERDA, einem webbasierten Informationssystem zum Thema «Gender und Gehirn».

Jana Rönicke, Dipl.-Psych. (Kapitel 11): geb. 1977 in Magdeburg, ist Psychologin und hat an der Otto-von-Guericke-Universität Magdeburg studiert. Sie beschäftigt sich mit kulturvergleichenden Untersuchungen zur Raumvorstellung. Von Mai bis Dezember 2001 war sie zu einem Forschungsaufenthalt an der University of Guelph (Kanada). Zurzeit ist sie am Deutschen Institut für Luft- und Raumfahrttechnik in Köln tätig.

Jessica Sänger, Dipl.-Psych. (Kapitel 4): geb. 1976 in Gelsenkirchen, hat an der Ruhr-Universität Bochum studiert. Zur Zeit forscht sie an der Universität Bochum zum Einfluss von Hormonschwankungen auf die Erregbarkeit des Großhirns und auf cerebrale Asymmetrien.

Jeanette Schadow, Dipl.-Psych. (Kapitel 6): geb. 1979 in Schönebeck, ist Psychologin und hat an der Otto-von-Guericke-Universität Magdeburg studiert. Sie beschäftigt sich u. a. mit den neuronalen Grundlagen verschiedener Raumvorstellungsfaktoren sowie der Merkmalsbindung. Seit 2003 arbeitet sie als wissenschaftliche Mitarbeiterin in der Abteilung Biologische Psychologie des Instituts für Psychologie der Universität Magdeburg.

Sigrid Schmitz, HD Dr. rer. nat. (Kapitel 12): geb. 1961 in Aachen, studierte Biologie in Aachen und Marburg, wo sie 1992 promovierte und sich in Verhaltensphysiologie mit einer interdisziplinären Arbeit über Geschlechterunterschiede in der Raumorientierung des Menschen habilitierte (1998). Seit Oktober 1999 arbeitet sie am Institut für Informatik und Gesellschaft der Universität Freiburg im Projekt GERDA («gendered digital brain atlas»). Seit Oktober 2002 ist sie Hochschuldozentin zur «Mediatisierung der Naturwissenschaften und Genderforschung».

Torsten Wüstenberg, Dipl.-Ing. (Kapitel 3): geb. 1964 in Berlin, ist Diplom-Ingenieur und hat an der Humboldt-Universität Berlin studiert. Er ist im Bereich der kognitiven Neurowissenschaften und der funktionellen Kernspintomographie tätig. Seit März 2003 arbeitet er an der Klinik für Neurologie der Charité (Humboldt-Universität Berlin).